투자는 타레일에 말라 !

金 政煥

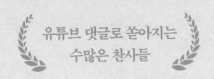

유튜브 댓글로 쏟아지는
수많은 찬사들

- "매일 가슴이 떨립니다. 물론 후회도 하지만, 또 실수를 하면 다음에는 또 발전할 수 있기에 … 그 모든 기본에는 형님이 계셔 감사하게 생각합니다. 공부도 하고 기업도 알게 되고 기업을 제대로 볼 수 있는 기본을 알게 되어 너무 감사드립니다. 저는 이제 여러 종목을 담지 않습니다."
  명**

- "빚이 많은 제게 형님은 멘토이자 저의 구루입니다. 형님을 알게 되고 공부하면서 열정을 느꼈고 그대로만 했더니 수익률이 너무 좋아지고 있습니다. 기업을 사랑하고 함께하고 있습니다. 감사합니다."
  **타

- "개형 말대로 하니까 제 계좌에 수익이 나고 마음에 안정을 찾습니다. 그리고 일희일비 하지 않습니다. 크게 오르든 적게 오르든 저는 하루하루가 즐거운데, 현실이 어찌되었건 저에게 가치투자가 무엇인지 알려주셔서 감사합니다."
  *****s1105

- "유튜브를 보기 시작한 이후, 형님 유튜브를 들을 때만큼 즐거운 시기가 없었습니다. 제가 성장할 수 있는 유튜브를 만들어 주셔서 감사해요!"
  찐*

- "투자는 마인드세팅이 제일 중요하고도 제일 어려운 부분인 것 같습니다. 기업분석, 가치산정뿐 아니라 투자마인드까지 신경 써주시니 형님은 정말 종합선물세트네요. 감사합니다 정말."
  룽**

- "거금을 내고도 들을 수 없는 주옥같은 말씀 너무나 감사드립니다. 제 수년간의 주식투자는 투자가 아닌 도박이었다는 것을 덕분에 깨닫습니다. 반성합니다."
  KCH****

- "강의 보면서 울컥하네요. 두 딸들 원하는 거 하게 해주고 싶어요. 나도 행복하고! 열심히 공부해서 곧 슈퍼개미가 되겠습니다! 감사합니다!!"
  *****wow

- "정환님 주식인생, 존재는 그 자체로 우리에게 좋은 수업입니다."
  BI***

- "대한민국 개인투자자들의 주식은 사랑스러운 개형등장 전과 후로 나뉜다. 전에는 그냥 샀다면 지금은 재무제표를 보고 밸류에이션을 한다."
  *롱이

- "형님과 함께하면서 형님의 생활습관과 투자습관을 따라 하고 최근에 맛본 수익에 대한 모든 것들을 배우고 있습니다. 하루하루가 꿈만 같습니다. 항상 건강하셔서 오래 같이 가고 싶습니다. 감사합니다!"
  **훈

- "형님 저 오늘 대박났어요ㅜㅜ 형님 방식으로 공부해서 종목 발굴하고 빠지는 것 신경 안 쓰고 공부하면서 버텼더니 대박 터졌습니다! 다 형님 덕입니다."
  SuVi****

- "가치투자를 시작하고 삶의 시선이 변한다는 게 가장 큰 재산인 것 같습니다. 신세계를 열어주셔서 감사합니다."
  카이**

- "수익뿐 아니라 지식도 복리로 늘어난다는 말씀이 정말 와 닿습니다. 시간이 갈수록 형님 강의가 더욱 재미있고 분명하게 느껴져요."
  SUNW******

- "개형님의 마인드세팅 영상은 가슴을 울리게 합니다. 하루하루 공부해나갈 수 있는 원동력을 주시는 영상내용 너무 감사드립니다. 퇴근 후 지친 몸을 이끌고 엑셀창이 열려있는 컴퓨터 앞에 앉을 수 있는 힘을 주셔서 감사드립니다."
  김현*

- "정말 깜짝 놀랐습니다. 존경합니다. 이런 신의 경지에 오르기까지 얼마나 노력하셨을지 짐작이 갑니다."
  **멀리

- "멋진 분입니다. 저의 심리상태를 꿰뚫어보시는 거 같아요. 유튜브로 마음 다잡고 공부하고 있습니다. 항상 감사드립니다!"
  **구름

- "돈을 떠나 사람이 멋었다. 솔직하고 항상 말씀하시는 선한 영향력을 행사하고 매 영상마다 진심이 느껴져서 볼 때마다 마음이 편해진다. 내 가까운 이웃마냥."
  *은정

- "노력 없이 얻는 것 없는 거죠. 저도 경제적, 시간적 자유를 누리고자 노력 많이 해야겠네요. 늦은 시점에 시작하고 있지만 지금이라도 시작하게 되어 즐겁습니다. 감사합니다."
  솔*

- "이런 전설적인 분의 인사이트를 무료로 듣는데 뭐가 더 필요할까요? 감사합니다. 역시 투자는 올바른 길로 정진해야 할 것 같네요."
  Jong*******

- "주식공부를 하면서 사회, 경제, 정치를 알게 되는 게 저에게 큰 자산이 되는 것 같아요. 그 중에서 주식을 슈퍼개미 김정환을 통해 배우게 된 게 얼마나 다행인지!"
  Rich****

- "정환님 덕분에 가슴 떨리는 투자를 하고 있습니다. 얼마나 고마운지 모르겠어요!!"
  정정*

- "개형 감사합니다! 몇 년 전 크게 물린 이후로 주식이 무서웠는데 개형님 덕분에 주식이 재미있어지고 부자가 될 수 있다는 희망이 생깁니다. 건강 유지 잘 하셔서 쭉~ 이끌어 주세요! 수익내서 인사드리러 갈게요!"
  비토*

- "저는요 개형의 마인드 강의가 제일 좋아요. 인생 선생님! 나의 멘토 개형♡"
  애플**

- "저의 인생이 변하고 있네요. 주식을 공부하면서 세상에 관심이 생기고 깊고 자세하게 세상을 바라보니 이해 가는 것이 수학문제를 해결한 것 같은 재미있는 경험을 하게 되네요. 나의 리더 감사!!"
  고르***

- "한마디 한마디 가슴에 와 닿는 조언, 감동이라고 밖에 표현할 수가 없네요. 설렘과 떨림의 나날을 보내고 있어요. 감사합니다!"
  구민*

- "가치투자의 아버지 벤자민 그레이엄이 뉴노멀한 가치투자자로 재림한 것 같습니다. 정말 존경합니다. 대장님!!"
  보이지***

- "따거님, 힘든 중국 생활 잘 버틸 수 있는 힘을 주셔서 감사합니다. 한국이 넘 좋아요. 고맙습니다. 형님!"
  임**

- "이미 신계에 있습니다. 존경을 표할 수밖에 없는 우리 개형~ 최고십니다~~!!"
  Ena****

- "이렇게 인격과 정성으로 빛이 나는 분은 제 평생 처음입니다. 정말 고맙습니다."
  해**

- "항상 누구나 쉽게 이해할 수 있도록 적절한 비유로 설명해주셔서 감사드립니다. 이 또한 배려와 인품인 것이죠^^ Thank to 개형"
  **우

- "주식 일타강사로 다 표현할 수 없어요~ 정말 감동이에요!"
  yy*

- "재테크가 아닌 투자자의 시선을 배웁니다!" 김수*

- "주린이에게 뼈가 되고 살이 되는 내용 감사합니다. 대표님처럼 주식투자 대가 되는 게 평생소원입니다. 좋은 강의 감사합니다." 크라**

- "제 눈이 열리는 듯한 느낌입니다. 계속 올리신 영상들 보고 있는데요 저도 월급의 굴레에서 벗어나 경제적 자유를 얻고 싶습니다. 사람의 역량 차이가 있겠지만 거장을 흉내 내다 보면 비슷해질 수 있다고 기대해봅니다." 생명**

- "주식을 안했다면, 형님을 몰랐다면 세상이 엄청난 속도로 바뀌는 것도 모르고 살 뻔 했습니다." 생각하****

- "주린이에게 주식은 너무 어려워요. 그렇지만 더 큰걸 배우고 있습니다. 세상의 변화, 우리 기업들의 변화, 이런 대단한 공부 하게끔 이끌어 주셔서 너무 고맙습니다!" 빙**

- "간절한 사람은 기도하고, 진실한 사람은 실천하고, 깨달은 사람은 홍익을 실천한다고 합니다. 대표님은 자본주의에서 깨달은 사람이니 그 영향력이 수많은 사람들에게 선한 영향력을 일으키고 있습니다. 오늘도 많이 배우고 감동합니다. 감사합니다." ****무공

- "코로나로 직장 잃고 주식하다 폭망해서 좌절감에 빠져있었는데 이렇게 맘도 좋은 개오빠를 알게 되서 전 행운아인 거 같아요." 하이**

- "슈퍼개미지만 돈만 생각하는 분이 아닌 것 같아요. 기업가치와 정적주가가 있다는 것도 알게 되고 위험한 매수 못 하게 하고 고맙습니다." *경

- "개형님의 희생으로 저희 주린이들이 편한 맘으로 증시를 바라봅니다. 감사해요^^" MS*

- "아... 형님 진짜 대단하십니다...!!! 형님 시황 듣고 있으면 전날 미국장이 무너져도 안심이 됩니다!! 감사합니다!!" Boys*******

- "형님은 참 마음이 깊고 넓은 분입니다. 다른 이가 잘되어 부자가 될 바라고 오랜 세월 고생하며 만든 본인의 노하우를 친절히 가르쳐 주시고. 대단하십니다! 좋은 동기부여도 주시네요. 오늘도 열심히 하겠습니다. 언제나 감사합니다~" HA**

- "개형님 아침 시황과 함께 하루를 시작합니다. 다른 사람들도 잘 되길 바라는 선한 마음이 있으셔서 더 잘 되신다고 생각합니다. 아직 갈 길이 멀지만 개형님 따라서 경제적 자유, 시간적 자유를 이루고 멋진 아파트 사고 꼭 인사드릴게요. 항상 좋은 자극 주시고 동기부여 해주셔서 감사합니다." ***am

- "이안이에게서 우리나라의 미래를 봅니다. 대표님은 모두에게 귀감이 되는 멋진 아빠시네요." 백*

- "와~ 아빠와 딸의 주식 투자 레슨. 인간이란! 창작물의 끝은 없는 건가요! 자상한 아빠의 모습은 세상에서 제일 부러움이요. 존경스럽습니다." **숙

- "아빠와의 주식대화 처음부터 다 봤습니다. 그 어떤 주식 강의보다 값진 영상이라고 생각되고, 투자의 관점 철학에 대해서 리마인드 하였습니다." **youn

- "오늘 아침 불안했는데 대표님 얘기 듣고 편하게 낮잠 잤네요. 감사합니다. 자고 일어나니 주식도 올라있네요." **캘리

슈퍼개미 김정환에게 배우는
나의 첫 투자수업

이 책의 수익금 중 일부는 저자의 뜻에 따라 도움이 필요한 이웃들에게 전달됩니다.

슈퍼개미 김정환에게 배우는

나의 첫 투자 수업

2
투자 편
(전2권)

김정환 · 김이안 지음

트러스트북스

〈슈퍼개미 김정환에게 배우는 나의 첫 투자 수업 2권〉은
1권 마인드 편과 이어집니다.
1권을 먼저 읽어 보시길 추천 드립니다.

지식과 지혜에 열정을 더하세요

다시 만나게 되어 기쁩니다.

1권을 다 읽으셨나요? 어떠한 마음이 들었나요? 느낌은 각자 다를 것입니다. 그럼에도 2권을 펼치셨다면 본격적으로 투자에 임할 각오를 가지셨다는 뜻입니다. 2권은 실전편입니다. 제 투자경험을 바탕으로 주식투자에서 성공으로 가는 길을 안내합니다.

좋은 회사 고르는 방법, 포트폴리오 구성하기, 밸류에이션 책정하기, 차트 이용하기, 주도주와 테마주, 수급과 거래량 등 투자에서 알아야 할 실전 기법을 조목조목 들려줍니다.

물론 2권에서 설명하는 것들이 성공비법은 아니며 해결책도 아닙니다. 주식투자에서 꿈을 이루어가는 길로 안내할 뿐입니다. 제 이야기가 디딤돌이 되어 여러분의 노력이 더해져야만 성공에 이를 수 있습니다. 그러므로 간혹 어려운 내용이 나와도 열심히 공부해서 꼭 이해하고 넘어가기를 당부합니다.

주식투자는 인생과 같습니다. 어떤 일이 내 앞에 펼쳐질지 아무도 모릅니다. 범위를 좁혀서 말한다면 '내일의 날씨'와 같습니다. 정확한 일기예보란 존재하지 않습니다. 그러나 우리가 지혜와 지식을 최대한 발휘하면 내일의 날씨를 높은 확률로 파악할 수 있습니다. 부디 투자자 여러분이 지식과 지혜 그리고 열정을 더해 꿈을 이루시길 바랍니다.

모든 개미투자자들을 응원하는

슈퍼개미 김정환

"
지식과 지혜에 열정을 더하세요

슈퍼개미 김정환에게 배우는 ─

나의 첫 투자 수업 ─

CONTENTS ─

머리말 / 지식과 지혜에 열정을 더하세요　　　　　　　　　　　006

● 제4부 ●

실전투자로 주식에서 성공하기
주식투자의 기본 개념

30장　이 회사가 정말 좋은 회사인지 어떻게 알 수 있나요?　　　014

31장　평가지표를 어떻게 응용하나요?　　　042

아빠와 딸 이안이의 주식 공부 _ 기업의 이름에 담긴 뜻　　　048

32장　적정 주가는 어떻게 계산하나요?　　　054

33장　밸류에이션을 스스로 측정할 수 있나요?　　　066

아빠와 딸 이안이의 주식 공부 _ 주주이익과 미래에 기대되는 산업　　　080

34장　업종별 PER는 어떻게 책정하나요?　　　086

김정환의 주식앱 _ 주식탐구　　　090

● 제5부 ●

실전투자로 주식에서 성공하기
종목 발굴 및 공부법

35장	주식투자는 보이지 않는 것을 만지는 것?	094
아빠와 딸 이안이의 주식 공부 _ 좋은 기업은 그 이름값을 한다		096
36장	실적이 좋으면 좋은 주식인가요?	102
37장	컨센서스가 뭐예요?	114
38장	뉴스는 무엇을 중요하게 체크해야 하나요?	126
김정환의 또 다른 주식앱 _ 마이뉴스피커(My News Picker)		136
39장	정부 정책을 연구해야 한다고요?	138
40장	스펙트럼이 넓은 투자는 무엇인가요?	146
41장	보통주와 우선주의 차이는 뭐예요?	152
42장	배당주가 좋다고 하는 이유는 뭔가요?	158
아빠와 딸 이안이의 주식 공부 _ 효율적 시장가설		170
43장	자사주 매입은 왜 호재인가요?	176
44장	무상증자, 유상증자가 뭐예요?	182
45장	기업분할은 왜 하나요?	188
46장	피해야 하는 기업이 있나요?	194

● 제6부 ●

실전투자로 주식에서 성공하기
돈 버는 매수와 매도의 기법

| 47장 | 매수와 매도는 어떻게 해요? 어느 시점이 좋나요? | 208 |

아빠와 딸 이안이의 주식 공부 _ 기대되는 산업과 숨겨놓은 힌트 · 234

| 48장 | 포트폴리오 구성이 뭐예요? | 240 |

| 49장 | 포트폴리오 구성이 맛집을 찾아가는 것과 비슷한가요? | 254 |

| 50장 | 스케줄링 매매와 포트폴리오 변화는 무엇인가요? | 260 |

아빠와 딸 이안이의 주식 공부 _ 진실된 조언자와 가짜 조언자 · 270

| 51장 | 차트 공부도 해야 하나요? | 274 |

| 52장 | 수급과 거래량이 주가에 미치는 영향은 무엇인가요? | 296 |

| 53장 | 상승장과 하락장에서 각기 어떤 전략을 취할 수 있을까요? | 300 |

| 54장 | 'Slow Thinking'하되 철저히 기록하라 | 314 |

아빠와 딸 이안이의 주식 공부 _ 752억이 가능할까 · 326

맺으며 / 주식은 행복입니다 · 330

제4부

실전투자로 주식에서 성공하기

주식투자의 기본 개념

30 │ 이 회사가 정말 좋은 회사인지 어떻게 알 수 있나요?

우리나라 코스피와 코스닥에는 2,000개가 넘는 회사가 상장(등록)되어 있는데 그 많은 회사 중에서 좋은 회사를 어떻게 가려내나요?

● ○ ●

좋은 회사는 선택하기 쉬운 의사결정들을 연속적으로 제시하는 반면 나쁜 회사는 계속해서 끔찍한 선택만을 제시하며 의사결정을 극도로 어렵게 만든다.

워렌 버핏

먼저 숫자를 보라

기업은 가장 먼저 숫자로 파악할 수 있습니다. 브랜드나 이미지, 역사, 창업자의 인품, 구성원들의 능력도 중요하지만 그런 부분은 주관적일 수 있습니다. 반면 숫자는 거짓말을 하지 않으며 현재를 정확하게 보여줍니다. 단, 오로지 숫자만으로 기업을 판단해서는 안 됩니다. 보이

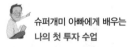

지 않는 미래 가능성도 볼 수 있어야 합니다.

가장 먼저 알아야 할 것이 재무상태표입니다. 재무상태표는 일정한 시점에 현재 기업이 보유하고 있는 재무상태를 나타내는 회계보고서입니다. 차변은 자산, 대변은 부채 및 자본으로 구성되어 있으며, 기업 활동에 필요한 자금을 어디서 얼마나 조달하여 투자했는지 등을 알 수 있습니다. 벌써부터 머리가 지끈거리나요? 그래도 꼭 봐야 합니다. 천천히 따라오세요.

재무상태표는 기업의 유동성, 재무적 탄력성, 기업의 수익성과 위험도 등을 평가하는 데 유용한 정보를 제공하는 기본적인 회계자료입니다. 상법에서는 기업이 의무적으로 작성하도록 규정하고 있습니다. 따라서 손익계산서가 기업의 목적 달성 정도를 측정하는 기준이라면, 재무상태표는 기업의 현재 상태를 나타내는 기준에 가깝다고 할 수 있습니다.

회사의 재무 상태를 파악하고자 하는 입장에서 재무상태표를 분석할 때는 먼저 자산, 부채 그리고 자본이 어느 정도 비중을 차지하고 있는지 알아보아야 합니다. 예를 들어, 흔히 말하는 부채비율(부채/자본)은 200%를 넘지 않게 유지하는 것이 일반적입니다.

하지만 재무상태표만 보고 "부채가 많으니까 위험하다"라고 단순히 판단할 수는 없습니다. 대표적인 예로 은행업 및 증권업은 기업가치를 평가할 때 가장 우선되는 것이 현재 기업이 보유하고 있는 부채 중 채권을 먼저 살펴봅니다. 제조업은 재고자산과 현금 및 현금성 자산, 유형자산의 비중을 검토하여 기업 생산성을 확인해야 합니다. 제약회사처럼 연구개발비가 중요한 산업에서는 무형자산 항목에 집중해야 합니다. 이 기업들은 단기적인 매출액 숫자보다는 무형자산의 투자로 인한 미래 라이선스아웃* 및 신약개발 가능성을 보는 것이 더 적합하기 때문입니다.

또한 유동 및 비유동은 1년을 기준으로 나뉘는데, 이에 속한 항목들을 통해 기업 유동성을 파악할 수 있습니다. 유동자산은 보고기간 종료일로부터 1년 이내 현금화되거나 실현될 것으로 예상되는 자산들과 기업이 정상적 영업주기 내에 실현할 것으로 예상되어 판매 또는 소비 목적으로 보유하고 있는 자산입니다. 비유동자산은 건물, 기계설비 등 당장 현금으로 바꾸기 어려운 자산입니다.

이렇듯 재무상태표는 전체적인 비중 및 개별 항목에서 얻을 수 있는 정보가 기업마다, 산업마다 매우 다릅니다. 그러므로 재무상태표를 분석할 때는 두 가지 모두를 자세히 살펴보아야 합니다.

- **라이선스아웃(license out)** 지적재산권이 있는 상품이나 재화의 판매를 다른 회사에 허가해주는 제도.

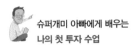

재무제표를 통해 회사를 분석하는 3가지 방법

좋은 기업에 투자하기 위해서는 다양한 분석이 필요합니다. 현재 다양한 지표들이 개발되어 있는 환경입니다. 그런데 그 수치만을 가지고는 아무것도 알 수 없습니다. 즉 해당 수치를 가지고 평가하기 위해서는 무언가와 비교할 수 있어야 합니다. 기본적으로 자주 사용되는 3가지 분석법을 살펴보겠습니다.

1. 기업의 현재와 과거

회사의 과거 상황과 현재 상황을 비교하는 것입니다. 예를 들어 매출액 증가율은 비슷한데 이익이 많이 떨어졌다고 가정해보세요. 그렇다면 이 회사의 이익이 왜 떨어졌는지 분석하는 것입니다. 만약 더 큰 성장을 위해 투자가 진행되었다면 긍정적 신호입니다. 반대로 매출액을 늘리기 위해 마진을 포기하고 수량을 늘리는 방식을 썼다면 좋지 않은 신호입니다.

2. 경쟁 기업과의 비교

경쟁자 없는 회사는 거의 없습니다. 예를 들어 라면회사는 여러 곳이고, 과자를 만드는 회사도 여러 곳입니다. 동종 기업끼리 비교해보는 것입니다. 같은 라면을 만드는데 영업이익률이 월등히 높다면 그 이유를 분석하는 것입니다. 그 차이와 원인을 투자자라면 당연히 파악하고 있어야 합니다.

3. 산업의 평균비율 분석

하나의 개별 기업과 비교하는 것이 아니라 산업 전체를 두고 비교하는 방식입니다. 예를 들어, 제약바이오 업종 평균 ROE*(자기자본수익률)가 5%라고 가정해봅시다. 그런데 A기업의 ROE가 다른 제약회사들보다 굉장히 높다는 것이 발견되면 그 이유를 분석하는 것입니다.

이러한 다양한 비교 분석을 통해 투자하려는 기업의 적정 가치를 맞춰갑니다. 재무제표를 보면 다양한 비율들이 나옵니다. 크게 3가지로 분류할 수 있으며 이를 통해 투자 여부를 더 쉽게 이해할 수 있습니다.

① 안정성: 유동비율, 부채비율, 차입금 의존도, 자기자본비율, 고정비율
② 수익성: 매출액영업이익률, 매출액계속사업이익률, 총자산경상이익률, 이자보상배율, 금융비용부담률, 차입금평균이자율
③ 성장성: 매출액증가율, 총자산증가율, 유형자산증가율

* **ROE(Return On Equity)** 기업이 자금을 투자해 1년 동안 얼마만큼 순수하게 벌어들였는가를 나타내는 대표적인 수익성 지표.

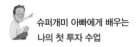

손익계산서는 회사의 영업성과를 보여준다

손익계산서는 일정 기간 회사의 영업성과를 보여주는 표입니다. [그림 1]을 보면 '수익'과 '이익'이라는 용어가 보입니다. 언뜻 비슷해 보이기도 하고 사실 일상생활에서는 굳이 구분하지 않고 유사한 개념으로 널리 사용되고 있습니다. 그렇지만 회계에서는 두 용어를 명확히 구분합니다.

수익은 판매 후에 얻은 매출액(판매금액)이고, 수익에서 비용을 빼고 남는 부분이 이익(순이익)입니다. 이 개념을 혼동하면 기업가치 평가에서 실수할 수 있으니 조심해야 합니다. 예를 들어, 8만 원 주고 산 물건을 10만 원에 팔았습니다. 그러면 10만 원은 수익이 되고, 이 수익에서 비용 8만 원을 뺀 2만 원이 이익이 됩니다. 따라서 영업수익이라고 표현할 때는 회사가 판매한 매출 총액을 의미하고, 영업이익이라고 하면 영업수익에서 영업비용을 차감한 금액을 말합니다.

[그림 1]을 보세요. 이 손익계산서에서 방금 언급한 내용을 적용하면, 당기 영업수익이 얼마냐고 물어본다면 390,000원이 됩니다.

영업이익은 영업수익(매출액)에서 원가와 해당 제품을 팔기위해 들어간 판매비와 관리비 등을 뺀 금액입니다. 판매비와 관리비는 제품을 팔기 위해 쓴 인력 등 다양한 비용을 합친 비용을 말합니다. 이렇게 손익계산서는 수익과 비용, 그리고 수익에서 비용을 차감한 이익 등의 내용을 보여줍니다. 수익과 이익은 다르다는 점을 잊지 마세요.

[그림 1] 손익계산서

	당기	전기
매출액	390,000	355,000
매출원가	(245,000)	(230,000)
매출총이익	145,000	125,000
판매비와 관리비	(89,000)	(89,700)
영업이익	56,000	35,300
영업외수익	52,600	41,400
영업외비용	(10,100)	(8,700)
법인세비용 차감 전 순이익	98,500	68,000
법인세비용	(40,400)	(32,000)
당기순이익	58,100	36,000

판매비와 관리비 쉽게 이해하기

쉽게 생각해서, 물건을 팔면 이익이 남습니다. 말은 간단하지만 이 과정은 복잡하고, 그에 따른 용어도 많습니다. 차근차근 알아보겠습니다.

우선 순이익률(Net Profit Margin)입니다. 순이익을 세후 순매출액으로 나눈 것입니다. 매출에서 모든 비용과 세금을 공제한 후 소유주에게 남은 금액이 순이익입니다. 순이익률은 매출액 중 주주를 위해 최소한 어느 정도의 금액을 제공할 수 있는가를 평가하는 데 사용합니다. 즉 경영능력을 보는 것입니다.

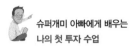

[그림 2] 기업실적분석 예시

기간	2017.12 IFRS연결	2018.12 IFRS연결	2019.12 IFRS연결	2020.12 ⓔ IFRS연결
매출액	2,928	3,374	4,035	4,948
영업이익	−103	94	263	225
당기순이익	−161	11	166	131
지배주주순이익	−162	11	162	
비지배주주이익	1	1	4	
영업이익률	−3.52	2.79	6.52	4.54
순이익률	−.5.51	0.34	4.11	2.64
ROE	−21.41	1.40	18.50	12.59
부채비율	193.70	194.06	195.99	
당좌비율	48.45	50.26	64.19	
유보율	1,044.21	1,074.20	1,267.87	
EPS	−1,378	78	1,160	867
PER	−4.12	78.93	15.55	21.50
BPS	5,703	5,884	6,819	7,279
PBR	0.99	1.05	2.65	2.56
주당배당금		0	300	300

$$순이익률 = 순이익/매출액 \times 100\%$$

순이익률이 높다는 것은 매출이 발생된 후 원재료비, 세금, 금융비용 등 비용지출 통제가 잘 되었다는 것을 의미합니다. 순이익률이 높은 기업일수록 비용지출 통제가 잘 되는 기업이라 할 수 있습니다.

　도/소매업이나 제조업은 대부분 재화를 공급한 시점에 수익으로 인식합니다. 현금을 받는 시점이 아닌 거래가 발생된 시점에 매출을 잡는다는 것은 회계의 발생주의를 따르기 때문입니다. 이를 '발생주의회계'*라 하며 반대는 '현금주의회계'**입니다. 매출액은 기업이 어떤 사업을 영위하는지에 따라 기준이 다르기 때문에 똑같이 재화를 판매하고 수익을 얻는다 해도 어떤 기업에서는 매출액으로 잡히는 반면, 어떤 기업에서는 기타수익으로 잡힐 수 있습니다.

매출액이 중요한 이유는 매출액 추정이 모든 기업의 가치평가에서 기본이 되기 때문입니다. 매출액을 세분화하여 정확하게 측정하는 능력은 성공적인 투자 능력과 직결됩니다.

대부분의 제조업은 물건이 인도된 시점(사실상의 소유권이 넘어간 시점)에 매출을 인식합니다. 이때 매출액은 일반적으로 다음과 같이 계산됩니다.

$$매출액 = 총 매출액(수량 \times 가격) - 할인 - 수수료$$

- **발생주의회계** 거래가 발생한 기간에 회계를 기록하는 제도. 현금의 입출금과 분리하여 거래의 발생 시점에서 기록하므로 영업활동과 관련된 기록과 현금의 유출입과는 보통 일치하지 않는다. 수익·비용 원칙에 보다 합리적 대응을 가져와 그 기간의 경영성과를 정확히 나타내는 데 있다. 현재 우리나라는 발생주의를 근간으로 한다.
- **현금주의회계** 현금을 수취하였을 때 수익(매출)으로 인식하고 현금을 지출하였을 때 비용으로 인식하는 회계처리. 재화(용역)의 인수 혹은 인도 시점은 중요하지 않다. 현금수입액의 합계에서 현금지출액의 합계를 차감하여 당기순이익을 계산하는 방법으로서 수익과 비용을 대응시키지 못한다는 결점이 있다.

[그림 3] 기업실적분석 예시

구분	2018	2019	2020
발생원가	20	30	50
추가 소요예정원가	80	50	
누적 진행률	20%	50%	100%
누적 수익	24	60	120
당기 수익	24	36	60
발생원가	20	30	50
당기 이익	4	6	10

건설, 조선, 플랜트, 토목 등의 수주산업은 입찰과정을 통해 낙찰 받은 용역을 몇 년에 걸쳐 수행합니다. 수주액과 대금 지급 시기 등은 계약 시점에 정해지지만, 장기로 진행된다는 특성 때문에 어느 시점에 수익을 인식할지가 관건입니다. 비용은 매년 발생하므로 수익비용 대응의 원칙에 따라 수익도 매년 인식해주어야 합니다. 회계기준에서는 이를 '진행 기준'에 따라 인식하도록 되어 있습니다. 따라서 발생원가를 전체 공사의 진행률로 가정하고 계산하여 매출액을 인식합니다. 손익계산서에서 수주산업의 매출액 가정을 할 경우, 현재 진행 중인 도급공사가 있는지, 어느 정도 진행되었으며, 도급금액이 얼마인지를 파악하는 것이 기본입니다.

금융업 매출은 일반기업의 금융수익과 유사한 면이 많습니다. 다만 금융업은 정관상 주 영업이 금융업이기 때문에 해당 부분은 영업이익으로 잡습니다. 이자수익, 배당수익, 유가증권관련수익이 이에 포함됩니다. 가장 많은 비중을 차지하는 것은 수수료 수입이고, 그 다음이 이자수익입니다.

보험회사는 보험료 수익이 가장 많은 부분을 차지합니다. 이자수익은 유효이자율법*을 사용합니다. 이를 직접 계산하는 것은 매우 복잡하고 변수가 많기 때문에 가치 평가자 입장에서는 이 정도만 이해해도 됩니다. n년 후가 만기인 유가증권이 어느 정도의 수익을 창출할지를 시간가치로 계산하여 매출액으로 인식할 수 있습니다.

수수료 수익을 매출액으로 인식하는 기업은 매출액을 산정하기가 매우 어려운 산업에 속합니다. 왜냐하면 어느 정도의 가격으로 계약을 맺을지 미리 파악하기 힘들며, 설령 그 금액을 안다 해도 계약 내용에 따라 수취하는 수수료 비율이 달라지기 때문입니다. 주로 콘텐츠를 영위하는 광고회사가 수수료 수익을 매출액으로 인식합니다. 이들은 [삼성]이나 [현대] 등 대형 광고주에게서 받는 금액 중 일부를 [나스미디어](Nasmedia) 같은 미디어랩**에 주고 나머지를 매체에 지불하고 남은 수수료를 매출로 인식하기 때문에 그 구조를 정확히

- **유효이자율법** 채권 또는 채무의 이자를 인식할 때 그 이자율이 매년 일정하게 되도록 하는 이자수익/비용 계산방법. 실제 계산법은 매우 복잡하다. 자세한 내용은 인터넷을 검색하면 알 수 있다.
- **미디어랩(Media Representative)** 방송광고를 방송사 대신 판매하는 방송광고 판매대행사. 방송사 위탁을 받아 광고주에게 광고를 판매해주고 판매대행 수수료를 받는 회사이다.

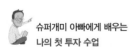

파악하기는 힘듭니다. 따라서 평가자 입장에서는 평균적인 수수료 계약비율을 사용하여 매출액 추정을 할 수 있습니다.

(-)인 기업은 무조건 피하라

영업활동현금흐름이란 회사의 주 사업인 상품판매 또는 제조활동을 하여 창출한 현금흐름을 말합니다. 상품, 수수료 등 주 사업에서 발생하는 현금으로 회사 운영이 부족한지를 파악해야 합니다.

[그림 4] 기업의 현금흐름표

구분	현금유입	현금유출
영업활동에 의한 현금흐름	상품 판매, 수수료 수입, 이자수익, 배당금수익, 법인세 환급	상품의 구입, 종업원에 대한 지출, 이자비용, 법인세 납부

구분	초우량 기업	신규상장 기업	구조조정 기업	재활 기업	위험 기업	도산직전 기업
영업활동으로 인한 현금흐름	+	+	+	−	−	−
투자활동으로 인한 현금흐름	−	−	+	−	+	−
재무활동으로 인한 현금흐름	−	+	−	+	−	−

주식투자에서 초우량기업이나 신규 성장기업에 투자하고 있다면 (혹은 투자할 계획이라면) 일단 영업활동으로 인한 현금흐름이 (−)인 기업은 무조건 피해야 합니다. 이들은 재활기업, 위험기업, 도산직전 기업일 확률이 높습니다. 다만 분기별로는 좋은 기업임에도 영업활동현금흐름이 (−)인 경우일 수 있는데 최소 3년치의 현금흐름표를 살펴보아야 합니다.

예를 들어, [그림 5]는 [삼성전자]의 현금흐름표입니다. 삼성전자는 초우량기업이므로 당연히 영업활동으로 인한 현금도 (+)입니다.

[그림 6]은 이동통신 3사의 영업활동현금흐름입니다.

3사의 영업이익은 모두 합쳐 4조 원이 되지 않습니다. 하지만 영업활동현금흐름은 11조 원이 넘는 것을 알 수 있습니다. 왜 이런 차이가 발생할까요?

오고 가지 않는 수익·비용이 있기 때문입니다. 감가상각비와 무형자산상각비가 대표적입니다. SK는 약 3조, KT는 3조 4천억, LG는 1조 6천억의 감가상각비와 무형자산상각비를 발생시켰습니다. 장부상으로는 비용으로 찍히지만 사실상 주머니에서 돈이 빠져나간 것은 아닙니다. 그것이 현금흐름이 영업이익보다 큰 핵심적인 이유입니다.

하나 더 볼 부분이 있습니다. SK는 3조 5천억, KT는 3조 2천억, LG는 약 1조 5천억을 유무형자산에 신규 투자했습니다. 감가상각비와 무형자산상각비와 비슷하지 않은가요?

우리는 이 수치들을 통해 무엇을 볼 수 있나요? 쉽게 생각하면 됩

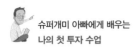

[그림 5] 삼성전자 현금흐름표

주요 재무정보	연간							
	2015/12 (IFRS연결)	2016/12 (IFRS연결)	2017/12 (IFRS연결)	2018/12 (IFRS연결)	2019/12 (IFRS연결)	2020/12(E) (IFRS연결)	2021/12(E) (IFRS연결)	2022/12(E) (IFRS연결)
매출액	2,656	2,461	2,928	3,374	4,035	4,948	6,162	
영업이익	−31	6	−103	94	263	225	382	
영업이익 (발표기준)	−31	6	−103	94	263			
세전계속 사업이익	−118	−67	−190	17	197	169	315	
당기순이익	−92	−59	−161	11	166	131	252	
당기순이익 (지배)	−92	−60	−162	11	162	127	245	
당기순이익 (비지배)	1	1	1	1	4			
자산총계	2,349	2,264	2,207	2,316	2,941	3,166	3,495	
부채총계	1,577	1,490	1,455	1,528	1,947	2,083	2,195	
자본총계	792	774	751	787	994	1,083	1,300	
자본총계 (지배)	788	771	747	782	964	1,050	1,261	
자본총계 (비지배)	3	4	5					
자본금	47	51	68	69	73	73	73	
영업활동 현금흐름	−17	265	130	12	545	240	263	
투자활동 현금흐름	−132	−193	−162	−84	−461	−136	−24	
재무활동 현금흐름	202	−102	61	59	138	−45	−39	

[그림 6] 이동통신 3사의 영업활동현금흐름

단위:억원

항목	SK텔레콤	KT	LG유플러스
영업이익(손익계산서)	15,357	14,400	7,465
영업활동현금흐름	42,432	47,708	22,248
차이	27,074	33,308	14,783
투자활동현금흐름	24,622	34,850	14,923

[그림 7] 이통3사 잉여현금흐름 현황

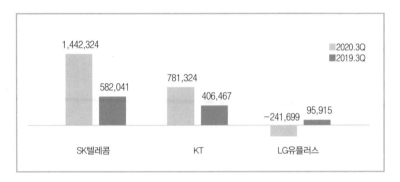

니다. 3사의 재무제표는 '건강한 재무제표'라는 것입니다. 벌어들이는 돈에서 감가상각과 무형자산상각을 빼고 남은 돈이 이익으로 잡힙니다. 반대로 영업활동 현금흐름이 영업이익보다 낮다면 어떻게 될까요? '건강하지 못한 신호'로 받아들여야 합니다.

다음은 부채비율입니다. 부채비율(Dept Ratio)은 기업이 갖고 있는 자산 중에서 부채가 얼마 정도 되는가를 나타내는 비율입니다. 기업의 재무구조, 특히 타인자본의존도를 나타내는 대표적인 경영지표입니다.

부채비율 = 타인자본(부채총계)/자기자본(자본총계) × 100(%)

부채비율은 기업의 재무적 안정성을 볼 때 가장 중요한 지표입니다. 보통 부채비율 200% 이내 기업은 재무적으로 안전하다고 할 수 있습

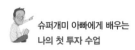

[그림 8] 기업의 부채비율

기간	2017.12 IFRS연결	2018.12 IFRS연결	2019.12 IFRS연결	2020.12 ⓔ IFRS연결
매출액	2,928	3,374	4,035	4,948
영업이익	−103	94	263	225
당기순이익	−161	11	166	131
지배주주순이익	−162	11	162	
비지배주주순이익	1	1	4	
영업이익률	−3.52	2.79	6.52	4.54
순이익률	−.5.51	0.34	4.11	2.64
ROE	−21.41	1.40	18.50	12.59
부채비율	193.70	194.06	195.99	
당좌비율	48.45	50.26	64.19	
유보율	1,044.21	1,074.20	1,267.87	
EPS	−1,378	78	1,160	867
PER	−4.12	78.93	15.55	21.50
BPS	5,703	5,884	6,819	7,279
PBR	0.99	1.05	2.65	2.56
주당배당금		0	300	300

니다. 부채비율은 낮을수록 타인자본에 대한 의존도가 낮다는 것을 의미하므로 재무적으로 우량한 기업입니다. 반면 빚을 내지 않고 사업을 영위하는 것은 레버리지효과*에서 떨어진다는 것을 의미하기도 합니다. 또한 금리가 낮을 때는 돈을 빌려 수익을 내는 것이 더 낫다고 판단되면 기업들은 일부러 부채를 지기도 합니다.

재무제표의 3대 요소를 알자

주식투자 공부를 하면서 완성시켜야 할 가장 중요한 키는 회계학이며, 그 다음에는 재무제표 보기입니다. 여러분들이 제일 하기 싫고 생각만 해도 머리가 아파온다는 사실을 잘 압니다. 개념만 잘 이해하려고 노력하십시오. 기업의 활동과 성과를 보기 위해서 재무제표의 어디를 봐야 하는지 숙지하십시오. 회계의 모든 파트를 다 공부할 필요는 없습니다. 무엇을 체크해야 하는지 포인트를 아는 게 중요합니다. 제대로 투자하기 위해서는 반드시 익혀야 하는 파트입니다.

저는 대학과 대학원에서 회계학을 배웠음에도 주식시장에 접목시키기는 굉장히 힘들었습니다. 물론 회계사나 세무사들만큼 재무제표를 정확히 보기는 어렵지만 주식투자에 꼭 필요한 재무제표나 회계학 개념은 습득해야 합니다. 회계사와 세무사는 그 회사의 발전 방향을 보기보다는 현재 장부에 기입된 재무표의 정확도나 오류 등을 봅니다. 그러나 주식투자에서는 다르게 봐야 합니다.

- **레버리지 효과(Leverage Effect)** 지렛대 효과. 다른 사람에게 빌린 돈을 지렛대 삼아 자기자본이익률을 높이는 것. 10억 원의 자본으로 1억 원의 순익을 올리면 자기자본이익률은 10%이다. 하지만 자기자본 5억 원에 빌린 돈 5억 원을 더해 1억 원의 수익을 올리면 자기자본이익률은 20%가 된다. 금리 비용보다 높은 수익률이 예상되면 타인자본을 적극적으로 활용해 투자하는 것이 유리하다. 그러나 과도해지면 불황 시에 높은 금리 부담을 안아야 하는 단점이 있다.

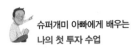

슈퍼개미 아빠에게 배우는
나의 첫 투자 수업

재무제표에서 중요한 것은 매출액, 그리고 영업이익의 증가, 그 다음에 투자금액입니다. 투자하지 않는 기업은 발전할 수 없습니다. 기업의 주가도 오를 수 없습니다. 왜냐하면 기존의 장치나 설비, 공장 증설을 하지 않고는 매출액이 오를 수 없기 때문입니다. 예를 들어, 자동차 회사들이 옛날 장치나 설비만을 계속 쓴다면 과연 발전할 수 있겠습니까? R&D(Research and Development 연구와 개발)에 돈을 굉장히 많이 투자해야 되는데도 불구하고, 실제로는 많은 회사들이 투자하지 않고 있습니다. 그러면 그 회사들의 미래가치는 당연히 현격하게 떨어집니다.

꼭 살펴봐야 할 재무제표와 감가상각비 그리고 숨어있는 숫자를 함께 살펴보겠습니다. 회계학적 지식을 지녀야 기업의 재무제표가 어떻게 주가에 영향을 미칠 것인지 알 수 있습니다. 어려운 부분이지만 재무제표 공부는 반드시 거쳐야 하는 관문입니다. 이 관문을 지나고 나면 여러분에게 투자의 새로운 세계가 열릴 것입니다.

기업이 투자를 하면 영업이익의 증가로 돌아오기 때문에 반대로 투자하지 않는 기업은 주가가 오를 수 없습니다. R&D나 연구개발 부분에 투자해야 하지만 그렇지 않은 기업이 너무도 많습니다. 아무리 현재 잘 나가는 기업이라도 미래에 투자하지 않는 기업은 밝은 미래를 기대하기 힘듭니다. 따라서 투자에서도 R&D에 집중하는 기업을 선정해야 합니다.

재무제표 3대 요소는 ①대차대조표 ②손익계산서 ③현금흐름표입

니다. 간단히 설명하면,

〈대차대조표〉는 일정 시기에 영업용 총재산을 자산의 부(차변)와 부채 및 자본의 부(대변)로 나누어 기재하여 현재 가지고 있는 재산액과 가져야 할 재산액을 대조해 재산상태와 손익계산을 보여주는 표입니다.

대차대조표

- 자산
- 부채 : 빌리면 빚
- 자본 : 초기자본금 + 상장을 통해 버는 자본잉여금 + 이익

〈손익계산서〉는 매출액에 따른 영업이익입니다. 1년에 기업이 얼마나 벌어들이는지에 대한 성적표와 같습니다. 이를 통해 영업이익, 시가총액, EPS, 적정주가를 구할 수 있기 때문에 반드시 봐야 하는 부분입니다. 손익계산서에서는 매출액과 이익의 크기도 중요하지만, 각각의 매출액 대비 비율을 통해 전년 대비 혹은 전분기 대비 기업이 어떠한 방향으로 변화하고 있으며 이러한 추세가 미래에도 어떻게 이어질지를 개괄적으로 이해하는 데 필요한 정보를 얻을 수 있습니다.

〈현금흐름표〉는 영업이익에 영향을 미칩니다. 재무를 통해 돈을 빌리면 재무활동으로 인한 현금흐름은 좋아집니다. 그렇다고 무조건 좋은 것만은 아닙니다. 이자비용이 투자를 통해 벌어들이는 수익보다

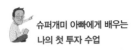

크면 회사의 재무안정성이 위험해질 수 있기 때문입니다. 심각할 경우 망하기도 합니다. 투자해서 돈을 벌 수 있다면 당연히 버는 것이 좋지만 무리한 투자는 회사를 위기에 빠뜨릴 수 있습니다.

현금흐름표(돈이 들어오고 나가는 것)

- (＋) : 영업활동(일해서 번 돈)
- (－) : 재무활동(자금조달, 상환이자 등)

돈이 들어오고 나가는 (+)와 (–)가 됩니다. 감가상각비 현금유출 없이 이루어집니다.

〈대차대조표〉는 왼쪽에 자산, 오른쪽에 부채와 자본을 기록합니다. 자산은 자산을 늘려감에 따라 변동이 생기고, 돈을 빌리면 부채는 늘어납니다. 자본은 처음에 초기 자본금이 있고 그 후 상장을 통해 돈을 벌어들이는 자본잉여금, 그리고 돈을 벌어 쌓아놓는 이익잉여금으로 나뉩니다. 그것에 대한 조정이 일어나는 것을 자본조정이라 합니다. 너무 어렵게 생각하지 마세요. 천천히 개념을 익혀가면 됩니다.

〈손익계산서〉는 매출액에 따른 영업이익이라고 했습니다. 영업비용 등을 빼고 기업이 1년에 얼마나 벌었느냐를 정확히 나타내줍니다. 손익계산서 상에서 영업이익이나 당기순이익을 알아야 시가총액을 구할 수 있습니다. 사업보고서를 보고 "이 회사의 적정한 시총은 얼마다"라고 분석할 수 있고, 그것을 통해 EPS(주당순이익)를 계산해서 목표 주가를 설정하기도 합니다. 그런데 EPS를 구하는 일이 어렵다면 그냥 영업이익이나 당기순이익으로 시가총액을 구해서 적정주가를 계산할 수도 있습니다. 나중에 [32장 적정주가는 어떻게 계산하나요?]에서 다시 설명 드리겠습니다.

이제 〈현금흐름표〉를 볼 차례입니다. 현금흐름표는 3가지로 되어 있습니다. 영업활동을 위한 현금흐름, 재무활동으로 인한 현금흐름, 투자활동으로 인한 현금흐름입니다. 현금흐름은 돈이 들어오고 나가는 유입과 유출에 따라 플러스나 마이너스가 됩니다. 영업활동으로 인한 현금흐름이 (+)라면 영업으로 돈을 벌어들이고 있다는 뜻입니다. 현금 유출이 없는 (+)인 거죠. 감가상각비는 그냥 상각만 하기 때문에 현금 유출이 없습니다.

재무활동으로 인한 현금흐름이 (+)라는 것은, 재무를 통해서 돈을 빌리면 회사에 돈이 들어오기 때문에 현금흐름이 (+)가 된다는 것을 뜻합니다. 그런데 재무활동으로 인한 현금흐름이 굉장히 높아지는 것은 앞에서도 말했듯 모두 좋지만은 않습니다. 물론 그것을 통해 투자를 하고 그 투자를 통해 돈을 번다면 긍정적이지만 돈이 벌어지지 않고 이자비용이 너무 크면 도산에 이를 수 있기 때문입니다. 마지막으로 투자활동으로 인한 현금흐름입니다. 투자를 하면 당연히 현금흐름은 (-)가 됩니다. 반대로 투자를 하지 않고 투자를 한때 했던 경우로 돈을 벌면 (+)가 됩니다.

주식투자를 하려면 재무제표에서 대차대조표, 손익계산서, 현금흐

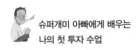

름표는 꼭 볼 줄 알아야 합니다. 물론 더 깊이 보려면 볼 수 있지만 세 가지만으로도 충분합니다. 그런데 안타깝게도 재무제표 공부 단계에서 '주포자'들이 나옵니다. 잠시 고등학교 수학시간으로 돌아가 보세요. 인수분해까지는 견디는데 미분/적분 들어가면 수포자들이 대량 속출합니다. 주식투자도 똑같습니다. 재무제표 공부 단계에서 여러분이 주포자가 될 수도 있습니다. 그러나 시작하기도 전에 너무 어렵게 생각하지 말고 제가 말하는 포인트만 잡아서 쉬운 것들만 체크하세요. 예를 들어, 감가상각비가 얼마인지 한번 보세요. 그러면 보일 것입니다. 현금흐름표를 보면서 "아 감가상각이 얼마 있구나"라고 생각하면 됩니다. 투자가 이만큼 됐으니 감가상각이 이만큼 잡힐 것이다 정도만 예상해도 됩니다.

기업을 예로 설명해보겠습니다.

[경인양행]은 2020년 2분기 실적이 잘 나오지 않았습니다. 코로나 19 사태 때문에 염료산업이 하향한 것도 원인이지만 큰 요인은 감가상각비에 있습니다. 경인양행의 CAPEX(Capital Expenditures: 기업이 돈을 벌기 위해 설비나 장비, 건물 등에 투자하는 것)는 상승했습니다. 고정자산에 돈이 투자될 때 기업은 연한을 두고 감가상각을 합니다. 기계장치는 3년에서 5년, 길면 10년까지도 합니다. 반대로 빠른 감가상각을 통해 장치나 설비들을 0으로 만들기도 합니다. 그렇게 되면 감가상각비만 줄고 그 장치를 계속 돌려 돈을 벌 수 있는 구조가 됩니다. 감가상각비가 줄어들거나 다 사라지는 시점에는 엄청난 수익이 추가

적으로 발생합니다.

CAPEX가 증가하면 자산이 증가하고, 그만큼 돈을 빌리면 부채가 증가하는데 자본이 증가하는 개념은 아닙니다. 이렇게 해서 감가상각비가 계속 증가하면 표면적으로는 기업의 실적이 잘 안 보이는 경우가 생깁니다. 그러므로 겉으로 드러난 재무 숫자만 보고 기업을 100% 판단하면 안 됩니다. 그 안에 숨겨져 있는 함의들을 봐야 합니다. 경인양행은 총 1,800억 원을 투자했는데 10년에 걸쳐 감가상각을 해나가고 있습니다. 2020년 기준으로 3년 정도 지나면 이익이 좋게 나올 것으로 예상합니다.

감각상각비는 언젠가 끝나는 숫자이기 때문에 끝나는 시점이 오면 기업의 실적이 갑자기 좋아지는 모습을 보입니다. 매출액이 생각보다 증가하지 않았는데도 영업이익이 잘 나온 기업들은 거의 대부분 감가상각비가 줄거나 끝난 것이 많은 부분을 차지합니다. 따라서 영업이익을 보면서 멀티플을 계산할 때 감가상각비 부분, 현금유출이 없는 부분은 무조건 체크해야 합니다.

기업을 볼 때는 보이는 것만 보는 것이 아니라 보이지 않는 것들도 보아야 하고, 만질 수 없는 것을 만지려 노력해야 합니다. 이것이 주식투자의 기본입니다. 보이는 것만 본다면 남들과 똑같은 투자자가 될 수밖에 없습니다.

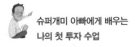

어떤 기업이 좋은 기업인지 구별하려면

주식투자 입문자들이 가장 어려워하는 부분이 무엇일까요? 어떤 기업이 좋은 기업인지 구분하기 어렵다는 점이 아닐까 싶습니다. 기업이 어떤 모습을 지녔는지 판단할 수 있는 명확한 '기준'이 있다면 잠시 손해를 보더라도 심리적으로 흔들리지 않고 버틸 수 있는 근거가 됩니다.

기업의 면모를 잘 알 수 있는 가장 대표적 요소가 '재무제표'입니다. 기업의 재무제표에는 매출액과 영업이익 등이 기록돼 있는데, 기본이 튼튼한 기업은 어떤 특징이 있을까요? 먼저 매출액과 영업이익은 꾸준히 증가하고 감가상각비와 이자 비용은 감소해야 합니다(감가상각비는 보통 설비투자가 마무리돼 가는 단계에서 감소합니다). 또 자사주를 사들여 소각하고 자기자본이익률(ROE)이 계속 증가하며, 현금의 흐름이 좋아야 합니다. 그리고 지속적으로 업황이 좋은 기업, 또는 업종 변경에 성공한 기업도 좋은 '꼴'을 가진 기업으로 볼 수 있습니다.

이와 같은 내용들은 바로 EPS(주당순이익)에 영향을 미치는 것들입니다. 설비투자를 늘렸다면 그만큼 매출액이 증가해야 기업이 성장할 수 있고, 투자한 설비를 100% 가동할 수 있다면 감가상각비는 줄어들고 이자 비용을 갚아나갈 수 있습니다. 그리고 남은 돈으로 자사주를 사들여 소각하고 주가가 상승할 여지를 만들 수 있습니다.

또한 기업 내 현금흐름보다 과도하게 투자하거나 부채를 끌어 쓰지 않으면 현금흐름이 양호하다고 할 수 있습니다. 현금흐름표 상에서 영업활동으로 인한 현금은 (+)이고 투자활동으로 인한 현금은 (-), 재무활동으로 인한 현금흐름도 (-)인 기업이 건강한 내실을 가졌다고할 수 있습니다. 이를 더 체계적으로 분류해 본다면 크게 성장가치가 있는 기업, 자산가치가 있는 기업, 배당가치가 있는 기업으로 나눌 수 있습니다. 이러한 유형의 기업들은 자산 형태가 어떻게 분류돼 있는지 보여주는 재무제표와 기업의 손익구조를 나타낸 손익계산서를 통해 분석할 수 있습니다.

평가지표 마스터하기

발행주식수는 기업이 유가증권시장에 발행하여 일반 투자자가 소유하고 있는 주식 수량입니다. 회사 정관에 의하여 규정된 발행 가능한 총주식 중에서 이미 발행된 주식과 설립 후 발행된 주식수는 합하고, 발행 기업이 금고주로 재매입하여 보유하거나 소각한 주식은 차감하여 계산합니다. 비슷한 용어로는 유통주식

[그림 9] 삼성전자 발행주식수

투자정보	호가 10단계
시가총액	530조 1,167억원
시가총액순위	코스피 1위
상장주식수	5,969,782,550
액면가 | 매매단위	100원 | 1주
외국인한도주식수(A)	5,969,782,550
외국인보유주식수(B)	3,314,966,371
외국인소진율(B/A)	55.53%
투자의견 | 목표주가	4.00매수 | 91,720
52주최고 | 최저	84,500 | 42,300
PER | EPS(2020.09)	24.25배 | 3,662원
추정PER | EPS	22.27배 | 3,988원
PBR | BPS(2020.09)	2.25배 | 39,446원
배당수익률	N/A
동일업종 PER	20.92배
동일업종 등락률	+5.88%

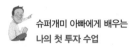

[그림 10] 삼성전자 사업보고서   (기준일 2020년 9월 30일)

구분	주식의 종류			비고
	보통주	우선주	합계	
I. 발행할 주식의 총수	20,000,000,000	5,000,000,000	25,000,000,000	–
II. 현재까지 발행한 주식의 총수	7,780,466,850	1,194,671,350	8,975,138,200	–
III. 현재까지 감소한 주식의 총수	1,810,684,300	371,784,650	2,182,468,950	–
1. 감자	–	–	–	–
2. 이익소각	1,810,684,300	371,784,650	2,182,468,950	자사주소각
3. 상환주식의 상환	–	–	–	–
4. 기타	–	–	–	–
IV. 발행주식의 총수(II-III)	5,969,782,550	822,886,700	6,792,669,250	–
V. 자기주식수	–	–	–	
VI. 유통주식수(IV-V)	5,969,782,550	822,886,700	6,792,669,250	
				–

수가 있습니다. 상장법인의 총발행 주식 중 최대주주 지분 및 정부 소유주 등을 제외하고 실제 시장에서 유통이 가능한 주식입니다.

[그림 10]은 [삼성전자]의 사업보고서 중 주식 총수에 있는 자료입니다. 발행할 주식 총수, 현재까지 발행한 주식 총수, 감소한 주식 총수, 자기주식수, 유통주식수 등의 자료가 나타나 있으며 발행주식수와 유통주식수가 다른 것을 확인할 수 있습니다. EPS나 BPS 등의 지표를 구할 때 유통주식수가 아닌 발행주식수로 구하는 것이 더 좋다는 것을 기억해 두세요.

시가총액(Aggregate Value of Listed Stocks)은 전체 상장주식을 시가로 평가한 총액입니다. 주식시장 전체의 시가총액은 그 종목의 발행주식수와 주가를 곱한 것으로 회사 규모를 평가할 때 사용합니다.

$$시가총액 = 발행주식수 \times 주가$$

시가총액은 그날 각 종목의 종가에 상장주식수를 곱한 것을 합계해 산출합니다. 따라서 주가가 오르면 시가총액도 커집니다. 국내에서 [삼성전자]를 가장 큰 회사라고 이야기하는 이유는 삼성전자의 시가총액이 가장 크고 주식시장에서 차지하는 비중도 크기 때문입니다. 부동의 1위 자리를 고수하고 있습니다. 주가가 떨어지면 당연히 시가총액도 작아지기 때문에 국내 상장기업의 시가총액 순위는 매일 바뀝니다.

[그림 11] 삼성전자 시가총액

투자정보	호가 10단계
시가총액	530조 1,167억원
시가총액순위	코스피 1위
상장주식수	5,969,782,550
액면가 | 매매단위	100원 | 1주
외국인한도주식수(A)	5,969,782,550
외국인보유주식수(B)	3,314,966,371
외국인소진율(B/A)	55.53%
투자의견 | 목표주가	4.00매수 | 91,720
52주최고 | 최저	84,500 | 42,300
PER | EPS(2020.09)	24.25배 | 3,662원
추정PER | EPS	22.27배 | 3,988원
PBR | BPS(2020.09)	2.25배 | 39,446원
배당수익률	N/A
동일업종 PER	20.92배
동일업종 등락률	+5.88%

○● 주식투자에서 초우량기업이나 신규 성장기업에 투자하고 있다면 (혹은 투자할 계획이라면) 일단 영업활동으로 인한 현금흐름이 (-)인 기업은 무조건 피하라. 다만 분기별로는 좋은 기업임에도 영업활동현금흐름이 (-)라면 최소 3년치의 현금흐름표를 살펴보아야 한다.

[Q & A] 묻고 답해 보세요!

Q 회사는 무엇으로 평가할까?

Q 장사를 잘하는 회사로 알려져 있는데 갑자기 망하는 이유는 무엇일까?

Q 회사의 유지를 위해 가장 중요한 것은 무엇이라고 생각하니?

31 │ 평가지표를 어떻게 응용하나요?

기업을 평가할 때 가장 중요한 것은 무엇이에요? 기업에는 브랜드도 있고, 기술도 있고, 매출도 있고, 땅도 있는데 무엇을 어떻게 보아야 하나요?

• ◦ •

종종 당신은 정말 뛰어난 수익을 내는 사업을 본다. '저 수익을 얼마나 오랫동안 지탱할 수 있을까?'가 관건이다. 이 질문에 대한 답을 알 수 있는 한 가지 방법이 있다. 저 수익을 가져오는 진정한 근원이 무엇인지 생각하는 것이다. 그리고 그 근원을 없앨 만한 변수가 무엇인지 살펴보는 것이다.   찰리 멍거

기본이 되는 5개의 수치

투자할 때 많은 지표와 기사, 자료들을 보지만 가장 기본이 되는 수치는 5개입니다. 5개 중에서 4개만 갖고 투자하는 사람들 중에 꾸준히 안정적 수익을 올리는 투자자도 있습니다. 따라서 아래 지표들은 항상 기억해야 하고, 기업을 볼 때 반드시 참고해야 합니다.

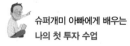

주당순이익

주당순이익(EPS)은 기업이 벌어들인 순이익(당기순이익)을 그 기업이 발행한 총 주식수로 나눈 값입니다.

$$EPS = 당기순이익/주식수$$

1주당 이익을 얼마나 창출하였느냐를 나타내는 지표로, 그 회사가 1년간 올린 수익에 대한 주주의 몫을 보여줍니다. 따라서 EPS가 높을수록 주식의 투자가치는 높습니다. EPS가 높다는 것은 그만큼 경영실적이 양호하다는 뜻이며, 배당 여력도 많으므로 주가에 긍정적 영향을 미칩니다. EPS는 당기순이익 규모가 늘면 높아지고, 전환사채의 주식전환이나 증자로 주식수가 많아지면 낮아집니다. 최근 주식시장 패턴이 기업 수익성을 중시하는 쪽으로 바뀌면서 EPS 크기가 중요시되고 있습니다. 또한 주가수익비율(PER) 계산의 기초가 됩니다.

자기자본이익률

자기자본이익률(ROE)은 경영자가 주주의 자본을 사용해 어느 정도의 이익을 올리고 있는가를 나타내는 것으로, 주지분에 대한 운용효율을 보여주는 지표입니다. 기간이익으로는 흔히 경상이익, 세전순이익, 세후순이익 등이 이용되며, 자기자본은 기초와 기말의 순자산액의 단순평균을 사용하는 경우가 많습니다. 주식시장에서는 자기자본이익률이 높을수록 주가도 높게 형성되는 경향이 있어 투자지표로도 사용됩니다. 자산수익률과 더불어 경영효율을 보는 대표적인 재무지표입니다.

주가수익비율

주가수익비율(PER)은 특정 주식의 주당시가를 주당이익으로 나눈 수치입니다. 주가가 1주당 수익의 몇 배가 되는가를 나타냅니다. A기업의 주식가격이 66,000원이라 하고 1주당 수익이 12,000원이라면 PER는 5.5가 됩니다. 여기에서 PER가 높다는 것은 주당이익에 비해 주식가격이 높다는 것을 의미하고, PER가 낮다는 것은 주당이익에 비해 주식가격이 낮다는 것을 의미합니다. 그러므로 PER가 낮은 주식은 성장률만 담보된다면 앞으로 주식가격이 상승할 가능성이 큽니다.

주가순자산비율

주가순자산비율(PBR)은 주가를 주당순자산가치(BPS, book value per share)로 나눈 비율로 주가와 1주당 순자산을 비교한 수치입니다.

$$PBR = 주가/주당순자산$$

즉 주가가 순자산(자본금과 자본잉여금, 이익잉여금의 합계)에 비해 1주당 몇 배로 거래되고 있는지를 측정하는 지표입니다. 순자산은 대차대조표의 총자본 또는 자산에서 부채(유동부채+고정부채)를 차감한 후의 금

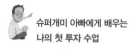

액입니다. 장부상의 가치로 회사 청산 시 주주가 배당받을 수 있는 자산의 가치를 의미합니다. 따라서 PBR은 재무 내용 면에서 주가를 판단하는 척도입니다. PBR이 1이라면 특정 시점의 주가와 기업의 1주당 순자산이 같은 경우이며 이 수치가 낮으면 낮을수록 자산가치가 증시에서 저평가되고 있다고 볼 수 있습니다. 즉 PBR이 1 미만이면 주가가 장부상 순자산가치(청산가치)에도 못 미친다는 뜻입니다.

주당순자산가치

주당순자산가치(BPS)는 청산가치라고도 불립니다. 현재 시점에서 기업이 영업활동을 중단했을 때 기업의 자산을 모든 주주들에게 나눠줄 경우 1주당 얼마씩 돌아가는지 나타내는 수치입니다.

$$BPS = (기업의\ 총\ 자산 - 부채)/발행주식수$$

BPS가 높을수록 수익성 및 재무건전성이 좋아 투자가치가 높은 기업이라 할 수 있습니다. 이론적으로 주가는 주당순자산가치보다 높아야 합니다. 주당순자산이 주가보다 높을 경우 주주들은 회사 청산을 통해 현재 주가 수준 이상의 자산을 배분받을 수 있기 때문입니다. 안전마진* 역할을 하는 겁니다.

단기적으로는 주가와 주당순자산이 역전될 수 있으나 장기적으로는 주가가 순자산가치를 하회할 수는 없습니다. 증시가 침체되면 이

[그림 12] 삼성전자 기업현황

삼성전자 005930	코스피	2021.02.04 기준(장마감)	장마감	기업개요 ▾			+ MY STOCK 추가	빠른주문

82,500
전일대비 ▼ 2,100 | -2.48%

전일 84,600	고가 83,800 (상한가 109,500)	거래량 23,963,207
시가 83,500	저가 82,100 (하한가 59,300)	거래대금 1,982,981 백만

투자정보 | 호가 10단계

시가총액	492조 5,071억 원
시가총액순위	코스피 1위
상장주식수	5,969,782,550
액면가 매매단위	100원 1주
외국인한도주식수(A)	5,969,782,550
외국인보유주식수(B)	3,283,020,318
외국인소진율(B/A)	54.99%
투자의견 목표주가	3.96매수 103,400
52주최고 최저	96,800 42,300
PER EPS(2020.09)	22.53배 3,662원
추정PER EPS	16.19배 5,096원
PBR BPS(2020.09)	2.09배 39,446원
배당수익률 2020.12	3.63%
동일업종 PER	21.23배
동일업종 등락률	-2.32%

종합정보 | 시세 | 차트 | 투자자별 매매동향 | 뉴스·공시 | **종목분석** | 종목토론실 | 전자공시 | 공매도현황

기업현황 | 기업개요 | 재무분석 | 투자지표 | 컨센서스 | 업종분석 | 섹터분석 | 지분현황   🖨 인쇄

삼성전자 🔊 005930 | SamsungElec | KOSPI : 전기전자 | WICS : 반도체와반도체장비

EPS 3,662 | BPS 39,446 | PER 23.10 | 업종PER 21.23 | PBR 2.14 | 현금배당수익률 1.67%   12월 결산

* PER : 전일 보통주 수정주가 / 최근 분기 EPS(TTM)
* PBR : 전일 보통주 수정주가 / 최근 분기 BPS(TTM)
* TTM : 최근 4분기 합산
* PER, PBR값이 (-)일 경우, N/A로 표기됩니다.

* 현금배당수익률을 최근 결산 수정DPS(현금) / 전일 보통주 수정주가
* WICS : WISE Industry Classification Standard, modified by FnGuide
* TTM 데이터가 없는 경우, 최근 결산 데이터로 표시됩니다.

시세 및 주주현황   [기준:2021.02.03]

주가/전일대비/수익률	**84,600**원 / +200원 / +0.24%	주가/상대수익률	1 2 3
52Weeks 최고/최저	96,800원 / 42,300원		

러한 기업들의 주가에 주목할 필요가 있습니다. 더불어 주가를 BPS로 나누면 주식의 주요 지표 중 하나인 주가순자산비율(PBR)을 구할 수 있습니다.

[그림 12]에서 보듯이 [삼성전자]의 BPS는 39,446원으로 주가보다 낮게 형성되어 있습니다. 주가가 BPS값보다 높아야 한다는 이론에 들어맞고 있으며 오른쪽 빨간 박스에는 주가를 BPS값으로 나눈 PBR값이 표시되어 있습니다.

- **안전마진(safety margin)** 주가의 적정가치와 매수가격의 차이. 싸게 살수록 적정가치와의 차이가 커진다. 안전마진이 클수록 투자판단 실수로 인해 적정 가치를 잘못 판단했다 해도 손실을 볼 가능성이 낮아진다.

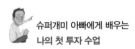

∘● 주식투자의 가장 기본이 되는 수치는 5개이다. 주당순이익, 주당순
자산, 주가이익비율, 주가순자산비율, 자기자본수익률이다. 이 5개
는 꼭 알아야 한다.

[Q & A] 묻고 답해 보세요! ●

Q 회사가 이익을 낸다는 것은 무슨 뜻인지 알고 있니?

Q 적자를 내고 있는데도 회사가 유지되는 이유는 무엇일까?

Q 만약 네가 사장이라면 어떻게 해야 이익을 올릴 수 있겠니?

용어 기본 개념

- EPS : 주당순이익 = 당기순이익/총 발행 주식수 = 1주당 이익이 얼마씩 나는가?

- BPS : 주당순자산 = 장부가치 = 순자산 또는 자본총계/총 발행 주식수 = 기업의
  청산가치를 나타낸다.

- PER : 주가이익비율 = 주가/주당 순이익(EPS) = 주가가 주당 순이익의 몇 배인
  가를 나타내므로 낮을수록 저평가 기업.

- PBR : 주가순자산비율 = 주가/주당 순자산(BPS) = 주가가 순자산의 몇 배인가를
  나타내 낮은 경우 자산주로 표현되며 PBR이 1 미만이면 주가가 청산 가치보다
  낮다.

- ROE(%) : 자기자본수익률 = 당기순이익/자본(순자산) = 성장성 파악에 주효하
  며, 복리의 개념이다.

기업의 이름에 담긴 뜻

🧑 오늘의 내용은 뭐야? 책을 읽어보니 어떤 내용이 나왔니?

👧 경영에 대해서 나왔고, Moat, 해자라고 하던데. 그리고 또 안전마진에 대해 나왔어. 투자하는 기업이 지금까지 어떻게 해왔는지, 어떤 일을 하는지, 대표는 누구인지 등을 파악하는 설명도 해줬어.

🧑 아~ 우리가 기업을 선택하는 과정들을 그렸구나. 'Moat'는 무엇인지 아니?

👧 남들이 들어오지 못하게 막는 연못?

🧑 그렇지! 캄보디아에 가면 앙코르와트가 있잖아. 그 주위에 물을 파놓아서 적들의 침입을 막았지. 그것을 우리말로 '해자'라고 해. 물로 막은 장애물이지.

👧 그렇구나.

🧑 얼마 전에 아빠가 유튜브 채널에 올린 마케팅 강의를 들었니?

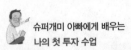

응.

아빠가 맨 처음에 이야기한 게 3C였잖아. 3C가 뭐였지?

Company, Competitors, Consumer.

이 내용이 중요한 이유는, 투자해야 할 회사들이 어떻게 하면 미래에 발전하고 좋아질 것인지 파악하는 것과 또 그렇게 될 회사들을 선택할 수 있는 요인이 되기 때문이야. 기업은 계속 변해가잖아. 움직이는 생물. 이안이는 우리나라에서 가장 잘나가는 회사, 제일 돈을 잘 버는 회사가 어디라고 생각해?

삼성.

그래. 삼성이야. 만약 30~40년 전에 삼성전자에 투자했으면 수백 배의 수익이 났겠지. 아무리 아파트 가격이 많이 올랐다 해도 삼성전자 주가보다 많이 오르지 않았거든. 강남 아파트에 투자하는 것보다 삼성전자에 투자했다면 더 큰 부자가 되었겠지. 그래서 기업을 보는 눈이 중요하다는 거야. 오랫동안 성장하고 글로벌기업으로 성장할 수 있는 기업을 보는 눈!

지금이라도 그 눈을 가져야겠네.

그렇지! 앞으로 우리나라에는 글로벌기업이 여럿 나올 테니까. 그러려면 어떤 것들이 필요할까? 가장 중요한 것은 뭘까?

음. Company라고 나와 있으니까. 회사?

그래. 첫 번째는 회사지! 3C에서 Company! 기업이 가지고 있는 목표, 업의 개념, 기업이 가지고 있는 생각, 비전 같은 것들…. 이런 것들을 봐야 하지. 삼성은 과거에 어떤 비전을 가지고 있었을까? 삼성이라는 이름의 의미는 뭘까?

세 개의 별?

단어 그대로 해석하면 세 개의 별인데, 삼성의 원래 이름은 '제일물산'이었어. 1등이 되고자 하는 마음에서 '제일'이라는 말을 썼어. 그래서 지금 있는 삼성그룹의 광고회사 이름은 아직도 '제일기획'이야. 삼성은 세 개의 별로 '세계로 가겠다'는 의미였는데 1980년대 후반 들어 바뀌었지. 삼성 로고를 보면 SAMSUNG이라는 글자를 궤도가 감싸고 있지? 'Beyond the Earth' 지구를 넘어서겠다는 의미야.

아하! 그렇구나.

삼성은 지구에서 최고, 1등이 되겠다는 목표야. 애플의 로고는 성경에 바탕을 두고 있는데 〈창세기〉에 나오는 아담과 하와의 이야기야. 하나님은 사과를 먹지 말라 했는데 아담이 그 말을 어기고 한 입 베어 물었지. 그래서 에덴동산이라는 아름다운 파라다이스에서 쫓겨났어. 이후 인류가 태어났지. 애플 로고는 그 한 입 베어 문 사과야. 세상의 운명을 바꾸겠다는 의지가 담겨 있지. 테슬라는 아니?

응. 전기차.

그렇지. 전기차로 대표되지. 그러면 테슬라라는 사람은 알아? 약 100년 전에 살았던 사람인데.

정확히는 잘 모르지만 에디슨과 함께 활동한 사람이라는 것.

맞아. 에디슨이 전기를 발명한 아버지라고 하잖아? 그 시대 사람이야. 니콜라 테슬라(Nikola Tesla)는 에디슨이 만든 회사에 있다가 나왔어. 에디슨이랑 생각이 달라서였지. 에디슨은 전기를 만들었다고

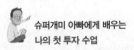

하지만 사실은 테슬라가 더 많은 것을 만들었는데 에디슨이 역사적으로 훨씬 유명해. 신기하지?

응.

에디슨이 먼저 알려졌기 때문이지만 오늘날은 테슬라의 전기가 훨씬 많이 쓰이고 있어. 에디슨의 전기는 다이렉트 커런트(Direct Current), 직류라고 하는데, 즉 전기가 똑바로 가는 거야. 반면 테슬라의 전기는 파동을 그리면서 쏴. 웨이브를 그리지. 얼터네이팅 커런트(Alternating Current), 즉 교류라고 하지. 어떤 게 더 멀리 갈까?

음, 똑바로 가는 것이 더 멀리 가지 않을까.

예를 들어 생각해봐. 이안이가 롱보드를 타잖아? 롱보드를 쭉 일자로 밀었어. 어떻게 돼?

가다가 멈춰.

멈추지, 그런데 이안이가 좌우로 펌핑을 하잖아. 지그재그. 그럼?

아! 그러면 더 멀리 가.

바로 그 차이야. 그래서 에디슨 전기를 쓰려면 예를 들어, 아파트를 지으면 바로 옆에 발전소가 있어야 해. 멀리 못 가니까. 그런데 테슬라 전기는 멀리, 크게 사방으로 쏠 수 있기 때문에 훨씬 많이 쓰이는 거야. 외부에서 집안에 있는 콘센트까지는 교류로 오지. 발전소에서 멀리 복잡하게 오니까. 그런데 집안의 콘센트에서 TV까지는 직류를 이용해. 짧은 거리니까. 테슬라 전기의 방식은 무선통신, 와이파이, 무선전화… 이러한 오늘날 모든 곳에 다 적용돼. 그만큼 굉장한 천재였지. 다만 사회적이지 못했어. 평생 몇 명의 친구와만 만났어. 반면 에디슨은 회사를 세워 경영활동도 하고 많은 것을 발명하면서 훨씬 유명해졌지.

아… 그런 숨은 사연이 있었구나.

이야기는 또 있어. 백만장자인 웨스팅하우스가 전기를 1마력 팔 때마다 1.5달러씩 테슬라에게 주는 제안으로 특허권을 구입했지.

오!

이제 테슬라라는 기업을 볼까? 초창기에 미국 사람들은 회사를 만들 때 자신의 이름을 넣어서 만들었어, 포드자동차가 대표적이지. 그런데 일론 머스크는 자신의 이름이 아닌 발명가 '테슬라'의 이름을 넣어서 기업을 만들었어.

왜 그랬을까?

'나는 테슬라처럼 살겠다'는 의지를 담은 거지. 일론 머스크의 테슬라가 아니라 옛날 니콜라 테슬라는 아주 쎈 전압을 이용해서 순간이동을 연구하기도 했어.

정말?

아주 큰 배 하나를 통째로 사라지게 하려 했지. 다른 곳으로 이동할 수 있게. 어떤 의미에서는 사이코라고 할까! 천재적인 거지.

100년 전에 그랬다면 사이코 소리를 들을 만하겠네.

실패는 했지만 그런 노력들을 했어. 정말 놀랍지 않니? 일론 머스크가 그 정신을 담고자 테슬라라고 이름 지은 거야. 전기차 만들고, 우주비행도 시도하고, 요즘은 또 무엇을 시도하는지 아니?

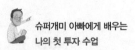

어떤 엉뚱한 시도를 하고 있을까?

모빌리티큐브(Mobility Cube)라고, 땅을 파서 터널을 만들어. 그리고 그 안에 캡슐을 넣지.

캡슐?

캡슐이 무중력이야. 그럼 어떨까? 마찰이 없지. 순식간에 핑~, 수백 킬로미터를 날아가 버리는 거야.

와!

지금 거의 다 만들었어.

정말?

우주비행에 참가할 사람도 뽑고 있어.

그 얘기는 들었어.

일론 머스크가 기업 이름을 테슬라라고 지었다는 것은 그런 도전들을 해나가겠다는 공표야. 이름 안에 다 들어있지. 이안이는 수소를 아니? 수소에너지에 대해서 들어봤어?

수소는 아는데, 수소에너지는 아직.

수소에너지는 앞으로 공부해야 될 중요한 지식이야.

응!

수소로 가는 차가 있어. 물이 H_2O잖아. 물만 가지고도 수소를 만들어 에너지원으로 쓸 수 있는 거야. 우리나라에서는 현대차가 수소차를 만들고 있어. 그런데 얼마 전 미국에 니콜라라는 회사가 수소차를 만들면서 갑자기 회사 주가가 폭등했지. 하지만 가짜 논란이 일면서 폭락했어. 이처럼 사람들이 새로운 에너지에 관심이 무척 많아. 그 회사 이름이 니콜라인데 테슬라의 이름을 따서 지은 거지. 머스크는 테슬라의 성을 딴 것이고.

우와. 우연의 일치인가?

여하튼 전기차 만드는 회사는 테슬라이고, 수소차 만드는 회사는 니콜라인데 모두 한 사람의 성과 이름을 사이좋게 나누어 가졌지.

재미있다!

재밌는 회사 이름은 많지. 구글은 무슨 뜻일까?

알아, 10을 백번?

그래. 10을 백번 곱한다는 '구골(googol)'에서 따왔어. 10을 100번 곱하면 그 수가 너무 커서 계산할 수 없잖아.

맞아.

지금 구글은 검색부터 유튜브까지 세상의 수많은 데이터를 쌓아놓고 있잖아. 그 이름 안에 다 있는 거지. 지금도 이안이와 아빠의 유튜브 대화도 다 저장되고 있어. 놀라운 일이지. 미국에는 마이크로소프트, 구글, 페이스북, 아마존 등등 신흥 기업들이 발전하고 있는데 한국에는 1990년대 이후 어떤 기업들이 성장했는지 다음에 살펴볼까.

응. 좋아!

▶ 아빠와 딸의 대화영상 보러가기

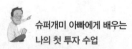

슈퍼개미 아빠에게 배우는
나의 첫 투자 수업

32 | 적정 주가는 어떻게 계산하나요?

어느 회사의 주가가 계속 오르면 그 자체로 좋은 건가요?
주가가 싼지 비싼지 어떻게 알아요? 적정 주가는 어떻게
계산하나요?

· ○ ·

주식값이 떨어질수록 사람들은 주식을 사는 것에 대한 열중도가 떨
어진다. 사람들은 스스로 생각하는 대신 '미스터 마켓'(Mr. Market)
을 따라 하기 때문이다.
벤저민 그레이엄

먼저 영업이익을 보라

주식을 처음 공부하는 사람도 기업의 가치평가를 하기 위해서는 재무
재표 기본 개념과 최소한의 적정주가 구하는 공식을 이해해야 합니
다. 그래서 우리가 기업의 재무재표 보는 법을 공부하고 온 것입니다.
시가총액은 현재 시장에서 기업이 지닌 가치를 말합니다. 밸류에이션

은 이러한 기업의 시가총액을 해당 기업의 내재가치와 미래가치에 맞게 산정하는 것입니다. 쉽게 말해 '기업가치 대비 시장평가'라 할 수 있습니다.

부동산을 생각해 볼까요? 우리가 집을 사려 할 때 어느 동네가 나의 생활권과 잘 맞는지 파악하고 앞으로의 개발 호재가 있는지 등 미래의 투자가치까지 복합적으로 체크해 지역을 선정합니다. 지역을 선정했다면 그 동네의 평균 시세를 확인하고 좀 더 낮은 가격에 좋은 집을 구매하기 위해 발품을 팔아가며 열심히 물색합니다. 주변 상권은 어떤지, 교통은 어떤지, 소음은 어느 정도고 층수나 뷰는 어떤지 등등 꼼꼼하게 비교하고 직접 확인합니다. 그런데 주식은 현재 주가가 적정한지 따져보지도 않고 덥석 산다는 데 문제가 있습니다. 주식에도 이미 많은 밸류에이션이 결정되어 있습니다.

그렇다면 무엇을 기준으로 밸류에이션, 즉 기업의 적정 시가총액을 산정할까요? 여러 기준이 있을 수 있으나 기업 목표는 결국 이익 창출이라는 점에서 밸류에이션 기준은 주로 영업이익으로 산정합니다. 미국 다우존스는 밸류에이션이 20이 넘습니다. 20이 된다는 것은 전문용어로 멀티플을 20배 준다는 말과 같습니다. '20배를 준다'는 의미는 기업이 벌어들이는 돈(순이익)에 20을 곱한다는 뜻입니다. 이를 PER 20이라 합니다. 즉 간단히 정리하면 'PER=Multiple'입니다. 멀티플을 몇 주느냐 하는 문제는 보편적으로

"영업이익의 몇 배 정도가 이 기업의 적절한 시가총액인가?"라는

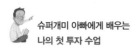

의미라고 볼 수 있습니다. 그렇다면 어떻게 기업의 밸류에이션을 산 정할까요?

먼저 알아야 할 개념은 영업이익 또는 당기순이익에 자기자본 수익률을 곱한 것이 바로 시가총액이라는 것입니다. 이를 공식으로 표현하면

$$영업이익(또는 당기 순이익) \times ROE(100) = 시가총액$$

예를 들어, 영업이익이 100억 원인 회사의 ROE가 10이라면 시가총액은 100억원 곱하기 10으로 1000억 원이 적정합니다. 영업이익으로 하는 이유는 일반적인 기업은 영업을 통해 일어나는 현금흐름이 가장 정확하기 때문입니다. 적정 시가총액을 계산할 때 영업이익 또는 당기순이익을 활용하는데 영업이익으로 계산하는 경우는 자회사가 많거나 영업손실 또는 영업비용이 많은 기업, 기업 자산을 처분하여 일시적인 자본금 증가로 당기순이익 변동이 큰 경우가 있습니다. 반면 자회사를 통해 계속 이익이 일정하게 들어오는 경우 당기순이익으로 계산하기도 합니다. 일반적인 장비주나 소재주들은 영업이익으로 계산하는 게 알맞습니다. ROE는 기업의 재무정보에 계산되어 나와 있습니다. 하지만 얼마를 적용할지는 투자자 본인이 직접 판단해야 합니다. 현재의 ROE는 기업의 미래가치를 담고 있지 않습니다. 따라서 성장하는 기업이라면 그에 맞는 적정 멀티플을 줘야 합니다.

김정환 적정주가 만능 공식

- BPS : 주당 순자산
- ROE : 자기자본수익률
- EPS : 주당 순이익 = 당기순이익/총 발행 주식수

BPS는 주식수 분에 순자산이 얼마나 있는가를 나타냅니다. B는 Book Value, 장부가치 아니면 총자본이라 합니다. 또한 자기자본 (Equity)과 같은 말이기도 합니다. (BOOKVALUE = 장부가치 = 총자본 = 자기자본)

$$BPS \times ROE^2 = EPS \times ROE$$
$$\therefore BPS \times ROE = EPS$$

이며 이를 토대로 적정 구가를 구하는 식은 아래와 같습니다.

$$EPS \times ROE(100, ROE는 비율이므로 100을 곱함) = 적정주가$$

여기서 ROE는 멀티플(Multiple)로 보면 됩니다. 'ROE = Multiple = 미래의 PER'이므로 기업의 현재 ROE는 재무제표에 나오지만 꼭 해당 ROE를 적용할 필요는 없습니다. 기업의 성장성과 미래의 가치를

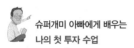

따져 투자자 본인이 직접 정하면 됩니다. 따라서 투자 성공률을 높이려면 산업과 기업의 성장성과 미래를 내다보는 눈, 즉 통찰력을 키우는 훈련을 해야 합니다.

$$\text{영업이익 또는 당기순이익} \times \text{ROE}(100) = \text{시가총액}$$

현재의 시가총액이 적정한지 위 공식으로 대략 확인 가능합니다. 여기에도 ROE가 나옵니다. ROE, 즉 멀티플은 투자자 본인이 판단할 수 있어야 합니다. 자신의 기준을 세워야 합니다. 산업별 평균 멀티플도 체크하고 경쟁사의 멀티플도 많이 비교해보세요.

강남쪽집게 일타강사 유튜브 강의 보러가기 ▶

용어 원문

- ROE × BPS = EPS

- ROE = RETURN/EQUITY

- BPS = BOOK VALUE/SHARES

- EPS = EARNING/SHARE

- BOOK VALUE = EQUITY

- EARNING = RETURN

적정주가 공식 대입해보기

셀트리온

재무제표상의 ROE로 적용해보겠습니다.

$$EPS \times ROE(100) = 적정주가$$

적정주가 : 4,411(원) × 19.17 = 84,559(원)

현재주가 : 356,000원

∴ 적정주가 대비 약 420% 고평가

(영업이익 또는 당기순이익) × ROE(100) = 시가총액

적정시총 : 7,640(억원) × 19.17 = 146,459(억원)

현재시총 : 480,592억원

∴ 적정주가 대비 약 330% 고평가

2019년 기준으로 재무제표 상의 수치로 대입해보면 어떻습니까? [셀트리온]은 절대로 투자해서는 안 되는 종목이 됩니다. 그러나 바이오 산업의 특징은 연구개발비가 워낙 많이 들어가 막대한 투자금이 소요되어 재무구조가 좋지 않으나 신약 개발 하나만 성공해도 기대할 수 있는 시장의 크기와 가치가 엄청나기 때문에 일반적으로 높은 멀티

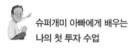

[그림 13] 셀트리온 기업개요

[그림 14] 셀트리온 재무재표

주요재무정보	최근 연간 실적				최근 분기 실적					
	2017.12	2018.12	2019.12	2020.12(E)	2019.09	2019.12	2020.03	2020.06	2020.09	2020.12(E)
	IFRS연결	IFRS연결	IFRS연결	IFRS연결	IFRS연결	IFRS연결	IFRS연결	IFRS연결	IFRS연결	IFRS연결
매출액(억원)	9,491	9,821	11,285	18,687	2,891	3,827	3,728	4,288	5,488	5,260
영업이익(억원)	5,078	3,387	3,781	7,640	1,031	1,142	1,202	1,818	2,453	2,444
당기순이익(억원)	3,862	2,536	2,980	5,926	616	951	1,053	1,386	1,758	1,724
영업이익률(%)	53.51	34.49	33.50	40.88	35.69	29.84	32.25	42.41	44.70	46.46
순이익률(%)	40.69	25.82	25.41	31.71	21.31	24.84	28.24	32.32	32.04	32.78
ROE(%)	17.53	10.84	11.19	19.17	9.42	11.19	12.47	14.05	17.14	
부채비율(%)	36.33	34.48	33.94		34.96	33.94	37.26	37.41	38.27	
당좌비율(%)	229.34	221.23	224.94		240.46	224.94	228.68	220.10	225.72	
유보율(%)	1,799.46	1,975.54	2,181.03		2,094.63	2,181.03	2,151.40	2,265.20	2,394.35	
EPS(원)	2,858	1,952	2,211	4,411	456	705	779	1,024	1,265	1,307
PER(배)	72.59	108.87	81.86	80.72	85.44	81.86	91.09	103.22	68.24	272.33
BPS(원)	17,315	18,916	20,920	25,519	20,209	20,920	21,666	22,826	24,191	25,519
PBR(배)	11.98	11.24	8.65	13.95	7.75	8.65	10.57	13.41	10.64	13.95
주당배당금(원)				8						
시가배당률(%)										
배당성향(%)	0.64	0.95	2.14							

플을 적용받습니다. 더군다나 [셀트리온]의 경우는 2020년 코로나19 시대를 겪으며 진단키트나 치료제에서 가시적인 성과와 매출을 일으키고 있기 때문에 2019년과는 완전히 다른 기업이 되었습니다. 기업이 처한 환경과 발전, 이슈, 정책, 플러스 원(+1) 등 제무 외에 다양한 요소를 복합적으로 적용해서 가치를 매겨야 합니다. 그러기 위해서는 기업에 대한 깊은 공부가 선행되어야 하며 내부자만큼 속속들이 알아야 남들보다 빠르고 정확한 판단을 내릴 수 있습니다.

기업은행

기업은행에 재무제표상의 ROE를 적용해보겠습니다.

EPS × ROE(100) = 적정주가

적정주가 : 1,874(원) × 6.09 = 11,413(원)

현재주가 : 9,360원

∴ 적정주가 대비 약 18% 저평가

(영업이익 또는 당기순이익) × ROE(100) = 시가총액

적정시총 : 19,125(억원) × 6.09 = 116,471(억원)

현재시총 : 69,139 억원

∴ 적정주가 대비 약 40% 저평가

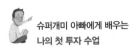

슈퍼개미 아빠에게 배우는
나의 첫 투자 수업

[그림 15] 기업은행 기업개요

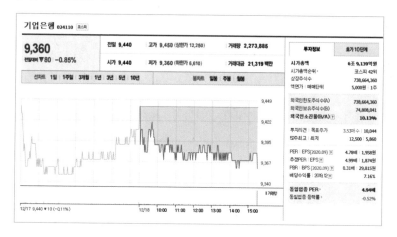

[그림 16] 기업은행 재무재표

주요재무정보	최근 연간 실적				최근 분기 실적					
	2017.12	2018.12	2019.12	2020.12(E)	2019.09	2019.12	2020.03	2020.06	2020.09	2020.12(E)
	IFRS연결	IFRS연결	IFRS연결	IFRS연결	IFRS연결	IFRS연결	IFRS연결	IFRS연결	IFRS연결	IFRS연결
매출액(억원)	167,840	155,279	169,382		28,099	33,279	73,040	28,245	26,555	
영업이익(억원)	20,283	23,964	22,279	19,125	5,097	3,969	6,613	4,267	4,842	3,490
당기순이익(억원)	15,085	17,643	16,143	14,458	3,819	2,464	5,005	3,206	3,666	2,386
영업이익률(%)	12.08	15.43	13.15		18.14	11.93	9.05	15.11	18.23	
순이익률(%)	8.99	11.36	9.53		13.59	7.41	6.85	11.35	13.80	
ROE(%)	7.98	8.63	7.36	6.09	7.67	7.36	6.95	6.24	5.98	
부채비율(%)	1,284.07	1,272.46	1,296.65		1,269.78	1,296.65	1,3178.20	1,323.56	1,308.94	
당좌비율(%)										
유보율(%)	501.92	541.21	574.73		573.92	574.73	583.30	524.43	499.21	
EPS(원)	2,282	2,666	2,393	1,874	566	363	741	429	442	291
PER(배)	7.21	5.27	4.93	4.99	5.29	4.93	3.26	3.87	4.09	32.20
BPS(원)	29,937	31,891	33,567	29,369	33,528	33,567	33,998	31,071	29,815	29,369
PBR(배)	0.55	0.44	0.35	0.32	0.39	0.35	0.22	0.26	0.27	0.32
주당배당금(원)	617	690	670	532						
시가배당률(%)	3.75	4.91	5.68							
배당성향(%)	29.04	23.38	23.38							

기업은행은 재무제표 상으로 시총이 많게는 40%나 저평가되어 있습니다. 탄탄한 기업의 주가가 이렇게 싼데 당장 매수 들어가야 할까요? 주린이 여러분은 어떻게 생각하시나요? 우리가 저평가 주식을 찾으려 노력하지만 거기에는 중요한 전제가 있습니다. 저평가된 주식은 '성장성이 내포되어 있는 저평가'여야 합니다. 아무리 주가가 싸다 해도 그 기업이 속한 산업의 전망이 사양산업이거나 그 기업 자체의 성장이 끝났다면 매수해서는 안 됩니다.

전통 은행들의 상황이 어떤가요? 기술 발달로 금융이 IT와 결합하면서 기존의 전통적 기업들은 위기를 맞고 있습니다. 물론 혁신을 통해 분위기 전환에 성공한다면 달라지겠지만 저금리로 은행들의 수익성도 악화되고 다수의 경쟁자 출현으로 시장의 파이를 빼앗기고 있는 상황에서 과연 미래를 보장받을 수 있을까요? 투자 관점에서 지분구조가 안정적이고 높은 배당 등 또 다른 매력이 있습니다만 시장의 관심에서 멀어져 거래량이 거의 없는 종목들은 한번 들어갔다가 수년간 빠져나오지도 못할 수 있습니다. 기회비용도 생각해야 합니다.

적정주가를 구하기 위해서는 이렇듯 멀티플을 적용해야 하기 때문에 결코 단순하지 않으며 쉬운 문제가 아닙니다. 투자자 본인이 해야 하기에 그만큼 투자에 있어 기본이자 아주 중요한 역량입니다. 투자의 성패와 수익률의 크기가 여기서 달라집니다. 그러니 열심히 연습하고 적용도 해보십시오. 자기만의 기준이 만들어지는 데는 충분한 경험도 필요합니다. 처음부터 잘하는 사람은 없습니다.

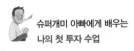

수익성을 중점으로 적정주가를 추산하지만 밸류에이션을 측정하는 방법에는 미래 현금흐름 추정을 이용하는 DCF법(투자사업의 경제성 분석에 사용되는 기법), PSR(주가매출액비율)을 활용하는 법, BPS(주당장부가치)와 ROE를 이용한 RIM법 등 여러 가지가 있습니다. 기업이나 산업별 특성에 따라 적용하기 알맞은 방식은 다양합니다. 그럼에도 처음에는 제가 알려드리는 방식으로만 시작하셔도 충분합니다. 천천히 다양한 방법을 익혀나가도 됩니다. 결국 자신만의 기준을 세우는 게 가장 중요하니까요. 많이 연습해보고 적용해보고 실험해보면서 자신만의 평가방식을 체득해 나가세요.

아빠의 포인트 레슨

○● 영업이익 또는 당기순이익에 자기자본수익률(ROE)을 곱한 것이 시가총액이다. ROE는 기업의 재무정보에 계산되어 나와 있다. 하지만 얼마를 적용할지는 직접 판단해야 한다. 현재의 ROE는 미래가치를 담고 있지 않으므로 성장하는 기업이라면 적정 멀티플을 줘야 한다.

[Q & A] 묻고 답해 보세요!

Q 어떤 물건의 값어치가 1000원으로 보이는데 사람들이 2000원을 주고 산다면 왜 그럴까? 어떤 느낌이 드니? 사고 싶어?

Q 회사들 중에 과대평가나 과소평가를 받고 있다고 생각하는 회사가 있니?

밸류에이션을
스스로 측정할 수 있나요?

기업의 밸류에이션이 중요하다고 말하는데, 그 밸류에이션은 누가 어떤 기준으로 내리나요? 내가 스스로 밸류에이션을 하려면 어떻게 해야 하나요?

• ◦ •

기업의 미래를 추정하는 가장 좋은 방법은 치밀하고 끝없는 사실 수집이다. 될 수 있는 한 많은 현장의 자료와 데이터, 사실들을 수집하고, 사람들을 만나 데이터를 교차 검증하는 수밖에 없다. **필립 피셔**

스스로 밸류에이션을 측정해보자

밸류에이션을 책정하는 기준과 방식에는 여러 가지가 있고 그것 또한 개인의 투자 기준이나 가치에 따라 다릅니다. 다만 꼭 성장하는 기업인지를 반드시 체크해 봐야 합니다. 기본적으로 영업이 잘되고 영업현금흐름이 좋고 그 돈으로 부채를 충분히 갚고도 다시 미래를 위해

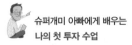

재투자할 수 있는 기업을 사야 합니다. 이런 것을 확인하는 것이 기업의 재무제표를 점검하고 적정주가를 책정하고 밸류에이션을 판단하는 하나의 기본 목표입니다. 자신이 판단한 적정주가 대비 싸다면 사면 됩니다.

기술 수출이 많은 바이오기업은 미래의 기술 수출을 통해 미래에 현금이 얼마나 들어올 수 있는지 예측해서 10년 간 현금흐름과 비교해 가치평가를 하기도 합니다. 자신이 관심을 가진 기업의 밸류에이션을 생각해보고 그 기업의 특성상 앞으로의 영업이익이 어떻게 변해갈 것인지, 현재 그 기업의 가치가 시장에서 낮게 평가되어 있다면 주가가 싼 원인을 찾아보고 적정한 평가를 언제쯤 받을 수 있을지 예측해 보세요. 1~2년 단기간에는 주가에 반영을 받지 못해 소외될 수는 있으나 3~5년 동안 매출액과 영업이익이 증가했는데 주식시장에서 주가가 오르지 않은 종목은 없습니다. 주가는 파동을 그리지만 결국 기업의 적정 가치에 수렴합니다.

이제 밸류에이션을 측정해 보겠습니다. 누구나 쉽게 기업 밸류에이션을 할 수 있습니다. 투자자가 가장 어렵게 생각하는 부분이 기업 밸류에이션입니다. 특히 내가 보유하고 있는 종목이나 보유할 종목이 어느 정도가 되어야 적정 주가가 될 것인가 판단하는 것이 가장 어렵습니다. 단순하게 기업가치를 평가해 볼까요?

$$당기순이익 \times 10 = 시가총액$$

이 공식에서 여러 의미를 확인해봐야 합니다. 당기순이익이 매년 100원이 발생하여 10년간 지속된다면 시가총액이 된다는 의미입니다. 즉 10년이면 이익으로만 시가총액을 벌 수 있다는 밸류에이션 산정하는 방법 중 하나입니다.

$$영업이익 \times 10 = 시가총액$$

그러나 당기순이익에는 1회성 수익들이 포함되기에 일반적으로 영업이익을 사용해서 시가총액을 구하기도 합니다. 자회사가 많은 기업이나 홀딩스들은 당기순이익으로 계산하는 방법이 더욱 정확하지만 일반적인 제조기업은 이 공식을 이용합니다.

왜 10을 곱하는 것일까요? 일반적인 제조업이 공장을 짓고 투자해서 10년 안에 시가총액을 번다면 적정한 투자라고 보는 관점에서 출발합니다. 이것이 PER 개념입니다. PER는 국가별, 산업별, 기업별로도 나뉩니다.

그렇다면 왜 어떤 기업은 PER를 높게 쳐주기도 하고 어떤 기업은 낮게 쳐줄까요? 그 차이는 자기가 투자한 자본 대비 과연 몇 퍼센트정도 수익이 날 것인가를 판단하는 데 있습니다. 따라서 매출액과 이익, 성장성과 관련 있습니다.

큰 제조업은 많은 비용이 투입되고 상대적으로 수익이 안정적이지만 투자 대비 큰 수익을 얻을 수는 없습니다. 독점기업이 아닌 이상

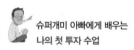

그렇습니다. 그러나 게임산업을 본다면 투자비용 대비 도태하지 않고 성공한다면 버는 돈은 엄청납니다. 이런 것들을 밸류에이션 하는 것입니다.

per=10이라 하면

1,000원을 투자하여 100원을 매년 번다면

100원 × 10을 하여 시가총액은 1,000원이 되고,

1,000원을 투자하여 500원을 매년 번다면

500원 × 10을 하여 시가총액은 5,000원이 됩니다.

게임과 엔터테인먼트 섹터처럼 설비투자가 많이 들어가지 않으면서 높은 가치를 창출하는 기업이라면 그만큼 높은 멀티플을 적용해야 합니다. 가령 초기 투자도 많이 들어가지 않은 상태에서 시장에서 1,000원을 벌어 50%의 이익을 내는 게임기업이 있다면 이 기업에 500원 × 50을 해서 시가총액을 25,000원으로 평가합니다. 이것은 1,000원을 벌어 50%를 벌고 있는 이 기업에 미래가치를 높게 쳐주는 것입니다. 그래서 당기순이익(500원) × 50으로 시가총액을 평가하는 것입니다. 이것이 ROE 개념입니다.

$$시가총액 = 당기순이익 \times ROE \times 100(\%)$$

1,000원을 투자한 회사가 500원을 벌면 그 500원은 다시 이익잉여금으로 들어가 자기자본이 1,500원이 되고, 다시 투자하고, 수익률이 50%를 유지한다면 다음 해에는 750원을 벌고, 자기자본은 그것을 합한 2,250원이 됩니다. 7년 반 정도면 25,000원을 벌 수 있다는 계산이 나옵니다. 이런 구조로 빠르게 성장하기 때문에

$$당기순이익 \times ROE \times 100(\%) = 시가총액$$

이 됩니다. 철강사, 정유, 화학 등 대규모 제조업, 즉 PER 10 이하에 있는 기업들은 투자 대비 수익이 많이 나지 않습니다. [네이버]도 이전에는 PER가 100 이상 되었지만 지금 PER밸류가 떨어지는 이유는 지속적으로 자기자본만큼 벌 수 있는 퍼센트를 유지하지 못하기 때문입니다.

$$\underset{\text{(Bookvalue per Shares)}}{BPS} \times \underset{\text{(Return On Equity)}}{ROE} = \underset{\text{(Earning Per Share)}}{EPS}$$

영어 원문으로 쓴 이유는 개념을 제대로 공부를 하라는 당부입니다. 간단하게 말하면 '주가는 자기자본 대비 얼마나 버느냐를 뜻하는 것' 입니다. 돈을 벌면 잉여금을 통해 늘어나고 그 돈을 재투자하여 다시 이익을 창출하고 주가는 그 사이클에 맞추어 올라갑니다. 싸다는 것은 현재 기준이고 앞으로 비싸질지 더 싸질지는 살펴보면 됩니다. '비

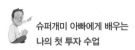

싸질 것'은 투자해서 그만큼 더 벌어들일 수 있다는 의미이며 매출증가율만 체크해나가면 됩니다. 현재 비싸다는 것은 향후 주가가 빠지거나 업황이 안 좋아져서 싸질 수 있다는 것입니다.

그렇기 때문에 많이 알면 알수록 산업을 공부하게 되는 것입니다. 산업 속에서 기업을 찾는 과정이 주식투자입니다. 미래를 얼마나 당겨 와서 주가가 형성될 것이냐는 무지한 대중의 심리를 반영하면 됩니다. 이런 걸 알게 될수록 급등주는 피하게 됩니다. 비싼 걸 알게 되기 때문이죠.

$$자기자본/주식수 \times 당기순익/자기자본 = EPS$$

이 공식에서 보듯 자기자본은 적정주가에 영향을 미치지 않습니다. 당기순이익이 증가하거나 주식수만 영향을 미칩니다. 주식을 소각하면 적정주가가 올라가는 것으로 이해하면 됩니다. 즉

$$당기순이익 \times ROE \times 100(\%) = 시가총액$$
$$EPS \times ROE \times 100(\%) = 적정주가$$

입니다. 앞장에서도 살펴봤지만 이 개념을 숙지했으면 누구나 자신이 보유하고 있는 종목을 밸류에이션할 수 있습니다.

멀티플은 계속 변한다

멀티플은 시장상황에 따라 계속 변합니다. 국가도 때에 따라 PER가 바뀌고 전체적인 시장 상황이 바뀌기 때문에 상황에 따라(또는 전방산업이 좋아지면) 그에 맞춰 유연하게 적용해야 합니다. 따라서 멀티플은 고정된 것이 아니라 계속 변하며 때에 맞게 조절되어야 합니다.

우리나라 평균 멀티플은 10, 미국은 20, 유럽은 15~18입니다. 즉 우리나라는 세계에서 가장 저평가된 시장이라 할 수 있습니다. 우리나라에서 투자는 곧 투기로 인식되는데 그러한 이유에는 여러 가지 요인이 있습니다. 기관투자자들이 바로 서지 못하는 문제, 정부가 주식투자나 간접투자에 대해 혜택이나 지원을 하지 않는 문제, 장기 투자문화가 형성되지 않은 문제 등입니다. 또 시장이 글로벌하지 못합니다. 예외로 반도체나 여러 소재업체는 세계 1위지요.

멀티플은 기업이 버는 돈에 따라 몇 년이면 지금의 시총이 될 것인가를 알려줍니다. '멀티플(PER) 10 = 10년 후 시총'이 적정해집니다. ROE 개념을 넣는 것은 성장성에 배팅하는 것입니다. 예를 들어 올해 100만 원을 벌면 내년엔 150만 원, 200만 원을 벌 수도 있기 때문입니다. 성장성에 따라서는 멀티플 30~50까지도 줄 수 있습니다. 기업은 생물이므로 버는 돈에 따라 기업의 시총도 변합니다. 10년 안에 지금의 시총만큼 벌 수 있다면 멀티플을 10만큼 줄 수 있습니다. 업종마다 멀티플을 다르게 주는 것은 기업의 꼴과 관련이 있습니다.

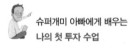

매출액은 멀티플에서 가장 중요한 요소입니다. 매출액이 늘면 기업 이익은 증가할 수밖에 없습니다. 물론 가끔 밀어내기식 할인판매로 일시 증가할 수도 있지요. 기업은 고정비가 일정하게 유지되기 때문에 기업이 투자하고 어떤 수준 이상의 매출액으로 늘어나면 이익은 매출액에 따라 더 크게 증가합니다. 한정된 인력으로 매출액을 증가시킬 수 있다면 고정비는 증가하지 않기 때문에 일정 수준을 넘어서면 기업 이익은 크게 증가합니다.

그러므로 기업의 멀티플을 결정하는 요소는 매출액, 이익, 성장입니다. 성장이 있을 수도 있지만 그 성장이라는 것이 기업만으로 이루어지지 않을 때도 있습니다. 산업의 성장, 전방산업의 성장, 경쟁자 의 몰락, 기업의 노력(기술개발, R&D 투자 등), 대기업의 채택 등에 따라 미래 성장을 볼 수 있습니다.

그리고 인력구성도 중요합니다. CEO의 마인드도 멀티플의 적용 대상입니다. 기업이 가지고 있는 기술적 해자, 기술특허나 해자가 얼마나 강하냐에 따라 각기 다른 멀티플을 주기도 합니다. 나아가 대외 변수, 글로벌경제의 성장, 호황 등 거시경제 등도 고려되어야 합니다. 우리나라 글로벌산업은 반도체, 장비, 케이팝, 케이푸드, 조선, 가전 등이며 세계 1위입니다.

현재보다는 미래의 멀티플을 보라

우리나라는 멀티플을 지금보다 더 높게 적용받아야 합니다. 아시아 시장에서만 선전하는 [네이버]나 [카카오]같은 기업보다는 더 높은 멀티플을 받아야 하지 않을까요? 기업의 경우 멀티플을 제시함에 있어 기업을 둘러싼 내부/외부 환경, 거시경제, 시장 변수, 소비자의 변화, 경쟁자의 몰락, 컨택트*/언택트** 등을 고려하기 때문에 멀티플은 수시로 변합니다. 다양한 변수들을 통해 해당 기업이 앞으로 얼마나 더 발전할 것이냐를 보고 멀티플을 제시하며 멀티플에 따라 기업의 시가총액은 계속해서 변합니다.

　주가가 오르내리는 것은 현재와 미래의 멀티플에 달려 있습니다. 그것이 주가 변동입니다. 그러므로 멀티플은 딱 잘라서 이야기할 수 없습니다. 더군다나 투자자마다 보는 관점과 가치가 다르기 때문에 다를 수밖에 없습니다. 그러나 아는 만큼 보이는 것은 확실합니다. 만약 한 기업이 멀티플을 높게 적용받는다면 시장 참여자들은 멀티플이 더 싼 종목으로 옮겨갈 것입니다. 요즘엔 달러 캐리트레이드도 중요

- **컨택트(Contact)** 사람과 사람이 마주보고 하는 활동(판매). 대면 활동. 백화점, 마트, 공연 관람, 여행 등의 회사가 속한다.
- ** **언택트(Untact)** 사람과 사람이 마주보지 않고 하는 활동(판매). 비대면 활동. 인터넷 게임, 화상 회의, 온라인 마켓 등이며, 카카오, 네이버 등의 회사가 속한다.

  * 2020년 코로나19 사태로 컨택트 기업의 매출이 하락했고, 언택트 기업은 증가했다.

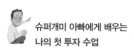

합니다. 미국의 달러가치 하락에 따라 우리나라에 달러 캐리트레이드가 들어옵니다. 이렇게 기업과 국가와 돈의 흐름은 밀접하게 연관되어 있습니다.

멀티플을 제시할 때는 미시, 거시, 기업의 변화, 경쟁자, 소비자 패턴, B2B, B2C, SWOT(강점, 약점, 위험, 기회), SEGMANTATION(시장 세분화), 타겟팅(어떤 부분에 치고 들어갈 것이냐, 어떤 우위를 점할 것인가, 어떤 제품을 어떻게 잘 팔 것이냐), 4P, 즉 PRODUCT(프로덕트의 강점은 무엇이냐), PLACE(어디서 팔 것이냐, 글로벌이냐 국내냐), PROMOTION(프로모션을 얼마나 할 것이냐, 어떻게 할 것이냐, 어떻게 팔 것이냐), PRICE(제품가격은 얼마로 책정해야 경쟁력을 가질 것이냐)을 잘 살펴야 합니다.

① 매출액, 이익(ROE)이 높을수록 좋다 : 멀티플에 ROE 개념을 넣는 것은 성장성에 배팅하는 것입니다. 멀티플의 기본 베이스는 10년입니다. 시가총액 1,000억인 회사가 10억을 벌었다면 100년이 걸려 멀티플은 100입니다. 현재 시점 기준으로 회수하는 데 100년이 걸린다는 말입니다.

② 성장성 : 기업의 성장, 우리나라 산업의 성장, 전방산업의 성장, 경쟁자의 몰락에 따른 반사이익, 기업의 투자개발, 미래의 성장성이 해당됩니다.

③ 인력 구성: 훌륭한 CEO와 구성원들이 있으면 멀티플이 높습니다. 기업의 기술적 특허, 해자도 포함됩니다.

④ 대외 변수: 글로벌경제의 성장, 호황, 거시경제 변화, 소비문화 변화, 사회적인 문제 등의 변수들을 통해 기업이익이 얼마나 변할 것인지 예상합니다.

⑤ 최근은 전방산업에 따라 멀티플에 변화가 생기고 있습니다. 반도체 산업은 8 이상 주지 않는데 요즘은 멀티플 15~20 이상도 보고 있습니다. EUV(극자외선 Extreme Ultraviolet) 산업의 성장도 기대됩니다.

그렇다면 우리 주린이들은 어떻게 해야 할까요? 무엇을 기준으로 적정주가를 판단해야 할까요? 아래 공식을 활용해 기업의 현 가치가 싼지, 비싼지 판단하면 됩니다. 투자를 하는 데 있어 주가가 적정한지를 판단하는 능력이 가장 기본이자 중요하기 때문에 자꾸 반복적으로 설명합니다. 자기 것이 될 때까지 계속해서 익히세요.

(영업이익 또는 당기순이익) × ROE(100) = 시가총액

일반적으로 가장 정확한 현금흐름인 영업이익을 사용합니다. 자회사, 영업손실, 영업비용이 많거나 혹은 일시적인 이익(부동산 매매 등)으로 당기순이익 변동이 크다면 영업이익으로 해야겠지만 자회사를 통해 들어오는 돈이 일정하다면 당기순이익을 사용해도 됩니다.

만약 1년에 영업이익이 100억이 난다면 멀티플을 얼마나 줄지 고

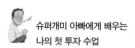

민하면 됩니다. ROE가 10이라면

$$영업이익\ 100억 \times 10 = 시가총액이\ 1,000억$$

은 되어야 적정합니다. 어떤 회사가 1분기 실적이 좋을 것 같으면 1분기 실적과 미래 실적을 예측해서 멀티플을 주면 됩니다. 성장성이 큰 회사는 멀티플을 높게 주고 정체된 회사는 멀티플을 낮게 줍니다. 멀티플을 10을 적용할지 20을 적용할지는 투자자 본인이 판단하여 결정합니다. 과거 경쟁사들을 보고 ROE를 정확하게 판단해야 밸류에이션할 수 있습니다.

$$\underset{\substack{\text{Bookvalue} \\ \text{Shares}}}{\text{BPS}} \times \underset{\substack{\text{Return} \\ \text{Equity}}}{\text{ROE}}\underset{\substack{\text{Return} \\ \text{Equity}}}{^2} = \underset{\substack{\text{Earning} \\ \text{Share}}}{\text{EPS}} \times \underset{\substack{\text{Return} \\ \text{Equity}}}{\text{ROE}}$$

EPS × ROE가 적정주가인데 Earning, Return이 얼마만큼 되느냐가 적정 주가를 아는 것입니다. 유상증자를 통해 Share(주식수)가 많아지면 주가는 떨어질 수밖에 없고 Equity(자산)이 많아질수록 버는 돈의 비율이 줄기 때문에 적정 주가는 떨어질 수밖에 없습니다. 그래서 설비투자를 하는 기업들이 적정한 평가를 제대로 받지 못하기 때문에 많은 투자자들이 그런 점을 고려한 여러 공식들도 만들었습니다만 지금은 기본적인 것만 알아도 됩니다.

PER 대신 ROE를 멀티플로 적용하는 이유는 기업의 '성장성'에 배팅하기 위함이라고 앞에서 배웠습니다. ROE는 내가 가진 자본 대비 얼마나 수익을 냈는지에 대한 비율입니다. ROE가 높다는 것은 그만큼 돈을 잘 벌고 있고 성장성이 좋다는 뜻입니다.

멀티플을 높게 줄 수 있는 기업

① 매출액과 영업이익이 성장하는 기업

② 전방 산업이 성장하는 기업

③ 현금과 부동산 등 안전마진이 많은 기업

④ 시장점유율이 늘어나는 기업

⑤ 투자를 통해 CAPA를 늘려가는 기업

⑥ 정부 정책에 수혜를 받는 기업

예를 들어, PER 5배를 받고 있는 기업이 앞으로 성장성이 있음에도 현재 저평가 받는 것으로 판단된다면 매수해도 됩니다. 그러나 저평가이지만 속한 산업이 저성장 산업이고 앞으로 이익성장이 크게 기대되지 않는다면 굳이 매수할 필요 없습니다.

만약 PER 50배를 받고 있는 기업이 이익 대비 너무 고평가받고 있다면 지금은 들어갈 시점이 아닙니다. 그러나 이 역시도 앞으로 큰 이익성장이 기대된다면 지금도 충분히 들어갈 수 있습니다. 주가는 절대평가가 아님을 명심해야 합니다. 기업의 멀티플은 미래에 벌어들일

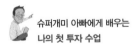

돈을 합산해서 제시하는 것입니다. 깊이 들어가서 공부해야만 그 기업이 지닌 구체적인 멀티플을 제시할 수 있습니다. 멀티플을 제시하는 것은 기업 종합평가의 산물이자 종합 예술과도 같습니다.

▶
강남쪽집게 일타강사 유튜브 강의 보러가기

아빠의 포인트 레슨

○● 주가가 오르내리는 것은 미래의 멀티플에 달려 있다. 멀티플을 계산할 때는 미시경제, 거시, 기업의 변화, 경쟁자, 소비자 패턴, B2B, B2C, SWOT, SEGMANTATION, 타겟팅, 4P 등을 잘 살펴야 한다.

[Q & A] 묻고 답해 보세요!

Q 투자금을 5년 만에 모두 회수할 수 있는 기업은 장사를 잘하고 있는 걸까?

Q 멀티플을 높게 줄 수 있는 기업을 알고 있니?

Q 그동안 돈을 많이 번 회사의 멀티플이 높을까, 아니면 앞으로 많이 벌 가능성이 높은 회사의 멀티플이 높을까?

주주이익과 미래에 기대되는 산업

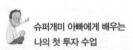 오늘은 무슨 이야기를 할까? 미래에 기대되는 산업에 대해 이야기해 볼까.

미래? 아주 좋기는 한데, 어려울 것 같아.

어렵게 생각하지 않아도 돼. 우선 미래에 기대되는 산업 중 하나가 '미니 LED'야. 시장에서도 관련 기업들이 움직이고 있고, 이제는 여기저기서 관련 뉴스들이 나오고 있어. 실제로 2021년이 되면 삼성전자와 LG, 나아가 애플까지도 LED TV를 내놓겠다고 발표했어. 기업들이 미니 LED 기술들을 채택하고 발전시키면 자연스레 그 아래에 있는 산업과 기업들도 발전하지. 그렇기 때문에 투자에서도 아주 중요해.

그러면 그와 관련해서 아빠가 어떤 힌트를 줄 거야?

오늘 할머니가 폐렴기가 있어서 갑자기 응급실로 가셨어. 그런데 코로나19로 인해 가족이라도 병원에 가는 게 쉽지 않아. 그래서 어쩔 수 없이 우리는 이렇게 집에 앉아서 공부를 하고 있어. 할머니가 아파서 마음이 무겁지만 우리가 해야 할 일은 해야 되지. 아빠는 이안이가 살면서 어떤 어려움이 닥쳐와도, 또는 너무 바빠서 일이 많더라도 해야 될 것은 꼭 해야 한다는 걸 알았으면 좋겠어.

그래.

솔직히 이안이는 남들보다 가지고 있는 게 많아. 태어날 때부터 부자였고 좋은 학교를 다니고 있고 또 좋은 부모 밑에서 편안하게 살고 있지.

응. 아빠 엄마에게 고마워.

남들보다 훨씬 더 행복하게 살고 있다는 것을 잊어서는 안 돼. 그러면서 네가 받은 것들을 어떻게 하면 많은 사람들에게 베풀고 살 수 있는지를 항상 생각하고 실천하면 좋겠어. 감사함을 잊어서는 안 되고 너 스스로도 열심히 노력해야 한다는 거야. 잔소리처럼 들릴 수도 있겠지만~

알겠어! 베풀면서 살아야 한다는 것을 잊지 않을게.

이안이가 읽는 책에 '주주이익'이라는 말이 나왔는데 아빠도 사실 주주이익이라는 단어는 잘 와닿지 않아. 기업은 얼마만큼 돈을 버는가가 가장 중요하잖아. 이안이가 한번 설명해볼래? 만약 어떤 기업의 PER가 10이라면 기업의 이익이 어떻게 평가되지?

PER가 10이면 10년에 걸쳐서 성공한다는 이야기니까…

기업이 현재 가지고 있는 시가총액만큼, 마켓밸류만큼 10년에 걸쳐 번다는 이야기지.

응, 맞아.

만약 네가 어떤 식당을 하거나 사업을 할 때 회사의 마켓밸류가 1억인데 2년 만에 1억을 벌 수 있다면 엄청난 사업을 하는 거야. 보통 10년에 걸쳐 번다 해도 아주 안정적인 사업이라 볼 수 있는데 5년, 3년, 2년 만에 벌수 있다면 정말 대단한 거지. 실제로 우리나라 주식시장에는 PER가 2도 안 되는 기업들이 있어.

헉!

투자자들이 그런 기업들을 모르는 게 아니야. 알고 있으면서도 주가가 잘 움직이지 않는다는 이유로 투자를 기피하지. 우리 주식시장에 이러한 현상들이 많이 나타나는 이유는 투자자들이 제대로 기업의 밸류에이션을 할 줄 모르기 때문이야. 기본적인 재무제표도 공부하지 않지. 그러한 기초 지식이 있어야 투자에 성공할 수 있어.

응. 그런데 주주이익은 뭐야?

워렌 버핏을 통해서 살펴볼까? 버핏은 캐쉬플로우(Cash-flow)에 초점을 맞춰 투자해. 캐쉬플로우란 기업이 벌어들이는 현금이 얼마냐는 거야. 현금흐름이 매달, 매년 얼마만큼 들어와서 자사의 마켓밸류만큼 되는가로 모든 것을 판단하지. 그런데 기업의 재무제표에는 마이너스(-)로 잡히지만 실제로는 현금이 나가지 않는 상황이 있어. 음, 무엇을 예로 들 수 있을까?

글쎄.

자동차를 생각해볼까? 자동차의 성능이나 효율은 우리가 타고 다니니까 아무 문제가 없어. 그러나 기업의 재무제표에는 자동차 가격이 계속 떨어지지. 예컨대 살 때는 1억이었는데 시간이 지나면서 7천만 원이 되고 그 다음에는 5천만 원으로 떨어져 중고차가 되지. 그것을 장부에 기입해 놓는 거야. 영어로 뭐라 하지?

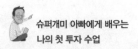

…

우선 Amortization이 있는데, 무형자산, 즉 눈에 보이지 않고 손으로 만질 수도 없는 자산의 상각을 의미해. 특허권, 지적재산권, 브랜드가치, 영업권 등이지.

아!

Amortization과 반대의 뜻을 지닌 단어가 있는데, 무엇일까?

Depreciation!

그렇지, Depreciation은 유형자산, 즉 손으로 만질 수 있고 눈에 보이는 자산의 감가상각을 의미해. 건물, 기계, 영업용 자동차 등이 대표적이지. 실제로 현금이 나가는 것이 아니라 가치가 점점 떨어지는 것을 장부에 마이너스로 기입해 놓지. 실제 돈이 나가지 않는데도 미리 마이너스를 해놓는 것뿐이야. 대규모 공장을 지어 상품을 생산하고 판매하면 기업 수익은 늘어나지. 다만 재무제표에 기계에 대한 마이너스를 해놓아야 하지. 그런데 돈은 더 이상 나가지 않아. 기계를 이미 사들였고 투자는 끝났으니까. 그렇게 되면 기업은 표면적으로는 플러스 이익이 많이 나지 않지만 실제로는 굉장한 이익을 내고 있어. 그게 현금흐름 상의 이익이라는 거야. 우리가 볼 때 장부 이익은 100만 원이라 적혀 있는데 실제로는 더 많이 벌고 있다는 거지. 통신기업을 생각해봐. 전국에 5G망을 다 깔아야 하는데 비용이 얼마나 많이 들어가겠어?

그 많은 돈을 먼저 투자하지만 이익은 천천히 들어오겠네.

그렇지. 감가상각비가 계속 나가지. 워렌 버핏은 감가상각비를 마이너스가 아닌 플러스를 시켰어. 그렇게 현금흐름으로만 계산한 것이 '주주이익'이라는 거야. 1년에 100억을 버는 회사가 10년이면 1,000억을 벌 듯이, 현재 시가총액이 1,000억이라면 PER 10을 사용했었는데 감가상각비를 제외하면 엄청난 수익이 보이는 기업들이 있어. 현금은 더 많으니까. 그래서 현금흐름에서 돈이 얼마나 들어오는지를 파악하는 방법이야. 주주이익을 계산하는 방법 중 하나이지.

알 듯 말 듯해.

너한테는 어렵다는 것을 아빠도 알고 있어. 그렇지만 이해해 보려고 노력해야 해. 워렌 버핏의 주주이익 산정 방법, 캐쉬플로우의 내용과 미래에 들어올 현금흐름, 그로 인해 달라지는 밸류에이션 등을 공부하면 돼. 물론 기업의 밸류에이션 구하는 방법은 다양하게 존재하지. 그러나 PER 안에 우리의 생각들을 하나하나 접목시켜 계산하는 것만으로도 충분해. 단순 PER로만 계산하는 것은 문제가 되지만 재무제표를 다 살펴보고 그 안에 함의된 것들을 적용해서 판단한 PER를 적용하는 거니까. 밸류에이션 방법도 점점 실력이 늘어감에 따라 더 세밀해지지. 초보일 때는 PER 개념으로 들어가서 재무제표의 현금흐름을 잘 살펴보는 게 중요해. 알겠지?

응!

워렌 버핏은 세계적 투자자이지만 코로나19 상황에서 엄청난 손절(Los-cut)을 단행했어. 버핏이 많이 보유하고 있던 종목이 금융주, 골드만삭스 등의 글로벌 IB들과 항공주였는데 그런 회사들을 다 로스컷했어. 그 역시 코로나19가 팬데믹을 일으킬 것이라고는 생각하지 못했던 거지. 로스컷으로 인해 엄청난 돈을 잃었어. 그 후에 일본의

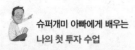

무역회사를 사기도 하고 뱅크오브아메리카(BOA)를 비롯한 몇몇 회사의 주식도 샀지. 그런 행보가 놀림감이 되었어. 왜냐면 항공주나 골드만삭스 같은 글로벌 IB들의 주가가 빠르게 회복됐거든. 우리나라 개미군단처럼 미국에도 로빈후드(Robinhood)라 불리는 개인투자자들의 엄청난 매수세로 주가가 빠르게 회복한 거야. 그들은 코로나19는 언젠간 끝날 것이고, 예전처럼 돌아가면 항공&여행 주들도 정상화 될 것이라 생각한 거지. 그래서 결론적으로 워렌 버핏이 틀리게 되었어.

🧒 아~

🧑 워렌 버핏의 과정은 충분히 그럴 수 있다고 생각해. 결과적으로 예상을 빗나간 것이기는 해도 리스크 차원에서는 이유 있는 행동이었지. 아빠도 아직까지 항공주들은 투자하기 어렵거든. 그 이유는 딱 하나야. 무얼까?

🧒 지금 당장 비행기가 뜰 수 없다는 것?

🧑 맞아. 그러면 가장 문제는 무엇일까?

🧒 캐쉬플로우!

🧑 그렇지! 캐쉬플로우가 안 들어온다는 게 가장 큰 문제야. 기업에 캐쉬플로우가 없으면 직원들 월급도 못 주고 더 이상 투자도 못하니 점점 망해가는 거지.

🧒 헉!

🧑 회사를 유지하려면 돈을 계속 은행에서 빌려와야 해. 당연히 이자를 계속 내면서. 그래서 현금흐름이 엄청 중요한 거야. 현금흐름이 원활

하지 않으면 회사는 이익이 나는데도 파산할 수 있어. 흑자를 올리면서도 파산하는 거지. 그래서 워렌 버핏은 골드만삭스나 항공주들을 로스컷했던 거야. 그러나 지금 보니 그런 회사들이 국가의 재정적 지원으로 잘 버티는 거지. 너무 위급하니까 국가에서 돈을 마구 빌려주는 거야. 그러한 기업들이 연쇄 파산하면 국가 경제에 끼치는 파장이 엄청 나니까.

그런 회사들이 망하면 직원들이 일자리를 잃어 큰 문제가 되겠네.

그렇지. 실직자가 되면 소비를 안 하게 되고 결국 나라 전체가 힘들어지지.

악순환이 되는 것이구나.

그 악순환을 막아야 하지. 미니 LED 다음으로 아빠가 유심히 보고 있는 섹터가 있어. 갈륨 나이트라이드(GaN)야. 전력반도체 재료 중 하나인데 미래를 유망하게 보고 있지만 관련 기업들이 벌써 고평가되어 있어서 선뜻 투자에 나서지 못하고 있지. 그 다음에는 실리콘 카바이드(Sic)야. 이것 또한 전력반도체 재료 중 하나지. 그렇다면 전력반도체를 봐야겠지? 이안이도 이 분야에 관심을 가지고 공부해봐. 지금 당장 투자하지 않는다 해도 미래에 유망한 기술을 꾸준히 공부하는 것은 투자자의 첫 번째 자세니까.

알겠어~ 미래에 유망한 기술과 산업들을 공부하자!

▶
아빠와 딸의 대화영상 보러가기

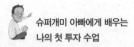
슈퍼개미 아빠에게 배우는
나의 첫 투자 수업

34 | 업종별 PER는 어떻게 책정하나요?

 기업의 가치를 평가할 때 사용하는 PER가 산업별로 다르다고 했는데 어떻게 구하나요? 그것은 주가에 어떤 영향을 끼치나요?

• ○ •

단기적으로는 수요와 공급에 의해 시장가격이 결정된다. 하지만 시간의 지평이 길어질수록 수요와 공급에 영향을 주는 근본적 요소가 시장가격을 지배한다.

세스 클라만

내 기업은 시장에서 얼마나 인정받고 있을까

섹터별 멀티플 또는 PER는 각기 다릅니다. 산업별 환경과 특성이 다 다르기 때문이죠. 업종별 PER를 구하려면 우리나라 평균 PER인 10에서 섹터별 가중을 더하면 됩니다. 앞서 이야기한 게임·엔터테인먼트 산업은 초기 설비투자는 많이 들어가지 않는 반면 창출되는 가치는 높습니다. 이러면 당연히 평균보다 높은 멀티플을 적용할 수 있습니다. 매출액을 가장 중요하게 보지만 현재보다 미래 성장할 기대가 크다면 현재 발생되는 매출 대비 더 높은 PER를 적용할 수도 있습니다. 제약바이오, 게임미디어 산업군이 여기에 속합니다.

PER는 현재 시장에서 기업이 벌어들이는 이익 대비 몇 배의 멀티플을 적용받고 있는지 확인할 수 있는 지표입니다. 아울러 주가수익비율, 기업의 이익, 성장, 배당 등에 영향을 받습니다. 일반적으로 세 가지 방법이 많이 사용됩니다.

① 동업종 평균 PER와 비교
② 경쟁 기업 간의 PER 비교
③ 과거 PER BAND를 활용하여 현 수준 파악
  - 단순 PER만 활용하면 안 되고 기업의 본질적 내용에 충실한 정성적 분석방법을 병행합니다.

PER의 단점은
① 적자기업 혹은 순이익이 조금 밖에 나지 않는 초창기 기업의 경우 유용성이 없습니다.
② 1회성 이익 혹은 손실이 발생하여 왜곡되기도 합니다.
③ 주도주의 경우 일시적으로 평균 PER를 크게 상회하는 경우도 있습니다.

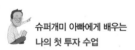

기업 밸류에이션 시 몇 배의 멀티플을 줄 것인가를 정할 때 현재 산업별로 얼마의 PER를 적용 받고 있는지 참고하면 도움이 됩니다.

① 네이버에서 한국거래소 검색

② 한국거래소 사이트에서

🏠 **시장정보 > 통계 > 지수 > 주가지수 > PER 추이**

③ 계열, 기간 선택 후 조회 → 차트 클릭

④ 원하는 산업 선택

▶ KRX 섹터별PER 검색 링크 QR코드

한국거래소 사이트 통합검색에서 PER 추이로 검색해도 나옵니다.

○● PER는 현재 시장에서 기업이 벌어들이는 이익 대비 몇 배의 멀티플을 적용받고 있는지 확인할 수 있는 지표이다. 아울러 주가수익비율, 기업의 이익, 성장, 배당 등에 영향을 받는다. 매출액이 가장 중요하지만 현재보다 미래에 성장할 가능성이 크면 더 높은 PER를 적용할 수 있다.

[Q & A] 묻고 답해 보세요!　　　　　　●

Q PER(멀티플)의 개념을 설명해 볼래?

Q 초기 투자비용이 많지 않고 이익을 많이 올릴 수 있지만 위험성이 높은 게임기업과 투자비용이 많이 들고 이익은 적지만 꾸준히 운영할 수 있는 제조업 중에 무엇이 더 좋을까?

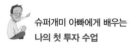

아래는 제가 2017년부터 운영하고 있는 무료 앱입니다. 누구나 이용할 수 있으니 관심 있는 분은 이용하시면 투자에 많은 도움이 됩니다.

● **주식탐구 소개**

앱 [Android-주식탐구]

사이트 [www.jutam9.co.kr]

● **2017년 3월 출시**

주식 공부의 모든 것

경제 및 주식 공부 콘텐츠,

주식 관련 모든 교육 자료 무료제공

주식탐구 보러가기 링크
▼

제5부

실전투자로 주식에서 성공하기

종목 발굴 및 공부법

주식투자는
보이지 않는 것을 만지는 것?

대부분의 회사는 보이는 것으로, 예를 들어 매출액이나 기술 등으로 평가하는데 '보이지 않는 것'이 있다는 말은 무슨 뜻이에요? 그것이 주식투자에 중요한 역할을 하나요?

● ○ ●

장래에 사업을 잘할 수 있다고 진심으로 믿는 기업의 주식을 매수한다면 투자를 하는 것이다. 그러나 다른 사람들이 곧 살 것이라고 믿는 주식을 산다면 투기를 하고 있는 것이다.
세스 클라만

모든 기업에는 보이지 않는 실체가 있다

좋은 기업을 찾는다는 것은 항상 기분 좋은 떨림입니다. 보이지 않던 것을 보려 노력하고 조금씩 보이는 듯하다가도 어느새 시야에서 멀리 사라지기도 합니다. 그 노력은 어느 날 선명하게 보게 하고 우리는 조금씩 기업을 만지게 됩니다. 기업이 보인다는 것은 기업이 가지고 있

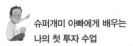

는 대외적인 사업을 비롯해 만질 수 없는 기술력과 마케팅, 해자 등을 알게 되는 것입니다. 만질 수 없을 것만 같던 것이 매출액이나 영업이익으로 보이게 되고 나서야 비로소 그 기업을 발견하고 알게 되는 것입니다. 사랑하는 사람의 눈에서 꿀 떨어지듯이 기업을 봐야 하고 만지고 싶어 해야 합니다.

우리는 기업의 무엇을 보려 해야 할까요? 몇 십년간 주식투자를 습관처럼, 어떤 때는 숨 쉬는 것처럼 해오면서 저는 무엇을 봐야 할까에 대해 가장 많은 고민을 합니다.

- 잘 보이지 않는 것을 봐야 할까 __ 성장주
- 잘 보이는 것을 봐야 할까 __ 전통가치주
- 숲을 봐야 할까 __ 거시경제
- 나무를 봐야 할까 __ 바텀업
- 높은 산에서 아래를 봐야 할까 __ 탑다운
- 하늘의 변화를 봐야 할까 __ 글로벌 정세

주식투자의 패러다임은 과거와 다르게 빠르게 변하고 있습니다. 산업 재편이 일어나기도 하고 기술발전과 글로벌 정세의 변화로 우리는 갈팡질팡합니다. 자고 일어나면 신조어들이 탄생하고 그것에 걸맞은 테마주들이 생기면서 하루에도 변동폭은 커집니다. 결국 우리는 보기도 전에, 아니 보려 하기도 전에 만지게 됩니다. 허공을 휘감는 공기를 만지듯이. 아니! 실제로 만졌다고 착각합니다. 워렌 버핏의 2019년 크래프트하인즈* 투자 실패와 2020년 항공주 손절, 금융주 정리 등 쉽게 보이고 쉽게 만질 수 있는 종목만을 투자하던 버핏도 잘못 만졌다는 것을 시인하게 됩니다.

숲에서 나무를 보고 산에 올라 다시 숲을 보라

저는 변화하는 시대에 맞춰 무섭게 종목들을 보려 노력했습니다. 수없이 많은 종목들을 찬찬히 되돌아 파보면 뜨끔하게 됩니다. 막연히 기존 흐름대로 좋을 거라 생각했던 특정 섹터는 실적이 폭망했고 뚜껑을 열어보니 안 좋을 것이라 예상했던 섹터가 유난히 잘 나왔습니다. 남들보다 많이 보고 많이 만지던 것의 오류입니다. 그것은 넓게, 깊게 보려 하지 않음에서 온 패착이기도 합니다.

* **크래프트하인즈의 폭락** 워렌 버핏은 2019년 크래프트하인즈(Kraftheinz)의 대규모 영업손실로 3조 원 대에 달하는 손실을 입었다. 하인즈는 2019년 2월, 4분기 실적을 공개했다. 4분기에 126억 800만 달러(14조 2000억 원)의 당기손손실을 기록했으며 연간손이익도 적자로 돌아섰다. 어닝쇼크의 원인은 자회사의 영업권 등 무형자산의 손실처리 때문이었다. 2018년 4분기에만 154억 달러(17조 3000억 원)의 손상차손을 기록하면서 대규모 당기순손실로 이어졌다. 하인즈 주가는 27.5%가 폭락했으며, 시가총액 역시 162억 달러(18조 2000억 원)가 사라졌다. 주가는 1년 전과 비교해 반토막이 났다.

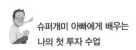

최근에는 5G와 소부장(소재/부품/장비), 언택트(Untact), 바이오 분야를 보느라 여타 섹터는 잘 살펴보지도 못합니다. 우리는 투자 유행을 따라가느라, 보이지 않는 것을 보려 노력하느라 오히려 쉽게 볼 수 있는 것을 보지 못합니다. 만질 수 없는 것을 만지려 하느라 쉽게 만질 수 있는 것을 눈앞에 두고도 보지 않습니다. 코로나19 시대에 경험해 보지 못한 시장에서 어닝서프라이즈 종목들이 쏟아집니다. 주식투자는 결국 넓고 깊게 보는 것입니다. 탑다운 방식이든 바텀업 방식이든 무엇이든 봐야 하고 만지려 노력해야 합니다.

숲속에서 나무를 보고 산에 올라 다시 숲을 봐야 하며 하늘의 변화까지 봐야 합니다. 안 보이는 것 보다는 우선 쉽게 볼 수 있는 것을 만져야 합니다. 넓게 보기 위해서 끊임없이 사업보고서를 봐야 하고 깊게 보기 위해서는 산업과 기업의 변화까지 끈질기게 파야 합니다. 노력하지 않으면 언제든 투자자는 시장에서 도태될 수 있고 강제 퇴직에 처할 수 있습니다. 주식투자 인생의 어쩌면 마지막 대세 상승장이 오고 있습니다. 이번 기회는 노력해서 놓치지 마시기 바랍니다. 꼭 스스로 공부해서 자기 것으로 만들어야 합니다. 제대로 된 주식투자로 모두가 경제적 자유를 누리시길!

○● 투자자는 숲에서 나무를 보고 산에 올라 다시 숲을 봐야 한다. 안 보이는 것보다는 쉽게 볼 수 있는 것을 만져야 한다. 넓게 보기 위해 끊임없이 사업보고서를 봐야 하고 깊게 보기 위해서는 산업과 기업의 변화까지 파야 한다.

[Q & A] 묻고 답해 보세요!

Q 좋은 회사와 그렇지 못한 회사를 평가할 때 보이지 않는 요소가 있다는 말은 무엇을 의미할까?

Q 이를 사람에게도 적용할 수 있겠니?

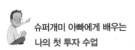

좋은 기업은 그 이름값을 한다

이제 우리나라 기업에 대해 알아볼까. 우리나라를 대표한다고 할 수 있는 삼성, 현대, LG는 오래전부터 그룹을 이루며 성장해왔지. LG는 예전 이름이 금성사, GOLD STAR라고 했지. 럭키라는 회사와 하나였는데. LUCKY와 GOLD STAR를 합쳐 LG가 된 거야. 현재는 또 GS와 LG로 나눠졌지.

아, 그렇구나.

1990년대 들어 SK그룹이 급성장했지. SK 알지?

응. SK텔레콤.

그래. SK주유소도 가봤지? SK의 원래 이름은 선경이었어.

선경?

신선하다 할 때의 '선'(鮮)과 서울 '경'(京)이야. 그러니까 신선한 서울? 이런 의미지.

아, 나름 의미가 좋은데?

🧑 원래 섬유 만드는 회사였고 혹시 테이프 아니? 음악 듣는 테이프?

🧒 응.

🧑 그걸 만들던 회사야. 선경의 영문명을 따서 SK로 바꾼 거야. 정유와 텔레콤을 통해 급성장했지. SK 로고를 보면 어떤 느낌이 들어?

🧒 나비.

🧑 그래. 그런데 SK는 공식적으로 나비라고 표현하지는 않아. 그냥 두 개의 날개라고 하지. 왼쪽 날개는 에너지와 화학, 오른쪽 날개는 IT와 정보통신. 하이닉스도 대기업이 되었지. 그런데 아빠 역시 이안이처럼 나비라고 봐. 왜냐면 SK에는 나비갤러리가 있거든. 또 나비효과가 생각나고. 나비효과 알지?

🧒 응. 하나의 사소한 날개짓이 큰 결과를 불러온다는.

🧑 맞아. 나비의 사소한 날개짓이 큰 영향을 미치지. 아주 자그만 행동으로도 이 세계에 큰 변화를 일으킬 수 있어. 아빠가 보기에 SK도 나비효과라는 의미의 로고를 쓴 것 같아. 직물회사에서 시작해 계속 변해가고 있어. 테이프, 텔레콤, 화학, 에너지, 반도체… 엄청나게 큰 회사가 됐잖아.

🧒 아~

🧑 또 이안이가 아는 회사가 어디 있을까?

🧒 네이버.

🧑 그래. 지금 네이버는 중요한 기업이지. 1990년대 이후 성장한 기업의 대표라 할 수 있어. 네이버가 하는 게 어떤 거지?

🧒 검색이랑 이웃.

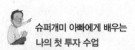

검색은 네이버의 중요한 기능이지. 그 다음에 네이버후드 (Neighbourhood), 즉 이웃을 맺고 커뮤니티를 만나는 곳이지. 그 둘을 결합한 게 네이버야. 그럼 카카오는?

다음 세상.

그렇지. Next-generation. 이렇게 기업 이름에는 다 의미가 담겨 있어. 우리가 사는 송도에도 큰 회사가 있어. 제약회사 셀트리온. 의약품을 세계에서 가장 잘 만드는 CMO(Contract Manufacturing Organization 위탁생산회사) 회사야. 셀은 뭐지?

Cell, 세포.

맞아. 트릴리어네어는?

많은, 큰 숫자?

그래. 셀트리온은 Cell과 Trillionaire가 합쳐진 거야. 수없이 많은 세포들을 고쳐 건강한 세상을 만들겠다는 의지가 담겨 있다고 생각해. 이안이의 유튜브 채널 이름은 뭐지?

iANTrillronaire. 이안트릴리어네어.

이안의 숫자가 엄청 확대되라는 의미지. 지금은 어리지만 나중에 큰 일을 하는 사람이 되라는 뜻에서 아빠가 붙여줬지. 아빠도 'Super K' 라고 바꿨잖아.

응.

K에 의미를 쫙~ 둘 거야. K에 어떤 것들이 있을까?

K팝.

그래. 또 K-Music, K-Food, Knowledge.

🧒 아하!

👨 Knowledge를 포함시킨 것은 아빠는 사람들에게 부자가 되는 지식을 알려주기 때문이지. 사람이든 기업이든 아니면 조직이든 이름에 모든 것을 담아. 그리고 그에 맞게 가려고 노력하지. 아빠가 해주고 싶은 말은, 회사 이름은 굉장히 중요하고, 그 이름 안에 무엇을 담으려 하는지 다 나와 있다는 거야. 그래서 회사 이름을 보고 회사의 행태를 봐야 해. 또 그 회사를 운영하는 CEO를 봐야 하고.

🧒 응.

👨 그 다음에 그 회사가 하려고 하는 비즈니스를 보고, 기술력을 보고, 경쟁자들을 보고…. 이런 것들을 보면서 기업에 투자하는 거야. 기업 이름부터 R&D, 생산제품들, 경쟁력이 얼마나 있는지를 끊임없이 살펴야 해. 이것이 기업에 투자하는 자세야.

🧒 응!

👨 오늘 대화를 정리해보자. 투자 기업을 선택하면 롱텀으로 가야해. 그러기 위해서는 기업가치를 보고 기업이 어떻게 변해갈지를 계속 추적하는 게 가장 중요한 투자 원칙이야.

🧒 회사 공부를 깊이 하지 않으면 롱텀으로 투자를 못하겠네?

👨 그렇지. 기업의 이름에 담긴 의지, 로고의 의미 등을 파악하고, 과연 그 길로 가고 있는지 면밀하게 살펴야 해. 우리나라 장수기업들은 그 길을 모범적으로 걷고 있으면서도 글로벌기업으로 성장했지. 그 기업들을 공부하는 투자자가 되어야 해.

▶ 나의 첫 투자수업

아빠와 딸의 대화영상 보러가기

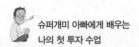

36 | 실적이 좋으면 좋은 주식인가요?

어떤 회사의 물건이 잘 팔려서 매출액도 높고, 이익이 높다면 무조건 사야 하나요? 지금은 좋더라도 미래에 나빠질 수도 있는데, 그것은 어떻게 판단하나요?

• • •

다른 사람들이 무작정 확신하고 공격적으로 매수할 때 매우 신중하게 행동해야 한다. 다른 사람들이 공포심에 아무것도 하지 않거나, 패닉 상태에서 매도할 때 공격적으로 행동해야 한다. **하워드 S. 막스**

어떻게 종목을 발굴할까

실적은 중요합니다. 남보다 빨리 기업의 실적을 체크하고, 성장하는지 혹은 퇴보하는지를 보는 것이 주식투자의 기본입니다. 우선 좋은 종목에 대한 기준을 세워야 합니다. 여러 기준이 있겠지만 3가지를 충족하면 좋은 종목의 후보에 들어갑니다.

① 볼륨의 증가

기본적으로 매출이 증가하는 기업에 투자해야 합니다. 안전마진이 있다면 더욱 좋습니다. 그러나 안전마진에만 집중하면 반대로 성장주들을 잡을 수 없습니다.

② 지속적인 성장

지속적으로 변해가면서 성장하는 기업을 찾아야 합니다. 또한 그 성장은 매우 가능성 있는 성장이어야 합니다. 한 방이 있는 기업도 좋습니다. 한 방을 가지고 있는지는 투자자가 알아내야겠지요. 또 기업의 전방산업이 성장하고 있어야 합니다.

③ 스토리가 있는 주식

모든 기업은 스토리를 가지고 있으며, 주식 또한 마찬가지입니다. 스토리는 심플해야 하고 한 단어로 설명되면 좋습니다. 우리는 검색량과 언급된 횟수, 사람들의 관심이 주식투자의 수익을 결정하는 시대에 살고 있습니다. 그러므로 시장의 관심 안에 있어야 합니다. 예컨대 '이 주식은 왜 싸지?' '경쟁업체 대비 얼마나 경쟁력 있지?' '전방산업은 좋은가?' '대주주는 어떤 사람이지?' '오버행*은 없나?' '글로벌 시장은?' 등의 질문들이 시장에 넘쳐나야 하고, 그에 대한 답이 심플하게 나와야 합니다.

성장가치주에 어떻게 접근할까

초보 참여자일수록 탑다운 방식을 권합니다. 탑다운 방식은 무엇일까요? 산업섹터를 먼저 봐야 합니다. 여러 정보나 뉴스 중에 앞으로 발전할 만한 산업군을 봐야 합니다. 종목도 보기 힘든데 산업을 공부하기란 너무 힘듭니다. 주식 고수들도 마찬가지입니다. 주식 투자자는 다방면에 전문가가 되어야 합니다. 저는 직업상 IT 섹터에서 벤처캐피탈리스트와 마케팅 전략을 했기에 많은 분야를 공부해야 했습니다. 그럼에도 이제는 빠른 변화로 도저히 따라 잡을 수 없을 때도 있습니다. 특히 화학 유기 부분, BT(Bio Technology)는 아직도 전문적인 내용을 이해하지 못하기에 전문가의 도움을 얻습니다.

미래에 성장할 산업섹터들은 가능성이 큰만큼 실패 리스크도 안아야 합니다. 바이오 섹터의 경우 잘 성공하면 10배 이상의 수익이 날수도 있으나 중간의 많은 변수들로 인해 회사 사정이 급격히 나빠지거나 망한 기업들도 수없이 봤습니다. 신약 개발에 있어 100개 기업

• **오버행(Overhang)** 주식시장에서 매물로 나올 수 있는 잠재적인 과잉물량. 기관이나 채권단이 주가가 상승할 때 차익을 실현하기 위한 목적으로 보유하고 있는 대량의 주식을 말한다. 전환사채(CB)나 신주인수권부사채(BW) 등 주식으로의 전환이 가능한 대기물량, 대주주가 해당 기업의 투자에서 철수하는 경우 장내에 풀릴 가능성이 높은 대량 주식도 포함된다. 오버행 이슈는 공급 증가로 인한 강한 매도세를 이끌어 주가를 하락시킨다.

가운데 성공하는 기업은 고작해야 2~3곳뿐이니까요. 따라서 투자자로서 확실치 않은 확률에 기대하는 그러한 종목 한 곳에 집중해서 투자하는 것은 굉장히 위험합니다. 도박과도 같습니다. 확인을 하고 또 확인하는 과정을 거쳐 투자할 종목을 선택해야 합니다.

그리고 선정했다면 관련 기술들을 깊게 공부해야 합니다. 무엇이 미래에 먹거리가 될 것이냐 하는 것에 대한 시장 전망과 더불어 평가 자료들을 모두 읽고 결정해야 합니다. 그래야 다른 종목이 오를 때 소외되지 않습니다. 어떤 유망 산업과 관련된 10개 기업이 있다면 그 회사들의 홈페이지와 발행된 리포트, 관련 뉴스 등을 모두 살펴보고 과연 그중에서 어떤 회사가 미래의 주인공에 가까운지 가려낼 수 있어야 합니다. 한국뿐 아니라 구글 검색을 이용해 해외정보까지 다 봐야 하니 한 산업, 섹터를 보는 일이 쉬운 일은 아닙니다. 엄청난 노력과 시간이 필요합니다.

그렇게 추려졌다면 직접 기업을 방문해 자신이 알아본 정보들이 사실인지 확인하는 과정을 거쳐야 합니다. 기업을 방문할 때는 혼자 가는 것보다 여러 명이 함께 가는 것이 좋습니다. 특히 삐딱한 비관론자가 있다면 금상첨화입니다. 투자자는 이미 자신이 보려고 하는 것만 보기 때문에 주변 사람들의 의견을 참고하고 그들의 의심이 해결될 때까지 토론하고 검증하는 작업을 거치는 게 좋습니다. 그 기업을 아는 여러 전문가의 의견과 글도 읽고 의심을 사라지게 만드는 과정을 거쳐야 종목에 대한 신뢰가 올라가 종목 비중을 높일 수 있습니다.

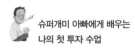

성공에는 그리 많은 종목이 필요하지 않습니다. 선택과 집중이 필요한데 그러려면 그 종목에 대해 얼마나 알고 있느냐와 미래에 얼마나 성장가치가 있느냐에 대한 신뢰가 필요합니다. 이러한 과정은 투자가 시작되고 목표 달성으로 종료될 때까지 계속됩니다. 이 점이 바로 성장 투자의 한계입니다. 하루도 쉬지 못하고 바쁘다는 것. 왜냐하면 그만큼 기업의 성장 과정에서 많은 이슈가 발생하기 때문입니다.

전통적인 가치투자는 상대적으로 편했던 시절이 있었습니다. 기업의 자산가치와 이익만 보고 투자해도 경기가 좋을 땐 주가에 빨리 반영되어 상승하고, 기업 내부의 변화가 적어서 분기별 이익에 대한 추정이나 분석이 수월했습니다. 이제는 저성장 침체 국면이라 전통적인 가치주들도 예전처럼 안정적인 성장이 나오지도 않을 뿐더러 한번 무너지면 시장에서 퇴출되기까지도 하는 무서운 시대가 되었습니다. 지금은 전방산업이 무엇 하나 좋은 것이 없기 때문에 전통가치주처럼 숫자만 보고 투자하기는 쉽지 않습니다. 결론은 이래나 저래나 투자하기 어려운 환경이 되었다는 말입니다. 더 부지런히 노력하는 수밖에 없습니다.

심사숙고해서 투자 종목을 선정했다면 자금 투입을 어떻게 할 것인지 결정해야 합니다. 특히 성장주일 경우 목표량을 한 번에 사는 방식은 위험합니다. 자신이 선택한 기업이 한 단계 한 단계 작은 성취로 성장해 나갈 때마다 비중을 늘려가는 자산투입의 전략적 배분이 중요합니다.

마지막으로 종목을 믿고 투자했다면 믿고 기다리세요. 물론 아무것도 안 하고 기다리기만 하는 것은 아닙니다. 종목에 대한 트레이싱도 중요합니다. 그 과정에서 믿고 버틸 수 있는 힘이 생깁니다. 특히 성장주 종목은 끊임없이 확인해야 합니다. 그렇게 얻은 투자 수익은 꼭 자신을 위한 행복비용으로 쓰세요. 철저히 당신의 노력으로 일군 결과의 산물이기 때문입니다.

실적은 성장을 보여주는 바로미터

실적은 주가의 바로미터이면서 기업의 성장을 보여주는 척도이기에 항상 예민하게 체크해야 합니다. 실적을 통해 관심종목을 관리하고, 실적을 통해 산업동향이나 가려진 재료(미래의 성장성)를 찾아낼 수 있습니다. 과거 실적뿐 아니라 미래 실적을 예측하고 그 기업이 어떻게 변해가는지를 추적하는 것이 성공비법입니다. 따라서 남보다 빨리 실적을 확인하고 향후 지속적으로 성장하는가를 보는 것은 주식투자의 가장 기본입니다.

실적은 분기마다, 즉 1년에 4번 발표됩니다. 관심 있는 기업이나 투자 중인 기업이 있다면 실적 시즌이 다가오면 미리 실적을 예측해보고 관련 기사도 찾아보세요. 실적은 기업 공시로 확인할 수 있습니다. 또한 실적 시즌이 되면 각 증권사나 뉴스에서도 업종이나 섹터별로

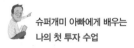

정리된 자료를 보도하기 때문에 찾기 쉽습니다. 발표된 실적을 통해 눈에 띄는 기업들은 별도로 스크랩합니다. 이후 그 종목들은 하나씩 살펴보는데 HTS나 네이버금융과 같은 포털에 검색하면 기업정보 및 재무정보를 쉽게 찾을 수 있습니다. 어떤 일을 하는 회사인지, 주 매출원이 무엇인지, 경쟁사는 어디인지, 시장 규모는 어떠한지, 앞으로 비전이 있는지 살펴보고 총발행주식수와 일반적인 1일 거래량 등 주식 정보와 특징도 확인합니다.

실적을 체크하다 보면 업종별 큰 흐름을 알 수 있고 실물경제 감각을 키우는 데 좋습니다. 우리가 생활에서 피부로 느끼는 것과 실제 산업의 상황(실적)은 다를 수 있기 때문입니다. 실적을 통해 객관적으로 바라볼 수 있습니다. 또한 저평가된 좋은 종목을 발견할 수 있는데 다만 실적 발표는 누구나 볼 수 있기 때문에 남들도 다 안다면 이미 늦습니다. 그러니 빨리 체크하고, 좋다고 판단되면 선취매해야 합니다. 바로 매수로 이어지지 않더라도 이렇게 스크랩한 기업은 추려서 집중적으로 꾸준히 관찰하고 향후 분기 실적이 나올 때마다 체크하고 추적합니다. 그렇기에 투자자는 부지런해야 합니다.

매 분기마다 실적을 체크하고 실적이 발표되기 전에 예상할 수 있고 나아가 발표되지 않은 미래의 실적까지 투자에 반영시키는 것이 기본적인 투자 개념입니다. 여러 번 이야기하지만 주식투자는 습관과 같습니다. 습관처럼 경제와 산업, 관련 기업을 공부하고 자신의 것으로 만드는 것입니다. 감을 잃지 않기 위해서는 꾸준함이 최고의 덕목입니다.

　누구도 미래를 100% 알 수는 없습니다. 아무리 좋은 종목이라도 당장 내일 주가가 어떻게 될지 아무도 알 수 없습니다. 우리가 할 수 있는 일은 지금의 자리에서 시황을 보고 현재의 기업 재무나 기술 관련 정보들을 바탕으로 아주 짧은 미래를 예측하는 것입니다. 6개월 또는 1년 후의 미래를 예측하지만 100% 맞출 수는 없습니다. 한 번에서 멈추는 것이 아니라 점점 정확도를 높여 나가기 위해 끊임없이 노력해 나가는 것이 중요합니다. 주식시장은 언제든 흔들릴 수 있는 불확실성이 강한 곳입니다. 그럴 때 동요되지 않으려면 스스로의 투자 원칙과 보유 종목에 대한 충분한 사전 공부가 밑바탕 되어야 합니다.

전자 공시를 이용하자

재무제표는 투자하기 전에 반드시 확인해야 하는 사항입니다. 회사 상황이 어떤지를 파악할 수 있는 〈성적표〉와도 같습니다. 기업이 언제 실적 발표를 하는지 알아보겠습니다.

- 1분기: 3월 30일까지의 실적을 45일 후인 5월 15일까지
- 2분기: 6월 30일까지의 실적을 45일 후인 8월 15일까지
- 3분기: 9월 30일까지의 실적을 45일 후인 11월 15일까지

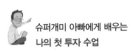

- 4분기: 12월 30일까지의 실적을 90일 후인 다음해 3월 30일까지 발표해야 합니다.

기업들의 실적 확인은 전자공시시스템 DART에서 확인할 수 있습니다. 투자자라면 반드시 확인해야 하는 곳이 '금융감독원 전자공시시스템'입니다. 영어로 '다트'(DART: Data Analysis, Retrieval and Transfer System)라고도 부릅니다.

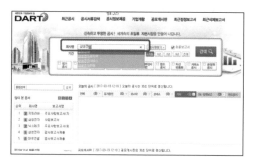

http://dart.fss.or.kr에 들어가면 DART의 화면이 뜹니다. 붉은색에 회사명을 입력합니다. '삼성전자'를 치면 다음과 같은 화면이 나옵니다.

[삼성전자]의 최근 중요한 사항들이 모두 올라와 있습니다. 투자자들이 꼭 알아야 할 정보들은 DART를 통해 공시되므로 꼼꼼하게 읽는 습관을 들여야 합니다. 다음 그림을 통해 [현대제철]의 공시 내용도 볼까요? 이 내용을 보면 현대제철이 언제 어떤 보고서를 제출하는지 파악할 수 있습니다.

다트 사이트 연결 QR코드

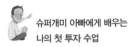

아빠의 포인트 레슨

◦● 성공에는 많은 종목이 필요하지 않다. 선택과 집중을 하기 위해서 는 그 종목에 대해 얼마나 알고 있느냐와 미래에 얼마나 성장가치 가 있느냐에 대한 신뢰가 필요하다. 이 과정은 투자가 시작되고 목 표 달성으로 종료될 때까지 계속된다.

[Q & A] 묻고 답해 보세요!

Q 투자하고 싶은 회사가 있니?

Q 회사명을 적고 관련 정보를 채울 수 있겠니?

Q 보통 한 회사의 성장은 계속 이어질까? 아니면 사회변화에 영향을 받을까?

37 | 컨센서스가 뭐예요?

 실적이 발표되면 그것으로 주식이 오를 것인지, 내릴 것인지 판단할 수 있나요? 실적 발표를 하기 전에 미리 예측해서 주식을 사면 잘한 것인가요?

• ○ •

사람들은 누구나 주식으로 돈을 벌 지력을 가지고 있다. 하지만 모두가 그만한 담력을 가지고 있진 않다. 여러분이 패닉에 빠져 모든 것을 팔아버릴 수 있는 사람이라면 주식과 뮤추얼 펀드 모두에 손대지 말아야 한다.

앤서니 볼턴

컨센서스를 보면서 미래 실적을 예측하라

실적이 예상보다 얼마나 잘 나왔는가, 이는 투자의 중요 지표입니다. 실적에 예민한 투자자가 되어야 합니다. 실적 발표 자료를 근거로 현재 주가가 어떠한 상태인지, 앞으로 어떻게 변할 것인지 판단할 수 있어야 합니다.

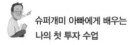

실적 발표 후 주가가 급등하는 기업들이 나옵니다. 주가와 실적의 상관관계는 분명 존재합니다. 만약 실적 발표 전에 기업 탐방이나 주식담당자와 통화해서 회사 실적이 잘 나올 것을 미리 알았다면 큰 수익을 낼 수 있습니다. 그만큼 투자에서 실적 예측치나 컨센서스*는 시간을 벌 수 있는 굉장히 중요한 지표입니다.

실적과 영업이익, 그에 따른 주가 반응을 확인하는 습관을 항상 가져야 합니다. 실적 발표 이후 어닝서프라이즈에 따른 차익 매물 실현으로 주가가 빠지는 경우도 있습니다. 어떤 기업에 대하여 누구나 실적이 좋을 것을 예상했다면 그 기대감이 미리 주가에 반영해 오르기 때문입니다.

실적 시즌마다 저평가된 기업을 발굴하여 매수 후 보유하는 것은 주식투자의 중요한 전략 중 하나입니다. 저평가된 기업의 실적이 앞으로도 지속될 것이라 보인다면 실적이 꺾이거나 전방산업이 무너질 때까지 계속 보유합니다. 이것이 바로 가치투자입니다. 기관이나 전문가 리포트의 컨센서스를 보면서 미래 실적을 예측하고 보정해가는 것이 진정한 투자이며 항상 실적에 예민한 투자자가 되어야 합니다.

- **컨센서스(Consensus)** 직역하면 '의견일치' 또는 '합의'의 뜻이다. 금융 업종에 종사하는 애널리스트들이 작성한 기업에 대한 보고서(예측치)를 가장 신뢰성 있는 의견들만을 종합하여 만든 일종의 최종 예측보고서이다. 예를 들어, A기업의 컨센서스가 1천 억이었는데 실적이 1천500억으로 나왔다면 '어닝서프라이즈', 그 반대로 800억이 나왔다면 '어닝쇼크'라 한다.

기업들의 실적이 발표되면 실적이 좋은 종목과 안 좋은 종목, 그리고 상장 폐지 가능성이 있는 종목으로 나뉩니다. 실적이 일시적인지 지속적일 가능성이 있는지 반드시 체크해야 합니다. 적자를 지속해 주가가 오르지 못한 기업들 중 흑자 전환에 성공한 기업은 항상 자세히 볼 필요가 있습니다. 왜 흑자가 났는지 체크하고 일시적인 요인인지 앞으로도 지속가능한지 판단해야 합니다. 반대로 매 분기마다 마이너스가 크게 나는 기업은 자본 잠식이 날 가능성이 큽니다.

내가 보유하고 있는 기업은 항상 기대감에 부풀어 있어야 합니다. 왜냐하면 이미 어느 정도의 실적이 나올 것인지 예측하고, 그것이 어느 정도 주가에 반영되어 움직일 것인지 예측하는 일은 항상 가슴 떨리는 일이기 때문입니다. 재무제표가 안 좋거나 현금흐름이 안 좋은 기업들은 마지막 실적 시즌을 항상 조심해야 합니다. 감사보고서가 늦어진다면 미리 리스크를 준비하는 게 좋습니다. 영업실적이 마이너스가 난 기업은 '올빼미 공시'*라 해서 거래할 수 없는 시간에 일제히 기습 실적을 쏟아내기도 합니다.

반대로 사상 최대의 실적을 내고도 마지막 날 장 끝나고 발표하는 기업도 있습니다. 기업의 가장 좋은 실적이 어닝서프라이즈인데 그 기쁜 소식을 장이 끝나고 발표하는 기업의 마인드는 주주와 함께하지 못하는 기업이라 생각합니다. 주주 친화적인 기업문화가 자리 잡지 못한 점이 우리나라 주식시장 활성화에 발목을 잡는 요인 중 하나입니다. 저는 앞으로 주주 친화적인 기업이 많이 나오길 기대합니

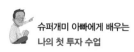

다. 그러려면 투자자들이 올바른 투자활동을 통해 기업에 영향력을 보여주고 요구해야 합니다. 기업을 믿고, 기업의 성장을 응원하는 주주들을 위해 주가 관리에 신경 쓰는 기업은 기꺼이 동행할 가치가 있습니다.

실적을 확인할 때 보유 종목이 컨센서스보다 안 나오면 실망해 매도하거나 잘 나온 기업은 그 사실만으로 쉽게 매수하는 투자자들이 많습니다. 이는 초보 수준의 잘못된 방법입니다. 컨센서스는 기관 애널리스트들이 추정해서 만든 자료이기 때문에 말 그대로 '예측'을 100% 믿고 투자하는 것은 문제가 있습니다. 그것이 맞지 않을 수 있다는 점을 항상 염두에 두어야 합니다. 하나의 참고자료로 활용하고 본인의 공부와 판단으로 결정할 수 있어야 합니다.

- **올빼미 공시** 기업의 중요 내용을 장 마감 후나 주말에 공시하는 관행. 투자자의 관심도가 낮아지는 시간을 이용해 민감한 내용을 공시함으로써 주가 하락을 방지하고 투자자 및 언론의 관심을 비껴가려는 의도로 행해진다. 2006년 금융감독원은 올빼미 공시를 막고자 야간 공시와 토요일 공시를 없앴다. 이로써 평일 공시서류 제출시간이 오전 7시~오후 6시로 단축되고 토요일 공시가 없어지면서 연휴를 앞두고 올빼미 공시를 하는 기업들이 증가했다. 상장기업은 이사회 결의 등 회사의 중요 사항을 해당일 장 마감까지, 야간 회의가 열리는 등 불가피한 경우는 다음날 장 개시 이전까지, 제3자와 관련된 업무 협의 등이 필요할 경우는 다음날 장 마감까지 각각 공시해야 한다. — 출처 : 네이버 지식백과

실적 시즌 종목분석하기

▶
실전시즌 매매전략
유튜브 강의 보러가기

실적 시즌 종목분석 사례 (기준일: 2020.08.01)

2020년 2분기 실적이 발표되는 시즌에 제가 기업을 분석한 내용을 요약했습니다. 그중 몇 개의 종목을 추렸습니다. 이 글을 읽으면 종목을 어떻게 분석하는지 어느 정도는 감을 잡을 수 있을 것입니다. 2분기 실적 발표 전 분석자료입니다. 현재는 시간이 많이 흘렀으니 적용할 수 없는 의견입니다. 다만 분석자료와 실제 주가의 지나온 흐름을 보고 어떻게 기업의 실적을 체크하고 분석하는지, 그리고 시장은 어떻게 반응하는지 학습하는 자료로만 활용하기 바랍니다. 언급되는 기업은 투자 권고가 아님을 분명히 밝힙니다.

[삼성전자]를 비롯해 반도체 장비 소재 관련주들은 실적이 예상치를 크게 상회하고 있습니다. 컨센서스 대비 얼마나 급등했느냐, 급증했느냐가 주식투자에서 중요한 지표가 됩니다. 1분기 실적에서도 핵

[그림 17] 2020년 2분기 기업실적 요약

기업	회계기준	매출액			영업이익			잠정실적 발표일
		20.2Q	전년비	컨센비	20.2Q	전년비	컨센비	
자이에스앤디	별도	903	24%	25%	83	65%	151%	7월 29일
심텍	연결	3,218	38%	7%	308	흑전	58%	7월 29일
한샘	연결	5,172	26%	12%	230	172%	32%	7월 8일
한솔테크닉스	연결	2,891	24%	2%	114	39%	22%	7월 29일
해성디에스	연결	1,190	27%	8%	147	150%	26%	7월 13일

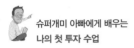

심 종목들이 실적 발표 후 급등해서 벌써 2배 이상 오른 종목들이 많습니다. 자동차 쪽도 잘 나오고 있지만 자동차 부품주까지 잘 나올지는 확실하지 않습니다. 건설업과 해운업도 잘 나오고 있습니다. 〈아이투자〉에서 제공한 실적 시즌에 나오는 업데이트를 기준으로 한 번 쭉 보겠습니다.

자이에스앤디

[자이에스앤디]는 전년 매출액 대비 24% 올랐고요, 영업이익은 65%입니다. 이런 것들은 호재입니다. 컨센서스 대비 151%가 나왔는데요. 이제 차트를 봅니다. 실적이 이틀 전에 나온 건데 역시 실적에 따라 급등하는 모습입니다. 그러면 어떻게 봐야 되냐면 "어, 이게 왜 실적이 급등했지?" 궁금증을 가져야 합니다. 뉴스를 한번 보겠습니다. 〈자이에스앤디, 어닝 서프라이즈 예상〉. 이미 4분기도 어닝서프라이즈 예상이라고 7월 30일에 KTB에서 발표가 나왔습니다.

[뉴스] 3분기 실적은 소폭 부진할 전망이나 4분기 실적 개선이 시작됩니다. 주택 부분의 경우 올해 신규 착공된 현장들의 매출이 인식되고 3분기부터 추가로 2개 현장의 수익인식이 이뤄지면서 1분기 영업이익은 흑자전환할 것으로 예상합니다. 다만 매출과 이익의 본격적인 회

복은 기착공 현장들의 진행률 확대 및 실행 원가율에 달려 있습니다.

[자이에스앤디]가 어떤 회산지 한번 볼까요? 종목정보에 들어가면 됩니다. 시가총액 1805억, 자본금 267억, PER 9배. 실적이 좋아졌으니까 더 싸진 거겠죠? 지금 보면 아주 좋은 재무재표를 보이고 있고요. 주요 사업은 중소 규모 자체 개발사업과 소규모 재건축 등. 아! 주택 개발 사업을 하는 회사군요. GS그룹 계열사네요. 정부정책에 따라 계속 실적이 호조될 것으로 예측됩니다. 이런 종목은 한번 직접 분석해 보시기 바랍니다.

심텍

[심텍]은 매출액 38% 증가로 흑자 전환했고, 컨센서스비는 58%가 증가했네요. 이 회사는 왜 이렇게 증가했을까요? [심텍]은 인적 분할로 설립된 신설회사로 2015년 8월 재상장했습니다. 분할적 회사인 [심텍홀딩스]의 인쇄회로기판 제조사업부문 일체를 운영합니다. 글로벌 빅4 메모리칩 메이커인 [삼성전자], [SK하이닉스] 등과 BIG5 패키징 전문기업 [ASE], [Amkor] 등을 고객사로 확보하고 있습니다. 경쟁력 있는 회사입니다.

회사 주가를 한번 볼까요? 실적 발표 후 과연 얼마나 상승했을까요? 점상●이라도 갔을까요? 와~ 상한가에다 계속 급반등하

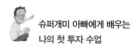

고 있네요! 14,000원대 있던 주가가 실적 발표 후 2만원까지 올랐으니 실적과 주가의 상관관계는 분명히 있습니다. 만약 심텍을 기업탐방이나 아니면 주담 통화를 통해 이렇게 실적이 잘 나올 것을 미리 알았다면 몇 년의 수익을 한 번에 낼 수 있었겠죠.

한샘

요즘 핫한 기업입니다. 언택트 문화에 지금 많은 사람들이 가구를 바꾸고 인테리어를 하기 때문에 실적이 좋아졌습니다. 매출액이 26%, 영업이익이 172% 급증했네요. 미리 반영되어 주가는 많이 올랐었는데 실제 분위기가 어떤지 보겠습니다. 실적이 좋아질 것은 다 예상했기 때문에 주가에 이미 반영되어 급등 후 떨어지는 것입니다. 그러니까 실적 발표 나기 전에 많은 사람들이 좋을 것을 알고 급등한다면 실적 발표 나는 날, 차익 실현하는 것도 나쁘지 않습니다. 미리 선반영하면서 주가가 계속 올랐기 때문입니다.

- **점상(點上)** 주식장이 개장하면서 캔들 없이 바로 점으로 표시되면서 상한가를 치는 것. 시초가가 전일 종가 대비 30% 되었을 때 점상한가라 한다. 반대로 30%로 출발하면 점하한가이다. 점상은 매수하면 다음날 상승할 확률이 보통 60% 정도 된다.

한솔테크닉스

[켐트로닉스]와 관련 있는 경쟁사죠. 어려움에도 매출액이 24% 증가했고요. 영업이익도 39% 늘었네요. 삼성의 계열사 같지 않은, 삼성의 친척 회사 정도 됩니다. 차트를 보면 실적 발표하고도 그렇게 떨어지지 않는 모습을 보여주는데요. 시가총액은 2,940억 정도입니다. 2분기 실적이 얼마나 나왔는지 찾아보겠습니다. PER 멀티플을 10으로 준다면 70억 정도 영업이익이 나오면 적정하다고 볼 수 있습니다. 왜냐하면 전자재료, 전자반도체, 전자부품 업체니까 당연히 그렇게 봐야겠죠?

뉴스를 보면 이달 들어 30% 올랐다고 합니다. 52주 최고가인 15,500원에 다가서고 있습니다. 시가총액 3,000억에 진입하기 직전입니다. 전 사업부분에서 안정적인 실적을 넘어설 것 같습니다. 2분기 매출이 2,891억. 잘 나왔네요. 영업이익은 114억, 예상 영업이익 70억보다 40억이 더 나왔어요. 그러면 아직도 쌉니다. 20~30%는 더 오를 수 있다고 생각합니다. 시장의 컨센서스는 93억이었지만 예상치보다 더 잘 나왔다는 거죠. 그러면 주가는 다시 오릅니다. 이렇게 저평가된 종목을 실적 시즌마다 사서 보유하는 것이 굉장히 중요합니다. 그런데 만약 [한솔테크닉스]의 실적을 미리 예측했다면 적어도 6천원 대 초반은 담을 수 있었겠죠? 맞습니다.

실적을 예측하고 추정하고 그리고 종목을 싸게 사서 실적이 나

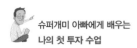

올 때까지 보유하고 있는 게 가치투자입니다. 만약 이 실적이 앞으로도 계속된다면, 앞으로도 더 싸 보인다면 계속 들고 가는 거죠. 실적이 꺾일 때거나 아니면 전방산업이 무너질 때까지 들고 가는 것, 이것이 가치투자입니다.

해성디에스

반도체 회사입니다. 147억. 1년 기준으로 600억 정도 됩니다. PER를 10배 준다면 시가총액 6천억이 되네요. 그런데 지금은 3천 5백억, 아주 쌉니다. 해성디에스가 어떤 회사인지 알려면 들어가서 보면 됩니다. 반도체형 패키지 회로기판(Pakcage Substrate)과 리드프레임(Lead Frame)을 생산 및 판매하는 전문 회사입니다. 전방산업이 좋으니까 실적이 잘 나왔군요. 차트가 올랐는지 한번 체크해야 됩니다. 역시 반영되어 올랐다 해도 아직 싸니까 꼭 관심 가져야 할 회사입니다.

이렇게 종목을 스크리닝하는 겁니다. 과정을 보여드리는 것이지 종목을 추천하는 것은 아닙니다. 꼭 본인이 하나하나 다 검토하고 판단해야 합니다.

남에게 충고하기 전에 자신이 먼저 잘하자

2020년 코로나19 사태로 우리나라만 증시가 현저히 급락하는 모습을 보면서 충격에 실소를 금치 못했습니다. 우리 증시는 코스닥이 먼저 급락하고 코스피가 따라 내려오는 모습을 보였습니다. 그러나 꼭 코로나19 때문에 증시가 하락했다고 보지는 않습니다. 하락폭을 키운 것뿐입니다. 우리나라 증시는 체력이 조금 약하다는 게 문제입니다. 기관들의 행태, 기관이 어른이 되어야 되는데 폭락장에서 코스피에서만 강력히 매수하고 코스닥은 강력 매도했습니다. 코스닥은 별 관심 없어 하는 모습을 보였습니다.

"코스닥은 개인들이 먹어라, 우리는 코스피로 먹는다."

심하게 이야기하자면 한심하다는 생각을 합니다. 코스닥이 살아야 우리나라가 살아납니다. 대부분의 기업이 중소기업에 몰려 있는데도 예전부터 코스닥을 외면하는 경우가 많습니다. 여러분과 실적도 체크해 봤지만 한국처럼 저평가된 기업이 많은 시장은 전 세계에서도 드뭅니다. 기업에 따라 멀티플 3, 심지어 멀티플 1까지 봤는데요. 우리나라는 특히나 기관의 펀드매니저들의 이동이 잦습니다. 새로운 곳으로 가면 기존 담당자의 종목들을 여지없이 다 바꿔버립니다. 왜냐면 바스켓을 자신의 종목으로 새로 담고 시작한다는 마음이 있는 거죠. 그렇게 되면 기존의 좋은 종목들도 어쩔 수 없이 매도되었다 다시 담아야 되는 상황이 오기 때문에 리밸런싱을 하면서 많은 종목이 출렁

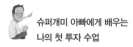

거럽니다.

투자 철학이 없는 모습들을 보여주고 있습니다. 조금 잘한다는 펀드매니저는 바로바로 스카우트해서 다른 곳으로 가버리기 때문에 지금 현장에는 기관들이 어떤 철학을 가지고 있거나 아니면 증시에 버팀목이 될 어른이 없다고 보여집니다. 아쉬운 모습이지요.

그것은 그렇고 많은 사람들이 제 게시판에 질문합니다.

"돈도 많은데 왜 그렇게 힘들게 사느냐? 재밌게 살지, 나 같으면 여행이나 다니겠다."

맞는 말입니다. 여행을 좋아하면 여행 다니면 됩니다. 하지만 저는 이렇게 살겠습니다. 저에게는 이게 즐거운 일입니다. 너무 즐겁고 행복한데 '여행이나 다니라'면 말이 되겠습니까? 저는 오늘도 열심히 달립니다.

여하튼, 위에 들려드린 것처럼 저런 방식으로 앞으로 실적 시즌이 오면 남들보다 발빠르게 어떤 종목이 실적이 잘 나왔는지 꼭 체크해 보세요. 그 종목들을 미리 체크할 수 있다면 아주 부지런한 투자자가 될 수 있고 성공한 투자자가 될 수 있습니다. 누구보다 치열하게 공부하면서 성공의 길로 가기 바랍니다.

○● 실적 시즌마다 저평가된 기업을 발굴하여 보유하는 것은 주식투자의 중요 전략 중 하나이다. 저평가된 기업의 실적이 앞으로도 지속될 것이라 보인다면 실적이 꺾이거나 전방산업이 무너질 때까지 계속 보유하라. 기관이나 전문가 리포트의 컨센서스를 참조하면서 미래 실적을 예측하고 보정해가는 것이 진정한 투자이다.

[Q & A] 묻고 답해 보세요! •

Q 실적을 직접 확인해 보고 싶은 기업이 있니?

Q 그 회사의 실적이 좋아지고 있을까, 나빠지고 있을까?
(부모가 좋아지는 기업과 나빠지는 기업을 미리 선별해서 함께 확인해 보면 좋습니다)

Q 너의 예상과 같네(혹은 다르네). 어떤 생각이 드니?

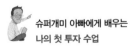

38 | 뉴스는 무엇을 중요하게 체크해야 하나요?

정치나 경제, 사회에 관한 뉴스가 주식에 영향을 끼치나요? TV나 신문에 기업에 대한 뉴스가 나왔다는 것은 모든 사람이 알게 된다는 뜻인데, 그럼에도 뉴스를 중요시 여겨야 하나요?

· · ·

"좋았어. 다음에 주식시장이 하락하면 부정적인 뉴스 따위는 가볍게 무시하고, 값싼 주식을 쓸어 담을 거야." 이렇게 다짐하기는 쉽다. 하지만 새로 닥친 위기는 항상 이전 위기보다 더 심각해 보인다. 따라서 악재를 무시하는 것은 언제나 어렵다.

피터 린치

뉴스와 공시를 체크하라

재무제표로는 알 수 없는 기업 활동이나 호재, 악재는 뉴스나 공시, 리포트를 통해 확인할 수 있습니다. 따라서 관심 있거나 투자하고 있는 기업이 있다면 항상 귀를 세우고 관련 정보를 체크해야 합니다. 생각보다 투자 아이디어나 정보를 많이 얻을 수 있고 중요한 판단을 내리는 데 도움을 받을 수 있습니다.

　뉴스를 볼 때 중요한 것은 팩트 체크입니다. 예를 들어, 추석 연휴를 앞두고 보통 주식시장이 하락했다고 뉴스가 나오지만 실제 통계적으로 6번 중 5번 상승했습니다. 투자자들이 의외로 팩트 체크를 하지 않고 뉴스를 그냥 받아들이는 습관이 있습니다. 한번은 '3억 대주주 양도차익과세 때문에 하락세'라는 뉴스가 나왔는데 이것도 사실이 아닙니다. 또 미국 대선으로 시장 변동성이 커질 것이며 큰 조정이 나올 것이라는 등의 무수한 예측 뉴스들도 쏟아졌습니다. 어땠나요? 미국과 우리나라 시장 모두 신고가를 경신했습니다. 예측은 맞출 수도 없고 맞지도 않습니다.

　그런데 많은 사람들이 예측 뉴스에 휘둘려 팩트가 아님에도 사실처럼 인정하고 행동합니다. 고급투자자가 되려면 이성적으로 팩트를 제대로 체크하고 투자해야 합니다. 시장 관련 뉴스는 빠르게 체크하되 반드시 스스로 확인해야 합니다. 최근 양도차익과세 대주주 요건 강화 문제로 시끄러웠습니다. 그런데 양도차익과세가 3억으로 떨어지면 뉴스에서 예상하는 것처럼 과연 10조까지 매도가 나올까요? 해당하는 사람들이 한정되어 있기에 생각보다 많지 않습니다. 언론을 그대로 믿지 말고 사실 여부를 파악하고 행동해야 합니다. 예전에 20억에서 15억, 다시 10억으로 조정될 때도 시장 반응은 언론과 달랐습니다.

　언론에는 공시라는 단어가 자주 나오고, 불성실 공시에 따른 제재

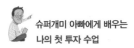

도 가끔 뉴스에 나옵니다. 공시*(公示, Disclosure)는 기업의 사업 내용 이나 재무상황, 영업실적 등 전반적인 경영 내용을 주주, 채권자, 투 자자 등에게 알리는 행위입니다. 주식시장에서 가격과 거래에 영향 을 주는 중요 사항에 관한 정보를 알려 공정한 가격 형성을 목적으로 합니다. 주주와 채권자의 권익을 위한 것으로 정관, 주주명부, 의사록, 재무제표, 영업보고서, 감사보고서 등을 비치 · 공시해야 합니다.

증권거래에서는 경영과 관련하여 주가에 영향을 미칠 수 있는 주 요 내용을 관련법에 따라 신속 · 정확하게 투자자에게 공개해 투자자 보호와 공정한 주가 결정을 유도합니다. 회사의 사업 내용, 재무사항 및 영업실적 등이 포함되며 특히 경영진 교체나 자본 변동, 신기술 개 발, 신사업 진출 등 경영과 관련한 정보는 반드시 공시해야 합니다.

> **기업공시** 기업공시는 '발행시장 공시'와 '유통시장 공시'로 나눈다. '발행시장 공 시'는 유가증권을 발행하기 위해 투자자를 대상으로 하는 1회성 공시이다. '유통 시장 공시'는 연속적이고 지속적인 투자가 이뤄지고 있는 유통시장에 참여하는 투자자를 대상으로 한다. 즉 현재의 주주와 채권자, 미래의 투자자에게 투자 판 단에 필요한 과거 · 현재 · 미래의 투자정보를 공시한다.
> 상장 · 등록법인이 공시의무를 성실히 이행하지 않으면 제재를 받는다. '불성실 공시'에는 신고기한까지 이행하지 않는 공시불이행, 이미 공시한 내용을 전면 취 소하거나 부인하는 공시번복, 기존 공시내용을 일정비율 이상 변경하는 공시변 동 등이 있다. 불성실 공시를 하면 매매거래 정지, 관리종목 지정 및 상장폐지 등 의 제재를 받는다.

경제 뉴스에서 무엇을 얻을까

주식시장은 기본적으로 정보비대칭 시장입니다. 정보는 듣되 판단할 수 있어야 합니다. 그러려면 공부해야 합니다. 한 종목의 재무제표를 다 보는 데는 30분 정도 걸리지만 산업을 보는 데는 1~2년씩 걸리기도 합니다. 매일매일 산업 분석 리포트나 관심 기업의 리포트를 찾아 읽어야 합니다. 종목에 대한 지식을 쌓는 것이 투자 성과와 직결되기 때문입니다. 산업에 대한 배경 지식이 쌓이고 종목을 하나하나 분석하다 보면 세상 돌아가는 큰 흐름이 보이고 시대가 어디를 향해 가고 있는지 보이며 그 안에서 시장은 어디쯤 위치하고 있는지 보이기 시작합니다.

정확한 배경 지식과 분석이 이루어지면 어느 기업이 산업 수혜를 받게 될지 알아볼 수 있는 혜안을 갖게 되며 이는 흔들리지 않는 투자의 밑바탕이 됩니다. 동시에 절대 실패하지 않는, 나아가 큰 성공을 안겨주는 투자의 비기입니다. 산업이나 기술, 기업에 대한 공부는 처음에는 힘들고 굉장히 오랜 시간이 걸리지만 공부하고 또 하다 보면 습득 시간이 점점 줄어들어 나중에는 순식간에 파악할 수 있는 능력을 갖추게 됩니다.

미래 산업은 평소 뉴스를 잘 챙겨보고 미래에 어떤 산업이 뜰 것인지 상상해보세요. 예를 들어, 사물인터넷에 대한 뉴스가 많이 나오는데 사물인터넷 시대가 오면 과연 어떤 세상이 될 것인가? 지금도 이

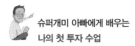

미 핸드폰 하나로 간편결제가 되고 밖에서 집 안의 조명과 에어컨을 작동시키고 있는데 이런 세상에서 또 무엇이 중요해질까? 보안이 중요하지 않을까? 그런 결론이 내려지면 관련 산업이나 뉴스를 찾아보세요. 내 예상이 정말 맞을 것인지!

그렇게 자료를 찾아보고 산업을 공부하면서 관련 기업은 어디에 있는지 탐색한 후 밸류에이션도 적용하면서 나만의 리스트를 만들어가세요. 항상 호기심 어린 눈으로 세상을 관찰하며 상상하고 예측하고 자신만의 리스트를 만들어 계속 추적하고 맞춰보는 것이 투자자의 자세입니다. 내 예측이 적중했을 때는 그야말로 투자자만이 맛볼 수 있는 희열을 느낍니다. 애정을 가지고 기업의 성장을 지켜보고 응원한다는 것은, 그리고 그 성장의 결실을 나도 함께 맛본다는 것은 참으로 보람된 일이자 즐거운 일입니다.

어떻게 산업을 봐야 할까요? 어떤 산업이 전망이 좋을까요? 평소 신문이나 뉴스를 많이 봐야 합니다. 유망 섹터들, 환경 관련주들, 정치 테마를 타고 편승할 종목들이 많이 나옵니다. 그때 주가는 이상 급등을 하기도 합니다. 이것을 따라 들어가면 실패입니다. 그 전에 종목들을 뽑아 어떤 기업이 현재 저평가인지 분석하고 매입할 종목의 가격과 비중을 결정하는 게 고수의 비법입니다. 대부분의 투자자들은 이 속도를 따라가지 못합니다. 초보 투자자가 공부와 실전투자를 병행할 수 있는 좋은 방법이 있습니다. 바로 자신만의 리포트를 작성해보는 것입니다. 한 가지 예를 들어보겠습니다.

[켐트로닉스]

스마트폰 섹터의 무선 충전 테마 종목입니다. 먼저 기업 관련 리포트를 여러 개 찾아 읽으세요. 모르는 단어는 따로 정리합니다. 기업이 가진 기술과 기술적 해자를 파악하고, 영업이익 예상치를 보고 밸류에이션을 해보세요. 이때 재무제표도 함께 봐야 합니다. 전방산업을 예측해보고, 전방산업이 좋아지는 이상 회사는 좋아질 수밖에 없습니다. 회계학적 지식은 차근차근 쌓아나가면 됩니다.

좋은 종목을 봤다면 리포트를 카피해서 자신만의 리포트를 작성해보세요. 리포트를 쓰다보면 모르는 것들이 하나씩 나오고 자연스레 공부하면서 작성하게 됩니다. 이제 완성한 리포트를 기반으로 종목 매수에 들어갑니다. 분석 리포트는 여러 커뮤니티나 사이트에 올려보고 평가를 받습니다. 공개하는 것을 아까워하거나 두려워하지 마세요. 사람들에게 좋은 평가를 받는다면 그만큼 자신의 투자 아이디어가 시장에서 통한다는 이야기이니 기쁜 소식입니다. 반대로 지적을 받는다면 몰랐던 부분을 알 수 있는 귀중한 시간입니다.

자신의 리포트를 검증 받고 타인의 평가를 받으면서 부족한 부분을 개선해 나갑니다. 리포트를 쓰고 자신의 예측이 맞았다면 계획대로 마지막까지 그 종목을 트래킹하면서 목표가 매도로 완성합니다. 이렇게 수익을 실현했다면 성공을 맛본 것입니다. 이러한 경험을 세 번 정도 해낸다면 더 이상 주린이가 아닙니다. 주린이를 벗어나 어엿한 주식투자자로 성장한 것입니다. 이후로는 자산의 전략적 배분이

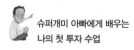

나 종목의 매수/매도 타이밍, 포트폴리오 구성을 자신의 방법으로 만들어나가면 됩니다. 사람마다 투자 성향, 현금흐름, 자산 규모 등이 다 다르기 때문에 자신에게 맞는 포트폴리오를 스스로 짜야 합니다. 만약 [켐트로닉스]가 자율주행을 하고 있다면 자율주행에 관한 리포트를 다 봐야 하고 UTG를 하고 있다면 UTG에 대한 리포트를 모두 봐야 합니다.

한 종목에 투자를 들어갈 때 그 기업과 관련된 전방산업이나 기술들이 너무 많기 때문에 이해하는데 시간이 걸리는 것은 당연합니다. 누군가 분석해놓은 글을 읽고 투자하는 것은 쉽습니다. 그러나 그렇게 되면 종목에 대한 스스로의 확신이 없기 때문에 흔들리기도 쉽습니다. 투자한 종목에 확신을 갖는다는 것, 종목에 대한 미래를 예측하는 것은 투자자 본인의 몫입니다. 투자에 대한 자신감은 거기서 갈립니다.

1~2 종목을 깊게 파보세요. 초보일 때는 판단이 잘 안 서니 여러 종목을 경험하겠지만 점점 줄여 나가야 합니다. 초반부터 오버페이스하면 안 됩니다. 초보투자자는 의욕적이고 마음은 조급하기 때문에 무리하다 지치는 경우가 많습니다. 능력은 사라지는 게 아니라 쌓이는 것입니다. 주식투자도 처음에는 더딘 것 같아도 정석대로 차근히 밟아나가면 실력은 쌓여가고 속도는 빨라집니다. 항상 남의 것이 좋아 보이게 마련입니다. 인기 있는 사람이 매력 있어 보이듯이!

투자 종목을 고를 때는 100% 이상의 수익률을 목표로 삼으세요.

달성하지 못할 것 같다고요? 가능한 종목들이 시장에는 아직도 많습니다. 아직 발견하지 못했을 뿐입니다. 미래를 보며 열심히 사는 기업들도 많습니다. 사람들이 아직 보지 못한 좋은 기업을 경쟁력이 적을 때 담아두어야 합니다. 비쌀 때 쫓아가는 행위는 절대 하지 마세요.

정보의 크기를 빠르게 판단하라

주식투자를 할 때 중요한 것은 자신의 보유 종목과 관련된 좋은 이슈나 뉴스가 나올 때 어떻게 해야 할지 빠르게 결정하는 것입니다. 정보의 크기를 빠르게 판단해서 결정해야 합니다. 정보의 사이즈가 얼마인지, 이 정보의 파급효과가 얼마가 될 것인가, 이것이 실적에 얼마나 영향을 미칠 것인가 등을 두고 매도해야 하는지 아니면 추가 매수를해야 하는지 빠르게 장중에 판단해야 하는 겁니다.

해당 이슈가 단발성인가, 시장에서 더 끌고 갈 만한 이슈인가에 따라서도 주가 흐름은 달라질 것입니다. 이런 판단이 투자에서 어려운부분입니다. 특히 공부가 안 되어 있는 상태에서 어떤 정보가 갑자기나왔을 때는 정보의 크기를 빠르게 판단하고 행동에 나선다는 게 더더욱 쉽지 않습니다. 그래서 많은 투자자들이 잘못된 매매를 하게 되는 겁니다. 좋은 소식에 매도를 빨리 하기도 하고 매수를 늦게 하기도하죠. 반대로 좋지 않은 뉴스임에도 판단을 하지 못해 매도를 하지 못

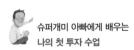

하고 하락을 다 맞는 경우도 있습니다. 바른 판단을 하려면 평소에 기업에 대한 충분한 공부가 되어 있어야 합니다. 미래에 대한 실적 개선을 충분히 예상하고 있다면 다소 높은 위치에서도 자신 있게 매수에 들어갈 수 있는 겁니다. 자신의 공부의 크기, 깊이와 넓이에 따라 투자자의 행동은 전혀 달라지기 때문에 투자에 대한 결과 또한 달라지는 것입니다.

효율적으로 다음 종목 고르는 방법

요즘에는 HTS로 필터 설정하면 자신이 원하는 기준에 맞춰 종목 검색이 용이합니다. 자신이 원하는 기준에 맞춰 리스트를 뽑은 다음 섹터별로 나눠 살펴봅니다. 기업의 재무재표를 열어서 재무가 좋은 기업만 다시 추립니다. 그중 기술적 해자가 있는 기업을 체크하고, CB나 BW 발행 기업은 제외합니다. 시총은 최소 얼마 이상 얼마 이하로 범위를 정해서 또 제외시킵니다. 이런 식으로 하나하나 줄여나갑니다.

　인터넷을 통한 정보도 많고 〈머니투데이〉를 비롯한 경제방송에도 기업 정보가 많이 나옵니다. 보면 전문가들도 다 비슷한 종목을 이야기하는데 그들이 이상한 종목을 추천하지는 않습니다. 따라서 언급된 기업들은 유심히 살펴보고 관찰할 필요가 있습니다. 시장의 주 테마, 가령 '5G'라 하면 관련 주를 검색하면 많은 종목이 나옵니다. 시장의 인기 종목도 알 수 있습니다. 그중에서 조사를 통해 추려나가도 됩니다. 즉 인터넷과 전문가 리포트, 증권 경제방송을 활용하되 투자 대상 기업을 추리고 확인하는 과정은 반드시 본인이 해야 합니다. 세부 확인은 꼭 본인이! 투자는 디테일에 있습니다.

아빠의 포인트 레슨

○● 주식시장은 기본적으로 정보비대칭 시장이다. 정보는 듣되 판단할 수 있어야 하며 공부를 많이 해야 한다. 매일 산업 분석 리포트나 관심 기업의 리포트를 찾아 읽고 종목에 대한 지식을 쌓는 것이 투자 성과와 직결된다.

[Q & A] 묻고 답해 보세요!

Q 경제뉴스를 주로 다루는 신문이나 TV는 어떤 곳이 있을까?

Q 네가 좋아하는 기업과 관련해 어떤 뉴스가 있는지 찾아볼까?

Q 오늘 어떤 기업을 샀다고 가정하고 가끔 주가가 어떻게 변했는지 확인해 볼까?

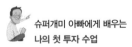

마이뉴스피커(My News Picker)

제가 운영하고 있는 또다른 앱을 소개합니다. 정보의 홍수 속에서 주식투자에 중요한 전자공시와 뉴스, 시황을 누구보다 빠르게 받아볼 수 있습니다. 나의 투자 종목, 관심 키워드 등록 시 관련된 모든 정보를 실시간으로 알림 전송합니다.

- AI 나만의 인공지능 뉴스알리미
- 주식투자에 최적화된 인공지능 뉴스알림 어플
- 무료제공
- 2020년 9월 오픈

마이뉴스피커 보러가기
▼

39 | 정부 정책을 연구해야 한다고요?

정부가 중점적으로 추진하는 정책이나 과제가 있다면 그것이 주식에 영향을 미치나요? 좋은 영향을 미친다면, 그 정책과 관련없는 회사 주식은 떨어지나요?

● ○ ●

사회는 그 구성원의 이익을 위하여 존재하는 것이지 그 구성원들이 사회의 이익을 위하여 존재하는 것이 아니다. **허버트 스펜서**

주식 격언 중에 "정부 정책에 반하지 마라"는 말이 있습니다. 정부의 강력한 정책 추진은 산업의 방향성을 읽을 수 있고 관련 기업의 실적으로 바로 연결되기 때문에 투자자라면 반드시 눈여겨봐야 합니다. 특히 우선순위가 무엇인지 빠르게 파악하고 수혜 기업을 선점해야 합니다. 증권 관련 뉴스에 종종 '정부정책 수혜주'라는 기사가 나는 것은 정부 정책이 주가에 영향을 끼친다는 방증입니다.

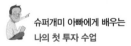

그렇다면 정부 정책이 주가에 어떤 영향을 끼쳤는지 〈이데일리〉에 실린 권소현 기자의 글(2013년 1월)을 통해 살펴보겠습니다.

관치금융 시대였던 5공화국에서는 8년 동안 금융업종 수익률이 가장 높았다. 부동산 폭등에 시달렸던 노무현정부 5년 동안은 건설업종이 가장 큰 폭으로 상승했다. 정책적으로 소비진작에 나섰던 김대중정부 때는 유통업이 가장 많이 올랐다. 정부마다 정책과 경제상황에 따라 업종별 희비가 엇갈렸으나 전기전자 업종은 꾸준히 수익률 상위권을 지켰다. 한국거래소가 1980년부터 2000년대 초반까지 6개 정부의 업종별 상승률을 집계한 결과 전기전자업종이 가장 많이 상승했다. 코스피가 산출되기 시작한 1983년 이후 30년 동안 전기전자업종은 85배가량 올랐다.

증권사의 한 분석가는 "각 정부의 경제정책도 영향이 있으며, 경제 패러다임이나 글로벌 트렌드에 부합하는 업종의 장기 수익률이 높았다"며 "특히 외국인에게 증시를 완전히 개방한 김영삼 정부 이후로는 IT붐, 부동산 호황, 모바일 혁명 등의 글로벌 흐름이 업종의 수익률을 좌우했다"고 분석했다.

위 글은 오래된 기사이지만 팩트는 정확합니다. 경제는 정치와 밀접한 관련이 있습니다. 정부에서 정책이 결정되면 국가적으로 많은 지원이 뒤따르기 때문에 관련 업종과 기업이 성장하는 것은 당연한 이치입니다. 이명박정부에서는 건설업과 기계업종이 상승했고, 박근혜정부에서는 IT주와 소프트웨어가 호황을 보였습니다. 그러므로 새 정부가 들어서기 전에 대통령 후보의 공약이나 정권인수위원회에서 발표한 정책을 분석해 관련 업종, 기업을 미리 주시해야 합니다. 꼭 그 주식을 사지는 않더라도 역행만 하지 않는다면 실패하지 않을 것입니다.

특히 문재인정부의 경우 뉴딜정책을 펀드로 조성해 BBIG K-뉴딜 지수(바이오, 2차전지, 인터넷-언택트, 게임)를 상품화 하였습니다. 선정된 기업들로 투자 자금이 유입되며 큰 상승을 이끌었고 해당 섹터 종목들도 동반 상승을 보였습니다. 금융권에서도 관련한 다양한 추종 상품들이 출시되었습니다. 이어 한국판 뉴딜펀드 계획도 발표되었습니다.

뉴딜펀드에는 정부에서 출자하는 것, 연기금에서 출자하는 것, 민간 금융회사에서 출자하는 총 3가지 종류가 있습니다. 우선 2021년 3월, 4조 원 조성을 목표로 정책형 뉴딜펀드가 준비되고 있습니다. 공공기관이 참여하는 지역의 중소·벤처기업에 투자하기 위한 '지역 뉴딜 벤처펀드'도 조성한다고 합니다. 이렇게 되면 당연히 해당 산업과 관련 기업은 성장할 수밖에 없습니다. 투자금이 증시로 유입되니 주가 또한 상승이 기대됩니다. 투자에 있어 정부 정책을 반드시 봐야 하는 이유입니다.

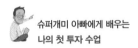

확정된 미래 수익을 포기하지 말라

정책주라 해도 무작정 그 종목을 사는 것이 아니라 면밀한 분석이 선행되어야 합니다. 종목 선정에서 투자자들이 가끔 간과하는 것이 있습니다. 주식투자에는 확정된 미래수익이 보장된 종목이 있습니다. 찾아내는 것이 쉽지 않으나 있습니다. 그 외 어떤 투자에서도 집행 시 미래수익이 확정된 금융상품이나 부동산, 벤처투자는 없습니다. 확정된 미래수익이 있다면 우리는 시간이 걸린다 할지라도 그 수익을 챙겨야 합니다. 우리는 투자에서 항상 불안함을 갖고 있습니다. 아무리 전방산업이 성장하고 주도 기업에 납품이 기대되는 종목이라도 갑자기 상황이 변하여 납품이 취소되기도 하며 기술력이 못 받쳐 최종 선택에서 탈락하는 경우도 생깁니다.

반도체 EUV(Extreme Ultraviolet 극자외선)는 최근 가장 핫한 섹터이지만 그 누구도 어떤 기업의 기술이 최종 낙점이 될 것이라고 확신할 수 없습니다. 투자자들은 [에스앤에스텍](Snstech), [에프에스티](FST) 등 관련 기업들의 기술 변화를 추적하고 그 장비들이 EUV의 핵심으로 두각을 나타낼 것을 기대하며 주식을 삽니다. 그렇다고 그 기업들이 100% 채택된다고 확신할 수 없기에 영혼을 모아모아 종목을 가득 담을 수는 없습니다. 한편으로는 미래 기대감에 주가도 이미 크게 상승하여 안전마진을 기대할 수도 없기 때문입니다. [씨젠]도 마찬가지입니다. 이번 코로나19에 진단키트로 1조 이상의 매출에 7천억 이상의 영업이익을 기대하지만 [씨젠]의 미래는 누구도 알 수 없는 코로나19에 달려 있습니다.

그러나 가끔은 미래수익이 확정된 기업도 나옵니다. 대부분 안전마진이 있으면서 미래 사업이 확정된 케이스에서 나오게 됩니다.

일반적으로 수주잔고에서 나온다

이미 수주가 쌓여 몇 년간의 매출과 수익이 확정된 경우입니다. 가령 [다원시스]는 미래 5년간의 매출액과 영업이익을 확보해 놓았습니다. 이렇게 되면 매분기 매출과 영업이익은 늘어납니다. 물론 주가는 미리 반영하게 됩니다. 과거 조선업 섹터가 급등할 때 그런 현상이 있었습니다. 특정 기업에 대한 투자 의견은 아닙니다.

사업개발의 확정에서 나온다

이미 결정된 사업개발의 경우입니다. [아이에스동서]가 과거에 보여주었으며 [서부T&D]가 다시 보여주고 있습니다. 신정동 개발의 정부정책 확정으로 해당 기업의 미래 수익은 이미 가늠할 수 있습니다. 신정동 개발만으로 현 시총의 4배 정도의 확정된 수익이 결정됩니다. 기간을 확답할 수는 없지만 머지않은 미래에 그 수익은 확정됩니다. 주가는 미리 반영하겠지요.

이렇게 확정된 미래에 투자하는 것은 정확한 시점이 언제일지 모르고 장기적 관점이라 지루해 보일 수도 있지만 투자수익을 내기엔

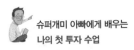

가장 안정적인 큰 수익으로 다가옵니다. 그러나 대부분의 투자자들은 확정된 미래수익이 있는 회사를 흘려버립니다. 나중에 주가가 치솟고 나서야 '아! 그때 투자했었어야 했는데~' 하며 장탄식을 합니다. 확정된 미래수익은 놓칠 수 없습니다. 그건 너무나도 안전하고 큰 기대수익으로 다가올 것이기 때문입니다. 이 종목들의 차트를 보세요.

아무리 미래를 땡겨온다 해도 현재로서는 초급등 상태라 안전마진이 없습니다. 설사 기술이 채택된다 할지라도 경쟁자 출현으로 매출 규모를 파악하는 것이 이제는 만만치 않아졌습니다. 핫한 섹터의 종목을 보고 달리는 말에 올라탈 수도 있지만 달리는 말에서 떨어질 수도 있다는 사실을 주식투자에서 꼭 명심해야 합니다. 조금 더디게 가

[그림 18] 에스앤에스텍 일봉차트

[그림 19] 에프에스티 일봉차트

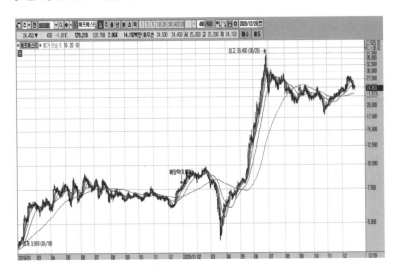

[그림 20] 씨젠 일봉차트

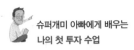

더라도 안전하고 정확하게만 간다면 목표 지점은 얼마 차이가 나지 않는다는 점을 명심해야 합니다. 확정된 미래수익이 있는 종목은 가득 담을 수 있는 장점이 있다는 것도 간과하지 말아야 합니다.

 아빠의 포인트 레슨

○● 경제는 정치와 밀접한 관련이 있다. 정부에서 정책이 결정되면 국가적으로 많은 지원이 있기 때문에 관련 업종과 기업이 성장한다. 새 정부가 들어서기 전에 대통령 후보의 공약이나 정권인수위원회에서 발표한 정책을 분석하면 실패가 줄어든다.

[Q & A] 묻고 답해 보세요!

Q 정부의 정책이 미래를 변화시키는 이유는 무엇일까?

Q 그 정책을 따라서 투자를 해야 할까? 아니면 자기 뜻대로 계속하는 것이 좋을까?

40 │ 스펙트럼이 넓은 투자는 무엇인가요?

 주식투자를 할 때 범위를 넓게 보아야 하나요? 스펙트럼이 넓다는 것은 무슨 의미예요?

· ○ ·

진실로 마음을 만족시키는 행복은 우리의 온갖 능력을 힘껏 행사하는 데 있다. 또 우리가 살고 있는 세계가 완성되는 데서 생기는 것이다. 그러나 진정한 행복을 바라거든 만사에 허욕을 부리지 말 것이다.

버트란드 러셀

우리는 ESG가 중요한 시대에 들어섰다

2020년은 코로나19로 대한민국 전체가 거리두기를 시행하면서 자영업하시는 분들을 포함해 모두가 힘든 상황을 겪었습니다. 전 세계인이 고생을 했습니다. 그러면서 세상은 한편으로 많은 변화를 겪었습니다. 이제 투자에서 스펙트럼에 대해 살펴보겠습니다. 스펙트럼이

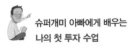

넓은 투자에 대해 이야기하려 합니다.

지난 2017년, 박근혜정부 시기에 제가 보유하지 못했던 쪽의 패시브 투자*가 진행되면서 시장에서 일부 대형주만 움직이고 소형주는 정체되는 상태가 지속되었습니다. 그전까지 제가 투자하던 방식은 Bottom-up, 그러니까 좋은 기업을 찾아 오래 보유하고 있으면 된다는 생각으로 투자를 했습니다. 그런데 잘 맞지 않았습니다. 그래서 Top-Down 방식으로 바꾸었습니다. 그러다보니 굉장히 넓은 스펙트럼을 보게 되었습니다.

그때 제가 보던 섹터들뿐 아니라 식음료부터 조선기자재, 반도체 장비, 엔터테인먼트, 바이오까지 시야를 확장했습니다. 나아가 시장에서 잘 알지 못하는 핀테크, 5G, AI와 같은 신기술까지 다 섭렵해서 보았기에 매우 바빠졌습니다. Bottom-up 방식으로 투자에 임할 때는 관심 기업에만 집중하면 됐었는데 이제는 전체 산업을 봐야 하고 또 섹터를 다 살펴봐야 하기 때문입니다.

스펙트럼이란 빛에 의한 넓은 굴절과 반사각에 따라 색깔이 바뀌는 현상을 말합니다. 저는 스펙트럼을 섹터라 생각합니다. 그 다음에

- **패시브 투자(Passive Investment)** 코스피 200 등 주요 지수의 등락에 따라 기계적으로 편입된 종목을 사고파는 투자 방식. 시장 평균 수익률을 올리는 것을 목표로 한다. 액티브 투자에 비해 비용이 덜 든다. 상장지수펀드(ETF), 인덱스펀드 등이 대표적이다.

반사각에 따라 색깔이 달라 보이는 것을 여러 가지 수급이나 산업의 변화들로 응용합니다. 유튜브를 통해 거의 모든 섹터들에 대해 설명을 했습니다. 그리고 중요 섹터들은 아직도 잘 가고 있습니다. 그전부터 이제 언택트에서 다시 택트로 갈 것이므로 그에 대한 준비를 해야 하고, 성장주에서 전통적 가치주로 간다고 강조했습니다. 실제로 시장은 그렇게 흘러갔습니다.

앞으로는 ESG가 중요한 시대입니다. E는 Environmental(환경), S는 Social(사회), G는 Governance(지배구조)를 뜻합니다. 기업의 지배구조부터 시작해 앞으로 경영환경은 계속 바뀝니다. 주주에게 우호적 정책을 쓰는 기업인지, 사회나 기업의 지배구조에 좋은 영향을 미치는지가 중요합니다. 이처럼 시장의 패러다임은 크게 변하고 그에 맞게 투자자도 변해야 합니다.

과거에 했던 Bottom-up 투자에서 Top-Down 방식으로 바꾸어 투자하는 변화가 있어야 합니다. 시장은 이미 저만큼 앞을 향해 갑니다. 6개월 뒤, 1년 후를 보고 가고 있습니다. 개인투자자인 우리도 앞서 보기 위해서는 스펙트럼이 넓은 투자를 해야 합니다. 포트폴리오를 구성하더라도 특정 섹터에 너무 집중하면 시장에서 소외될 수 있기 때문에 빛의 굴절을 보듯 넓고 다양하게 전략적으로 구성해야 합니다.

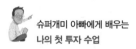

똑똑해진 투자자들은 착한 기업에 가치를 둔다

최근 투자에서 화두가 되고 있는 ESG투자에 대해 알아보겠습니다. ESG는 기업 경영에 있어 세 가지 항목에 높은 평가를 받는 기업에 투자하는 형태를 말합니다. 갈수록 기업의 사회적 책임이 중요한 경영 평가항목으로 자리 잡고 있습니다. 이익을 위해 환경을 훼손하지는 않는지, 오히려 기후변화와 환경 보존에 앞장서고 탄소 배출을 획기적으로 줄이는 기업에 투자자들은 기꺼이 투자하려 합니다.

물론 기업의 본질은 이익 창출이지만 버는 만큼 우리 지역과 사회에 얼마나 공헌하는지도 중요해졌습니다. 여러 이해관계자들을 고려한 경영을 하는지, 고용에 있어 차별을 하지는 않는지, 제품의 안전도는 뛰어난지 등을 봅니다. 또 기업의 지배구조가 얼마나 투명하고 민주적인지도 평가합니다. 경영진의 도덕성과 조직의 부패 정도가 어떤지 꼼꼼히 따져봅니다. 이제는 정말 투자에서도 오래도록 함께 동행할 수 있고 성장을 지지할 만한 기업인지 신중하게 보기 시작한 겁니다.

시장에서 소비자들의 착한 소비 성향이 강화되고 그것이 브랜드 가치 제고와 수익으로 직결되면서 투자에 있어서도 기업의 착한 경영이 중요한 평가지표로 올라온 겁니다. 아무리 기업의 실적이 좋아도 비윤리적 기업이라면 시장의 냉정한 평가와 함께 투자자들의 외면을 받게 됩니다. 지구온난화와 각종 자연재난, 온갖 바이러스의 위협으로 환경문제에 대한 거대 담론과 함께 공동의 움직임이 본격적으로 이뤄지면서 여기에 적극적으로 앞장서거나 동참하는 기업들에 투자하는 흐름도 강화되었습니다.

이제는 기업들도 소비자에게 적극적으로 대응하고 어필하는 시대가 되었습니다. 사회적 책임을 다하는 기업의 제품과 서비스를 선호하는 분위기는 자연스레 기업의 실적 향상으로 연결되고 장기적인 투자수익률에도 좋은 영향을 끼치는 선순환구조가 만들어진 것입니다. 전 세계 ESG*투자 규모는 급속도로 증가하고 있으며 계속해서 강화되어갈 것입니다. 똑똑한 투자자라면 기업의 ESG경영에 대해서 반드시 체크해봐야 합니다.

미래의 유망한 기술을 파악하라

시장이 앞으로 어떻게 흘러갈 것이고 어떤 산업으로 몰릴 것인지는 글을 많이 보면 알 수 있습니다. 뉴스나 전문가 리포트, 혹은 사회 분

- **ESG 등급** 사단법인 KCGS(한국기업지배구조원 www.cgs.kr)에서 기업의 ESG등급을 평가, 제공한다. ESG등급은 S, A+, A, B, B+, C, D의 7등급으로 구분되며 수시로 조정되며 결과는 바로 공지된다.

한국기업지배구조원 사이트

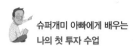

위기를 예민하게 관찰하면 예측되기도 하고 실제로 잘 맞아 떨어지기도 합니다. 그렇기 때문에 가치투자자는 여유롭게 주식을 들고 마냥 오르기를 기다리는 투자자가 아닙니다. 예전보다 매우 바쁜 투자자가 될 수밖에 없습니다.

전체를 다 살피는 것이 어렵다면 섹터를 보는 투자를 할 수 있습니다. 다만 미래의 유망한 기술 분야로 좁히되 관련 기업은 넓고 깊게 살펴야 합니다. AI, 드론, UAM, 핀테크, AR/VR, 홀로그램, 5G, 6G, DDR5, DDR6, GDDR6 등 앞으로 유망해질 분야들을 저도 열심히 공부하고 있습니다. 예를 들어 반도체는 [삼성전자]의 평택 P2, P3, P4 공장들과 5G 관련해서 Level 5니 Level 4, Level 3가 무엇인지 다 알아야 합니다. 그래야 미래를 조금이나마 예상할 수 있습니다. 사실 관련직 종사자가 아니라면 그러한 전문 용어들까지 이해하고 외우는 것은 굉장히 어려운 일입니다. 그럼에도 그만큼 치열하게 파고들면 더 선명하게 보이기 시작합니다. 그러면 그에 맞는 기업을 찾아 투자하고 또 큰 수익으로 화답을 받습니다.

가보지 못한 길을 가는 것은 누구나 두렵습니다. 경험하지 못한 것을 하기 때문에 두려움을 느낍니다. 처음 투자를 시작하고 경험을 해나갈 때 여러분이 느끼는 감정을 충분히 이해합니다. 그러나 하나하나 스스로가 이룬 결실을 획득해 보세요. 그것은 누구도 대신 해줄 수 없고 온전히 투자자 본인의 몫이며 그래야만 경제적 자유도 얻어집니다. 조금 실패했다고 좌절하지 마세요. 왜 실패했는지 어디서 실수했는지 정확히 확인하고 배움으로 삼으면 됩니다. 점점 더 발전하는 투자를 해나가면 됩니다.

　미래가 기대되는 기업을 먼저 보면 싸게 살 수 있습니다. 싸게 사면 얼마든지 버틸 수 있고, 큰 수익을 거두는 데 있어 중요한 기반이 됩니다. 시장을 미리 내다보고 투자에 접목시켜 보세요. 남들보다 일찍 발견해서 수익을 내는 쾌감, 꼭 경험해 보세요.

아빠의 포인트 레슨

○● 개인투자자가 내년을 앞서 보기 위해서는 스펙트럼이 넓은 투자를 해야 한다. 포트폴리오를 구성할 때 특정 섹터에 너무 집중하면 시장에서 소외될 수 있기 때문에 빛의 굴절을 보듯 넓고 다양하게 전략적으로 구성해야 한다.

[Q & A] 묻고 답해 보세요! ●

Q Bottom-up과 Top-Down이 무엇인지 알고 있니? 일상에서 이를 어떻게 응용할 수 있을까?

Q 미래를 이끌어가는 기술 중에는 무엇이 있을까? 그것들의 수명은 얼마나 갈까?

Q 기업에 있어 경영자의 윤리가 중요할까?

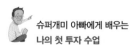

41 | 보통주와 우선주의 차이는 뭐예요?

주식시장에 보면 회사 이름 뒤에 (우)라고 붙어있는 경우가 있는데 무슨 뜻인가요? 일반적인 주식과 어떤 차이가 있나요?

· · ·

우리는 기업을 통째로 인수하는 것이나, 시장에서 일부 지분을 사는 것이나 근본적으로 큰 차이가 없다고 생각한다. 우리의 목표는 탁월한 기업을 합리적인 가격에 사는 것이지, 그저 그런 기업을 싼 가격에 사는 것이 아니다. 우리는 유통 주식을 살 때도 기업을 통째로 인수할 때와 똑같은 방식으로 평가한다.

워렌 버킷

1주만 있어도 기업에 영향을 미칠 수 있다

누구든 기업의 주식을 단 1주만 보유하고 있어도 기업의 주주가 됩니다. 주주란 단순히 주식을 보유한 사람이 아니라 기업 경영과 미래에 영향을 줄 수 있는 '의결권'이라는 권리도 함께 소유한 사람입니다. 주주총회에서 의사 표시를 할 수 있지요.

주주총회*가 열리기 전에 주주명부폐쇄 (주식명의개서정지)를 합니다. 주주총회를 앞두고 일정 기간 주주명부 기재사항의 변경을 정지하는 것입니다. 총회에서의 의결권 행사, 이익배당 및 기타권리를 행사할 수 있는 권한의 확정이 목적입니다. 이 기간에는 명의개서 등이 불가능하며, 회사는 특정한 날을 기준일로 그 시점에 주주명부에 기재된 사람을 권리자로 인정합니다. 주식을 새로 취득하더라도 주주총회 참석이나 배당을 받을 수 없습니다.

쉽게 매매할 수 있는 주식시장에서 주주총회 의결권 행사 및 배당

• **주주총회(General Meeting)** 주식회사의 주주들이 모여 상법이 정한 회사의 중요한 사안을 정하는 총회. 주주는 1주당 1개의 의결권을 가지며 의결권 행사는 직접 참석은 물론 위임장을 작성해 대리인을 통해서도 가능하다. 2개 이상의 주식을 가진 주주는 서로 다르게 의결권을 행사할 수도 있다. 의결권이 없는 주식을 보유했다면 주총에 참여할 수 없다. 주총을 열려면 이사회에서 개최일과 안건에 대한 결정을 담은 소집통지서를 주총일 2주 전에 주주들에게 발송해야 하며, 발행주식의 1/100 이하의 주식을 가진 소액주주에게는 금융감독원 또는 한국거래소의 전자공시시스템에 공시를 올리는 것으로 소집 통보를 대신할 수 있다. 그리고 수시로 열 수 있는 임시주총은 소액주주가 직접 소집할 수 있는데, 상장사의 경우 의결권이 없는 주식을 포함하여 발행주식의 1.5% 이상을 가진 주주는 임시주총을 요구할 수 있다. 상장사는 재무제표 등을 확정해 공시하기 위해 정기주총을 매년 1회 개최한다. 정기주총은 결산일로부터 90일 이내에 열어야 하고, 배당금 규모 등을 포함한 재무제표의 확정, 임원 선임 및 보수 한도 승인 등을 결정한다. 주주총회는 대부분 보통결의(과반수 출석, 출석주주 과반수 찬성)가 적용되지만 정관 변경, 자본 감소(감자), 영업 양도, 이사 해임 등은 특별결의(과반수 출석, 출석주주의 3분의 2 이상의 찬성)가 필요하다.

의 권리를 가질 수 있는 주주명부 확정이 목적입니다. 정기적으로 열리는 주주총회에서 기업의 의견, 제안에 대해 찬성/반대의 목소리를 낼 수 있습니다.

보통주와 우선주의 차이

가장 큰 차이는 의결권 여부입니다. 보통주는 1주당 의결권이 1개이고, 우선주는 의결권이 없습니다. 대신 보통주보다 이익, 이자배당, 잔여재산 분배 등 재산적 내용에서 우선적으로 지위가 인정되는 주식입니다. 간혹 기업의 주식을 검색하다보면 기업명 뒤에 (우)라는 글자를 본 적이 있을 것입니다. [삼성전자(우)]는 우선주를 뜻하는데, 기업은 상황에 따라 보통주를 발행하기도, 우선주를 발행하기도 합니다.

더 자세히 알아보겠습니다.

보통주는 우리가 일반적으로 생각하는 주식, 바로 그것입니다. 기업이 자금조달을 위해 발행하는 가장 기본적인 형태의 주식이라 생각하면 됩니다. 보통주를 소유한 보통주주는 주주총회에서 임원의 선임 및 기타 안건에 대해 개인의 소유 비율만큼 의결권을 행사할 수 있으며, 이익배당을 받을 권리가 있습니다. 만약 회사가 단일 종류의 주식만을 발행한다면 그것은 모두 보통주이므로 특별한 명칭을 붙일 필요는 없습니다. 보통주는 주식 손실에 대한 위험을 부담해야 한다는 것을 전제조건으로 갖기 때문에 사업의 부진(당기순이익 마이너스) 시에 배당을 받을 수 없고, 잔여재산 분배(청산절차)에 확정적 지위를 갖지 못합니다. 반대로 사업이 호전되면 고율의 배당을 받을 수 있습니다.

반면 우선주는 하나의 종류가 아닙니다. 우리가 흔히 말하는 우선주는 이익배당우선주입니다. 대개 영업이 부진한 회사가 신주 모집을 용이하게 하기 위하여 발행하곤 합니다. 우선주는 우선권의 내용에 따라 여러 가지로 분류됩니다. 존속기간이 한정되어 있는 것이 있고, 우선 배당의 참가 방법에도 여러 가지가 있습니다.

참가 방법에 따라 분류하면 ①소정 비율의 우선배당을 받고도 이익이 남는 경우에 우선주주가 다시 보통주주와 함께 배당에 참가할 수 있는 참가적 우선주, ②소정 비율의 우선배당을 받는 데 그치는 비참가적 우선주, ③당해 영업연도에 소정 비율의 우선배당을 받지 못한 경우, 그 미지급 배당액을 다음 영업연도 이후에도 우선하여 보충 배당받는 누적적 우선주, ④당해 영업연도에 우선배당을 받지 못하고 그 미지급 배당액을 다음 영업연도에도 보충 배당받지 못하는 비누적적 우선주 등이 있습니다.

정리하면, 보통주와 우선주의 가장 큰 차이는 의결권 여부이며 의결권은 단순한 투표권 외에도 주주가 회사의 정책결정에 참여할 수 있는, 주주친화적 정책의 기본입니다. 또한 시중에 존재하는 보통주와 우선주는 대부분 20~30%의 괴리율을 갖고 있습니다(우선주가 보통주의 70~80% 가격). 항상 이 수치가 절대적으로 맞는 것은 아니지만 간혹

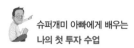

우선주와 보통주가 큰 괴리율을 갖고 있을 경우 그 폭을 줄이려는 움직임이 발생할 수 있습니다. 이 점을 고려하면 투자에 도움이 됩니다.

아빠의 포인트 레슨

∘● 보통주는 주식 손실에 대한 위험을 부담해야 한다는 것을 전제조건으로 갖기 때문에 사업이 부진할 때 배당을 받을 수 없고, 잔여재산 분배(청산절차)에 확정적 지위를 갖지 못한다. 반대로 사업이 호전되면 고율의 배당을 받을 수 있다. 우선주는 영업이 부진한 회사가 신주 모집을 용이하게 하기 위하여 발행한다.

[Q & A] 묻고 답해 보세요!

Q 주주인 나에게 만약 회사 경영에 참여할 수 있는 의결권이 주어진다면 참여해보고 싶니?

Q 경영에 참여해서 회사에 의견을 내는 것이 좋아? 아니면 그런 건 못해도 수익이 좀 더 높은 게 좋아?

42 │ 배당주가 좋다고 하는 이유는 뭔가요?

 주식 뉴스에 '배당주'라는 단어가 종종 나오는데 무슨 뜻인가요? 그 배당주는 어떻게 매수하나요? 보통주보다 이익이 더 높나요?

• ◦ •

지속적 경쟁우위를 가진 기업을 파악해놓고 주가가 맞아야만 방아쇠를 당겨야 한다는 사실을 기억하라. 좋은 가격은 내일 당장 찾아올 수도 있고, 5년이 지나서 찾아올 수도 있다.

워렌 버핏

안정적인 수익을 얻는 배당주 투자법

일반적으로 배당을 많이 주는 회사들, 특히 배당성향이 높은 회사들은 주주친화적이기도 하고 기업 수익이 안정적이기 때문에 잉여금이 많아 그것을 통해 배당을 주는 전략을 택합니다. 유보율은 기업이 현금을 얼마나 보유하고 있느냐는 비율인데 배당주들은 유보율

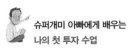

이 높습니다. 안정성을 중요시하는 보수적 투자자나 은퇴 후 노후연금이 필요한 투자자, 은행금리보다 높은 배당 주식을 장기적으로 모아가려는 투자금이 적은 젊은 투자자들이 선호하는 주식투자 방식입니다.

배당성향(Pay-out Ratio)

배당은 기업이 일정 기간 영업활동으로 발생한 이익 중 일부를 주주들에게 나눠주는 것이다. 따라서 배당금은 주주에 대한 회사의 이익분배금이다. 배당성향은 당기순이익 중 현금으로 지급된 배당금 총액의 비율이다. 배당지급률 또는 사외분배율이라고도 한다.

$$배당성향 = 배당금/당기순이익$$

예를 들어, 당기순이익 1백억 중 배당금으로 20억이 지급됐다면 배당성향은 20%가 된다. 배당성향이 높을수록 이익 중 배당금이 차지하는 비율이 높아져 재무구조의 악화 요인이 된다. 반면 배당성향이 낮을수록 사내유보율이 높고 다음 기회의 배당증가나 무상증자의 여력이 있음을 나타낸다. 그러나 배당성향이 높을수록 회사가 벌어들인 이익을 주주에게 그만큼 많이 돌려줌

을 의미하므로 배당성향이 높은 회사가 투자가치가 높다고 할
수 있다.

- 출처 : 네이버 지식백과

현재 은행금리가 1%도 안 되는 시대에 은행에 돈을 맡기면 물가상승
률을 적용 시 되레 마이너스입니다. 돈을 내고 맡겨야 한다는 의미입
니다. 안정적 수익을 추구하는 투자자에게 은행금리가 높을 때는 변
동성이 높고 원금 보장이 되지 않는 주식투자는 매력적이지 않았습
니다. 또 자산가들은 주식보다는 건물이나 오피스텔을 사서 안정적인
임대료를 받을 수도 있었습니다. 그런데 이제 은행 정기예금도 금리
가 너무 낮아 수익을 기대할 수 없고 부동산 임대는 번거롭고 부담스
러운 관리와 세금 문제에 비해 안정적 월세를 기대하기 어려운 시대
가 되었습니다. 반면 배당주는 투자해두면 별도로 관리할 필요가 없
고 정기적인 배당금이 들어옵니다. 물론 주가 등락에 따라 투자금이
손실 날 수도 있지만 철저한 분석을 바탕으로 성장하는 기업에 장기
투자로 배당까지 받는다면 안정적인 수익 창출을 할 수 있습니다.

배당에 관련된 용어를 간략하게 알아두세요.

① 시가배당률 : 배당금을 배당기준일 주가로 나눈 배당금 비율. 일
   반적으로 배당 투자자는 과거에 기업이 주주들에게 배당을 지급
   했는지를 확인하는데, 이때 참고하는 지표가 최근 3년 동안의 시

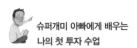

가배당률이다.

시가배당률 = 배당금/배당기준일 주가 × 100

② 배당률 : 배당금을 액면가에 대비하여 지급되는 배당금 비율. 액면가를 기준으로 했을 때 주가가 높아지면 이를 반영하지 못하기 때문에 실제 투자수익(배당금)이 배당률보다 낮을 수 있다는 문제점이 있다.

배당률 = 배당금/액면가 × 100

③ 배당수익률 : 현재 주가에 대비하여 지급되는 배당금 비율. 투자한 금액의 몇 %를 배당금으로 받을 수 있는지 확인할 수 있는 지표로, 배당률의 문제점을 해결해준다.

배당수익률 = 배당금/현재주가 × 100

조금씩이라도 배당주를 모아라

사회 초년생들은 매달 적은 월급을 쪼개 싼 배당주를 조금씩이라도 모아가는 전략을 권합니다. 그렇게 1년에 몇 백만 원이라도 모으는 목표와 재미를 느끼며 3년 후 2000만원, 10년 후 5000만원, 20년 후 1억… 이런 식으로 배당주로 노후자금을 마련하세요. 실제 그러한 전략적인 투자를 실천하는 청년들이 많습니다. 인터넷 검색이나 유튜브 동영상으로 스스로 찾아 공부해나가는 청년들이 기특합니다. 아주 현명한 전략입니다. 물론 이보다 먼저 시작한다면 그 결과는 더욱 놀랍게 바뀌겠죠. 여러분의 자녀들처럼요.

특히나 배당주는 안정적인 성장성으로 대주주 지분율이 높은 기업들이 많기 때문에 재무구조도 대부분 건전한 기업이 많습니다. 물론 사모펀드가 들어와서 높은 지분율로 경영권 참여의 일환으로 요구하게 되면서 주주친화적인 정책을 어쩔 수 없이 펼치며 배당 성향이 높아지는 회사들도 있습니다. 기업의 배당 성향과 원인을 잘 파악해서 전략적으로 활용해야 합니다. 배당주 투자전략은 그때그때 자신의 전략에 따라 변동이 있는데 이를 '크로싱'이라 합니다.

만약 5% 시가배당률에 주가 10,000원인 종목을 보유하고 있었는데 주가가 올라 20,000원이 되면 시가배당률은 2.5%가 됩니다. 이럴 때 어떻게 해야 할까요? 매도한 후 다시 시가배당률 5% 종목을 찾아 투자하는 것입니다. 그렇게 탄탄하면서 시가배당률이 높은 종목을 끊임없이 찾아 자산을 옮겨가는 전략도 배당주 투자전략의 하나입니다. 그렇게 된다면 주가가 올랐으니 자산도 2배로 불릴 수 있고 새로 옮기면 더 많은 자금으로 배당성향도 계속 동일하게 가져갈 수 있기 때문에 배당투자의 가장 유용한 전술이라 할 수 있습니다.

정리하면, ①시가배당 높은 종목으로 갈아타기, ②앞으로 더 배당성향이 증가할 수 있는 기업 고르기. 이것이 배당주 투자전략의 핵심

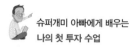

입니다. 배당주 관심을 가지고 찾아보면 생각보다 쏠쏠한 수익을 안겨줍니다. 이 또한 당연히 부지런한 자가 챙기는 법입니다.

배당주는 하락장 위기에서 헷지* 역할을 합니다. 주가가 빠질수록 배당 성향은 올라갑니다. 10%의 배당성향을 가진 기업의 주가가 반토막 난다면 배당성향은 20%가 됩니다. 코로나19로 폭락장이 왔을 때 배당주 기업들이 순간적으로 배당성향이 20% 넘게 나왔습니다. 만약 그때 배당성향이 높은 기업을 담았다면 20%의 배당수익을 매년 챙길 수 있는 것입니다. 만약 폭락장이 지속된다는 가정 하에 20%의 배당수익을 매년 챙긴다면 5년이면 원금이 회복됩니다. 그만큼 투자에서 중요한 부분입니다. 앞으로 노후를 위해 장기적인 관점으로 배당주를 일부 계속 모아가는 투자 전략도 좋습니다.

내 배당금 언제 들어오나? 어디서 확인할까?

3월 18일 주총데이가 시작되면서 투자자들은 '배당금이 언제 입금될까'에 관심을 갖습니다. 내 배당금은 언제 들어오며, 어디서 확인하는

• **헷지(Hedge)** 울타리, (금전 손실을 막기 위한) 대비책의 뜻이다. 울타리를 막아 외부로부터의 위험을 막는다는 의미로, 자산투자에서 이미 보유하고 있는 위험을 분산하기 위해 다른 자산에 투입하여 가격 변동을 완화시키는 행위이다.

[그림 21] 배당 관련 일정표

구분	내용
배당락일	배당금에 대한 권리가 주식매입일 현재 상실되는 날(배당 못 받는날)
배당 기준일	배당 받을 권리를 정하는 기준일 배당을 받기 위해 배당락일 전날까지 주식을 매입
배당 발표일	사업연도 종료일 3개월 내에 열리는 주주총회에서 의결
배당 지급일	배당금을 실제로 지급하는 날, 주주총회 의결 후 1개월 이내 지급

지 투자자 입장에서 간단히 정리해봅니다.

먼저 배당의 개념을 알아보겠습니다. 기업은 순이익을 배당금과 유보이익으로 배분합니다. 유보이익은 기업 내부에 유보시켜 재투자금으로 활용합니다. 유보자금을 제외한 나머지 금액은 배당금으로 주주들에게 지분 비율에 따라 지급합니다.

에를 들어, [삼성전자]는 배당금을 받으려면 12월 28일(배당기준일)까지 매수해서 보유했어야만 배당금액을 받습니다. 당연히 12월 29일에 매수한 사람은 배당락일에 매수한 것이라서 받을 자격이 주어지지 않습니다.

배당이 높은 주들은 '우선주'에 투자해야 합니다. 우선주는 의결권만 없을 뿐이지 배당은 우선해서 하는 것이기 때문에 우선주를 더 높게 배당하는 기업도 있습니다. 따라서 자신이 안정적인 배당성향을 좋아하는 투자자라면 우선주를 모아가는 것도 좋습니다.

또 하나가 '지주사'인데 지주사는 보통 시장에서 저평가를 받습니

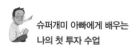

다. 그러나 지주사의 매력에는 안정적인 실적을 바탕으로 한 배당이 있습니다. 증권사 HTS에서 '시가배당률'을 치면 시가배당률이 높은 기업 순으로 실시간 조회가 가능합니다. 시가배당률 검색을 통해 나오는 기업들을 보고 회사 성장성을 고려해 투자전략을 세워보세요.

배당주 투자전략

안정적인 수익을 얻는 배당주 투자전략을 살펴보겠습니다. 일반적으로 배당을 많이 주는 회사들, 특히 배당성향이 높은 회사들은 주주친화적이기도 하고 수익이 안정적이기도 하고 잉여금이 많아 그것을 통해 배당을 주는 전략을 택한다고 했습니다.

배당주 투자전략에는 8~10가지 전략이 있습니다. 은행금리가 1% 미만에서 형성되므로 은행에 돈을 맡겨도 사실상 마이너스인 시대입니다. 물가상승률을 적용하면 마이너스라 볼 수 있습니다. 은행에 저금하거나 장기저축을 하는 것이 과연 자산을 플러스 시키는 데 도움이 될 것인지는 한번 곰곰이 생각해 보세요. 앞으로 탄탄한 주식을 모아 배당을 통해 연수익 1억을 목표로 하는 전략들을 보겠습니다.

참고로 저금리 기조는 앞으로도 오랫동안 지속될 가능성이 있습니다. 은행 이자가 10%였을 때도 있었지만 점점 내려오면서 5%, 4%, 3%를 가더니 이제는 1% 미만으로 떨어졌습니다. 안정적 수익을 추구하는 자산가들, 부동산을 통해 수익을 창출하고 월세를 받아 생활 자금으로 노후 보장을 추구하는 사람들이 많습니다. 제가 생각할 때는 이제 부동산 관리나 아니면 월세를 받는 것도 굉장히 힘들어지는 시대가 왔습니다. 똑같이 세금도 내야 되고요. 그리고 임대소득이 높은 사람들도 그걸 관리하는 번거로움이 있습니다. 반면 배당주 투자는 투자해놓고 가만히 있으면 됩니다. 물론 주가 등락에 따라 투자금이 적어질 수도, 즉 손실을 낼 수도 있습니다. 제가 생각할 때는 성장하는 기업의 배당을 받는다면 충분히 안정적으로 수익 창출을 할 수 있습니다.

과거에 A대기업 회장이 젊은 부인과 결혼했는데 갑자기 연세가 많아서 돌아가셨습니다. 그렇게 되면서 회사는 부인에게 넘어갔습니다. 이렇게 되었을 때 어떤 문제가 발생하느냐면, 상속세나 증여세가 나오고 수증자들은 세금을 내야 됩니다. 세금을 몇 년 동안 유예 신청해서 분할 상환을 하게 되는데 그래도 많은 돈이 필요하게 됩니다. 그렇다고 회사를 팔아서 상속세를 낼 수도 없기 때문에 보통 배당을 갑자기 높이는 경우가 있습니다. 왜냐면 상속세를 내기 위해 순간적으로 배당을 높여 자금을 마련하려는 것입니다. 요즘은 지분을 가진 사모펀드들의 배당 요구가 강해지면서 배당성향을 굉장히 높게 가져가는 경우도 있습니다. 분기배당도 하고 있고요, 중간배당이라고 하죠. 미국 같은 경우에는 월배당도 하고 있습니다. 매달 월급처럼 주는 것입니다. 이처럼 배당주마다 배당을 둘러싼 기업의 환경을 파악하는 것

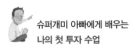

도 투자에 있어 도움이 됩니다.

저는 이렇게 배당을 중시하는 투자도 아주 좋은 투자라 생각합니다. 얼마 전에 저에게 개인적으로 상담이 들어왔었는데 30억가량 있는 분이 부동산에 투자할 것이냐 아니면 배당주에 투자할 것이냐 물었습니다. 저는 강력히 배당주를 추천해 드렸습니다. 요즘 들어 언택트가 계속 움직이다 보니까 대부분의 배당주들은 주가가 많이 오르지 않았습니다. 특히나 제가 보고 있는 증권주나 아니면 지주사, 그리고 삼성전자 우선주나 현대차 우선주 같은 경우에도 지금의 배당전략을 보면 아주 좋은 투자 시점이라 할 수 있습니다(2020년 7월 기준 언급). 현대차가 망할 확률은 높지 않죠. 그리고 또 지주사도 마찬가지고요.

증권사들은 동학개미들의 투자로 실적이 많이 좋아지면서 점점 더 배당 매력이 높아지고 있습니다. 특히나 은행주들도 배당이 아주 높은 경우들을 볼 수 있습니다. 이렇게 배당성향이 높은 회사들에 투자하는 것도 나쁘지 않은 전략입니다. 이제 배당주 예시 종목을 보겠습니다. 시점은 2020년 7월 기준입니다. 참고하셔서 공부하시면 됩니다. 어떻게 투자에 접근하는지를 보세요.

[삼양옵틱스]

매출액에서 실적을 보면 663억에서 매년 굉장히 일정한 매출액을 보이고 있습니다. 발전도 성장도 일정한 수준을 보이고 있는데요, 영업이익도 안정적인 성장입니다. 카메라렌즈 만드는 기업인데 독보적인 위치를 차지하고 있어 안정적으로 매출을 올리기 때문에 회사가치는 앞으로도 계속 증가할 것으로 보입니다. 그러나 지금 AF와 MF*쪽이 실적이 둔화되면서 성장이 조금 꺾이는 모습을 보이는데요, 이 회사가 안정적 실적과 성장을 계속한다면 저는 100% 투자할 수 있는 회사로 보고 있습니다.

부채비율이 겨우 20%대이고 현금성비율이 369%까지 올라가는 걸 보면 안정적으로 현금이 있다는 것을 알 수 있습니다. 유보율도 662%까지 올라가는 전형적인 배당주 성향을 보입니다. 그 다음에 PBR도 3배 정도로 그렇게 높지 않습니다. PER도 9 정도 되고요. 이 회사가 매년 157억씩 이익을 내니까 성장성을 보면 PER를 8~10으로 보면 적정할 것 같습니다. 이렇게 보면 1,200~1,300억을 유지해야 하는데 시가총액은 912억에 '사모'라고 빨갛게 적혀 있습니다. 사모펀드가 투자한 회사라는 뜻입니다.

그렇게 되면서 배당성향이 시가배당률 12%를 유지하고 있습니다. 굉장히 높죠? 은행이자보다 12배를 더 많이 줍니다. 이 회사에 투자하면 매년 12%의 배당을 받을 수 있는 거죠. 예컨대 1억을 투자하면 15.7%의 세금을 떼고 850만원 내외로 들어옵니다. 꼭 한번 살펴보고

• **AF와 MF** AF(Auto Focus)는 카메라에서 피사체를 감지하여 자동으로 초점을 맞춰주는 기능이다. 자동 초점 모드로 적절한 초점을 얻기 어려울 때 MF(Manual Focus)를 이용하면 렌즈의 초점링을 움직여 수동으로 초점을 조절할 수 있다.

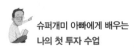

성장이 가능해진다면 배당도 받으면서 꿩먹고 알먹는 전략으로 투자하면 될 것 같습니다.

성장성이 높아가는 기업, 그리고 시가배당률이 앞으로 좋아질, 즉 배당성향이 증가할 수 있는 기업을 고르는 것이 배당주 투자의 핵심입니다. 배당성향이 높은 기업들은 굉장히 많습니다. 미국은 배당성향이 너무 높아 문제가 됐었고 현금유보율이 없을 정도로 주주들에게 배당을 너무 과도하게 해서 문제가 되기도 했는데 우리나라는 아직도 배당성향이 낮은 나라에 속합니다. 주주친화적인 정책을 쓰지 않고 대주주들이 자신의 이익을 챙기다 보니 배당이 좋지 않은 경우가 많은데요. 앞으로 우리나라도 주주친화적으로 배당이 높은 기업경영 문화로 변해갈 것입니다.

그렇기 때문에 배당을 평생 받아가면서 노후자금을 연금저축하듯 배당성향이 높은 기업에 투자하고, 기업의 성장에 따라, 주가 상승에 따라 배당성향이 떨어진다면 또 다른 종목으로 갈아타는 배당주 갈아타기 전략을 추천합니다. 이런 종목에 투자하면 투자에 바쁠 필요가 없습니다. 그리고 또 하나, 주가가 빠질수록 배당성향이 올라간다는 것을 꼭 알아야 합니다. 10%의 배당성향을 가진 기업이 주가가 반토막 난다면 배당성향은 20%로 변합니다.

코로나19 사태 때 순간적으로 이런 기업들의 배당성향이 20% 이상 나왔다고 말씀드렸죠. 20%의 수익을 매년 챙겨서 5년만 가져간다면 원금을 회복합니다. 투자에서 무시할 수 없는 리스크 헷지 전략입니다. 원금을 회복하면 과감히 버리고 더 좋은 종목으로 갈아타면 됩니다. 그래서 배당성향이 높은 기업들, 배당률이 높은 기업을 계속 찾는 것도 투자의 중요한 부분이 될 수 있습니다. 지금이 투자할 수 있는 가장 적기의 타이밍입니다. 아직 주가가 오르지 않은 기업들을 부지런히 찾아 선취매하세요.

배당주 투자전략 유튜브 강의 보러가기 ▶

아빠의 포인트 레슨

∘∘ 배당주는 투자해두면 별도로 관리할 필요가 없고 정기적인 배당금이 들어온다. 주가 등락에 따라 투자금이 손실 날 수도 있지만 철저한 분석을 바탕으로 성장하는 기업에 장기투자로 배당까지 받는다면 안정적인 수익 창출을 할 수 있다.

[Q & A] 묻고 답해 보세요!

Q 500만 원이 있다면 은행에 넣어두고 싶니, 배당주에 투자하고 싶니?

Q 매년 10%의 배당을 받는다면 500만 원이 얼마까지 불어나는지 계산해 볼까?

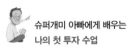

슈퍼개미 아빠에게 배우는
나의 첫 투자 수업

효율적 시장가설

지금 이안이가 읽고 있는 《Invested》가 오래전에 쓰여진 책이라 아빠가 생각하는 투자의 방법과는 다를 수 있어. 그러니 책에 더해 아빠의 생각도 덧붙여 이야기해 줄게. 어쩌면 아빠의 투자 방법이 더 따끈따끈한 최신이니까 책보다 앞선 지식일 수 있어.

조금이라도 더 새로운 것을 아는 게 도움이 될 것 같아!

지금까지 아빠와 나눈 이야기가 어떤 것들이었는지 이안이가 한번 이야기해 볼래? 과거를 복기해보자. 복기는 한문으로 '復棋'라고 쓰는데, 바둑에서 한 번 두고 난 판을 다시 그대로 두는 거지. 복습이라고 생각하면 돼.

응. 지금까지 세 가지의 자유, 워렌 버핏의 투자 원칙, 안전마진, 밸류에이션, 그림자 정부와 로스트차일드와 프리메이슨, 니콜라와 테슬라 그리고, 기업들의 브랜드와 로고 등등을 배웠어.

많이 배웠구나. 가장 인상 깊었던 것은 뭐지?

응. 로고!

오호! 이안이는 그게 재밌었구나! 애플의 한 입 베어 문 사과는 사실 의미도 있고, 재미도 있지. 그러면 오늘은 무엇에 대해 이야기를 나눠 볼까. 책을 읽으면서 궁금했던 것 있었어?

조금 어려운 단어가 나왔는데, 효율적 시장가설?

음. 어른도 이해하기 어려운 말이지. 시장에서의 정보는 많은 사람들이 알고 있기 때문에 그것을 이용해서는 돈을 벌 수 없다는 이론이야. 예를 들어 올 겨울에 배추값이 오를 것이라는 뉴스가 나오면 대부분의 사람들은 그 정보를 알게 되고, 배추장사를 하는 사람은 배추를 팔아서 많은 돈을 벌기 어렵다는 것이지. 달리 생각해보면, 시장에서 어떤 상황이 안 좋게 일어나면 빠르게 회복되기 때문에 그 시장에서 플러스 수익을 낼 수 없다는 이론이야. 알겠니?

… 어렵기는 해도 이해는 가.

그런데 아빠는 잘못된 이론이라 생각해.

왜? 나는 맞는 것 같은데.

다른 질문을 해볼게. 이안이가 생각했을 때 주식시장에서 실패한 사람들의 특징은 뭐일 것 같아?

기업에 대해 잘 알지 못하고 투자하는 것, 잘못된 정보를 진짜처럼 믿는 것, 두려움, 망설임…. 그런 것들.

그것도 중요한 이유들이지. 주식시장에 대해 이렇게 생각해봐. 주식투자에 참여하는 사람들 중에는 아빠처럼 슈퍼개미도 있고, 완전 초보자도 있고, 전문 투자자도 있지. 그 사람들은 어떤 차이가 있을까?

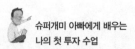

어떤 투자자는 다른 투자자들이 살 때 팔고, 팔 때 사는 것.

그렇지. 왜 그럴까? 사람들이 A라는 회사 주식을 마구 파는데 왜 아빠는 살까? 만약 이안이랑 아빠랑 똑같이 주식투자를 한다면 누가 이길까?

아빠.

왜?

나보다 더 많이 아니까.

그거지! 효율적 시장가설의 문제점은 뭐냐면, 시장에 참여하는 플레이어 누구나 다 똑똑하다고 가정했다는 거야. 그런데 투자자들의 실력과 정보에는 차이가 있거든. 공부를 한 사람과 안 한 사람의 실력 차이는 점점 커지지. 그래서 효율적 시장가설이 틀렸다는 것은 주식시장에 존재하는 주린이들 중 단 5%만이 열심히 공부를 한다는 거야. 나머지 95%는 공부를 안 해. 자신이 투자하는 기업이 무슨 회사인지, 어떤 상태인지도 모르고 사는 거야. 단순히 지금 현재 가격만 보고! 그 가격이라는 것도 시총 대비 발행주식 수에 따라 달라지는데 절대평가를 하고 있지.

헉!

A라는 기업이 어떤 브랜드를 가지고, 어떤 미래로 나아가고 있는지 모른 채 투자하고 있다는 거야. 주식시장에서는, 공부를 하지 않은 사람은 돈이 많다 해도 공부를 많이 한 사람을 이길 수는 없어.

응!

가끔 별 생각 없이 산 종목이 크게 수익을 내는 경우가 있어. 단지 운이 좋았던 거지. 홀짝 게임에서 한번 이겼을 뿐이야. 그런데도 열심히 공부하는 사람들을 조롱하지. "봐라~ 나는 공부 안하고도 이렇게 잘하는데 당신들은 그렇게 열심히 하면서 나보다 못하지 않느냐!" 하지만 결국 다 잃게 돼있어. 예를 들어 100만 원을 가지고 시작했다고 하자. 운좋게 50%의 수익을 올려서 150만 원이 됐어. 그런데 그 다음에 50%를 잃었어. 그럼 얼마가 돼? 150만 원의 절반이니까 75만원이야.

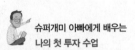 아…

그 다음 번에는 이겼어. 50%를 적용하면 125만 원정도 되겠지? 다음에 잃으면? 60만 원정도로 떨어져. 다음에 또 이겼다 해도 90만 원밖에 안 돼. 또 잃으면? 45만 원이야. 운좋게 딴다 해도 70만원이 안 돼. 무슨 말인지 이해 가니?

헷갈리기는 하는데 이해는 가.

주식은… 100만 원에서 50%를 잃으면 50만 원이 되잖아?

응

그런데 다시 원금이 회복되려면 50%가 아니라 100%가 올라야 해. 그렇기 때문에 원금을 회복하기 위해서 더 위험한 투자를 하게 되는 거야. 많은 수익을 빠르게 얻어야 본전이 되잖아.

응…

그러니까 마음이 조급해져서 계속 위험한 종목을 따라다니게 되지. 나중에는 그 사실조차 잊게 돼. 우연히 한번 맞춘 것을 '초심자의 행운'이라고 하거든. 그렇게 자만하고 공부를 안 하다 잃기 시작하면 악순환에 빠져 돈을 다 잃게 되는 거야. 공부를 제대로 한 사람은 기업의 가치는 그대로인데 가격이 떨어지면 저가 매수의 기회가 왔다고 생각하고 더 많은 돈을 담을 수 있지. 그런데 공부가 안 된 사람은 기업의 가치를 모르기 때문에 주가가 떨어지면 손해를 볼까봐 매도하는 거야. 그럴 때 우리가 사는 거지.

아하~!

그래서 그 차이가 나는 거야. 즉 시장에는 가치투자자들이 오랫동안 추적하면서 좋은 기업이라고 판단한 회사들이 있지. 그 회사의 주가가 떨어지면 "기회가 왔다"고 판단하고 사들이는 거야. 그런데도 그걸 모르는 사람들은 바보라고 하지.

호호. 바보?

그러니까 초보자들이지. 자기들은 쉽게 돈을 벌었다고 말하지. 기업의 가치 분석을 굳이 하지 않고도! 그러나 워렌 버핏이나 찰리 멍거는 가치투자와 복리의 마법으로 큰 부를 이루었지. 반대로 비웃었던 사람들 중에는 부를 이룬 사람은 없어. 역사적으로도.

헉!

결국 기업의 가치를 모른 채 버는 데는 한계가 있는 거야. 원점으로 돌아가서, 효율적 시장가설은 이론적으로는 맞지만 실제 주식시장에서는 맞지 않는다는 것이야. 공부를 한 사람이 있고, 하지 않은 사람이 있기 때문이야.

결국은 무엇이든 공부하고, 연구해야 한다는 거네.

맞아. 투자금의 많고 적음보다 더 중요한 것은 공부의 양과 질이야.

아빠는 7천만 원으로 시작해서 200억 원을 벌어 슈퍼개미가 되었잖아. 그런데 2~3억 투자해서 빈손으로 떠난 사람도 많아. 결국은 노력의 힘이야.

 오케이~ 노력의 힘은 무엇보다 강하다!

▶ 아빠와 딸의 대화영상 보러가기

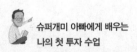

43 | 자사주 매입은 왜 호재인가요?

자기네 회사 주식을 자기들이 사는 경우가 종종 있던데 왜 사나요? 자기 물건을 자기가 산다는 것이 이해하기 어려워요.

• • •

폭락하기 직전에 시장에서 빠져나올 수 있다면 얼마나 근사할까? 하지만 아무도 폭락 시점을 예측하지 못한다. 게다가 시장에서 빠져나와 폭락을 피한다 해도 다음 반등장 전에 다시 시장에 들어간다는 보장이 어디 있는가?

피터 린치

때로는 투자자들에게 믿음을 주는 행동이 된다

자사주(자기주식)는 기업이 되산 자사 발행 주식을 말합니다. 상법에서 원칙적으로는 자사주를 취득하는 것을 금하고 있으나, 주식 매입소각 등의 경우에는 허용합니다. 상장기업의 경우 주주가치를 높이는 방안으로 이익배당과 함께 사용되고 있습니다.

자사주 매입은 어떻게 하는지, 어떤 효과를 가지는지 살펴보겠습니다. 자사주 매입은 보통 자기 회사 주식가격이 지나치게 낮게 평가됐을 때 또는 적대적 M&A에 대비해 경영권을 보호하고 주가를 안정시키고자 기업이 자기자금으로 자사 주식을 사들이는 것입니다. 대체적으로 자사주 매입은 발행주식수를 줄여 주당 순이익과 주당 미래 현금흐름을 향상시키며 이는 주가를 상승시키는 요인으로 작용합니다.

상법에서는 원칙적으로 자사주 취득을 금지하고 있으며 주식을 매입한 뒤 소각하는 경우나 회사의 합병, 주주들의 매입 청구가 있는 경우 등 일부 예외적인 때만 허용됩니다. 그러나 상장법인에 경영권 안정과 주가안정을 목적으로 자사주를 매입할 수 있는 길을 터놓고 있습니다. 자사주 매입으로 일단 사들인 주식은 상여금이나 포상용으로 임직원에 주는 것을 제외하고는 6개월 이내에 팔 수 없습니다. 또한 자사주에 대한 의결권은 인정되지 않습니다.

자사주 매입에는 '회사 이름으로 직접 매입'하는 방법과 금융기관과 '자기주식 신탁계약(은행의 특정금전신탁, 투신사의 자사주펀드)'을 통하여 간접적으로 취득하는 방법이 있습니다.

회사 이름으로 직접 매입하는 경우

3개월 이내에 목표 수량을 사들여야 하며 매수주문 수량 및 횟수, 가격 등이 정해져 있습니다. 반면 자사주펀드에 가입할 때는 보다 자유

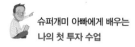

롭게 주식을 매입할 수 있습니다. 회사 이름으로 직접 자사주를 매입하려는 회사는 이사회 결의를 거쳐 증권거래소에 신고서를 제출한 뒤 3일이 경과한 날로부터 3개월 이내에 매입을 마쳐야 합니다.

1일 자사주 매입 가능 수량

하루에 매수할 수 있는 주식 수량은 '취득신고주식수의 10%'나 취득신고서 제출일 전일로부터 소급한 1개월 간의 일평균거래량의 25%에 해당하는 수량 중 많은 수량 이내로 해야 합니다. 그리고 이 경우 하루에 매수할 수 있는 주식 수량이 발행주식 총수의 1%를 넘을 수 없습니다.

자사주 매입의 효과

① 기업의 영업활동을 축소하기 위하여 : 자사주 매입 소각은 주식수를 줄여 투자가치를 높이는 효과가 있고 그만큼 주가 상승 요인이 발생한다.

② 특정의 소유주 지분을 매입하기 위하여

③ 기업의 주가 유지에 도움이 되기 위하여 : 증권시장을 활성화하고, 상장회사가 경영권 방어와 자사주식의 안정을 위해 매입한다.

④ 주주 및 채무자에 대한 청구권 해결을 위하여 : 주식수를 감소시킴으로써 주당 가치를 높여준다. 주주의 주식매수청구권 행사로 인해 취득한 주식을 매수한 때는 당해 주식을 매수한 날부터 3년

이내에 처분하여야 한다. 주주에게 배당할 이익으로 주식을 소각할 수 있는데 이를 이익소각제도라 한다.

⑤ 기업의 주당순이익을 높이기 위하여 발행주식수를 감소시키는 경우

⑥ 회사 합병의 경우 : 회사 합병으로 주식가치가 하락하는 것을 방지한다.

⑦ 종업원에 대한 주식보상계약을 이행하기 위하여 충분한 주식을 확보하려는 경우

경영자의 마인드가 주가에 영향을 끼친다

주가의 모든 것을 수치로만 평가하는 것은 불가능합니다. 주식에서 모든 것이 수치화가 가능하여 투자할 수 있다면 이미 그와 관련된 공식은 발견됐어야 합니다. 수치는 일부일 뿐 보이지 않는 것들 역시 주가에 큰 영향을 미칩니다.

기업은 사람이 만들어갑니다. "사람에 투자한다"는 말이 괜히 나온 것이 아닙니다. 실수나 일시적인 실패가 있을 수도 있지만 사람에 투자한다는 것은 그 사람의 장기 비전을 믿는다는 뜻입니다. 예를 들어, [삼기오토모티브]라는 회사가 있습니다. 자동차 부품을 만드는 회사로 매출과 이익이 꾸준히 늘어나고 있습니다. 현대차에 납품하는

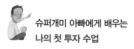

것은 물론 폭스바겐 등 해외 거래처에도 물량을 조금씩 공급합니다. 그런데 회사 주가는 바닥에서 탈출할 생각을 하지 못하고 있었습니다. 그에 따른 개인 주주들의 불만이 이만저만 아니었습니다. 그러던 2017년 4월 초 회사는 재미난 발표를 하나 합니다. 바로 회사 임원들이 회사 주식을 직접 사들이겠다고 발표한 것입니다.

실제로 발표가 난 이후 대표를 포함한 임원들은 총 111,308주의 주식을 평균가격 3,361원에 사들였습니다. 총 금액은 3억 7천만 원 정도입니다. 그 이후 어떤 일이 있었을까요?

[그림 22] 차트에서 화살표가 회사 임원들이 주식을 사들인 시점입니다. 그 이후 주가는 조금씩 오름세를 타고 있습니다. 과연 이를 어떻게 해석할 수 있을까요?

이 회사는 주주들이 힘들어 하는 시점에 "우리를 믿고 따르라"는

[그림 22] 삼기오토모티브 일봉 차트

모습을 보인 것입니다. 임원들이 직접 회사 주식을 매수함으로써 "우리 회사 괜찮습니다"를 보여준 것입니다. 리더가 잘 서야 팀이 잘 이끌어지듯 [삼기오토모티브]를 믿고 투자하는 투자자들에게는 굉장히 믿음을 주는 행동이었습니다. 회사가 이러한 행동을 함으로써 주주들에게 "이 회사는 어려워져도 주주들과 함께 가겠구나"라는 믿음을 심어준 것입니다. 이는 수치로는 파악할 수 없는 투자 포인트입니다. [삼기오토모티브]의 실적은 굉장히 중요하지만, 이렇게 보이지 않는 부분까지도 주가에 영향을 미칩니다.

아빠의 포인트 레슨

○● 자사주 매입은 발행주식수를 줄여 주당순이익과 주당 미래 현금흐름을 향상시켜 주가를 상승시키는 요인으로 작용한다. 주가의 모든 것을 수치로만 평가하는 것은 불가능하다. 수치는 일부일 뿐 보이지 않는 것들 역시 주가에 큰 영향을 미친다.

[Q & A] 묻고 답해 보세요!

Ⓠ 주주들을 위해 자사주를 매입하는 회사에 대해 어떻게 생각하니?

Ⓠ 비록 주가는 지지부진하지만 주주들을 위해 노력하는 회사에 투자하고 싶니?

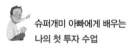

44 │ 무상증자, 유상증자가 뭐예요?

 주식 뉴스에 '무상증자를 했다' 혹은 '유상증자를 했다'는
소식이 가끔 나오는데 무슨 뜻인가요? 그것이 각 주가에
어떤 영향을 미치나요?

· ○ ·

강세장은 비관 속에서 태어나, 회의 속에서 자라며, 낙관 속에서 성숙
해, 행복 속에서 죽는다. 최고로 비관적일 때가 가장 좋은 매수 시점
이고, 최고로 낙관적일 때가 가장 좋은 매도 시점이다.　　존 템플턴

무상증자가 재무제표에 주는 영향과 효과

무상증자는 단어 그대로 해석하면 뜻을 아는 것이 어렵지는 않습니
다. '공짜로 주식을 주는 것'입니다. 무상증자의 개념은 [그림 23]과
같습니다. 자본금이 50억(주당 액면가 5,000원, 1천 만 주 발행)인 회사가
기존 주식 1주당 0.5주를 무상으로 배정하는 경우를 예로 들겠습니다.

[그림 23] 무상증자 후 자본 변화

무상증자 전		무상증자 후	
자산 (150억 원)	부채 50억 원	자산 (150억 원)	부채 50억 원
	자본 50억 원 } 자본 (100억 원)		자본금 75억 원 } 자본 (100억 원)
	이익잉여금 25억 원		이익잉여금 25억 원
	자본잉여금 25억 원		

더 자세히 알아보겠습니다.

① 무상증자에 활용할 돈은 자본잉여금과 이익잉여금이 있습니다.

② 그림에서 무상증자 이후 총자본은 100억 원으로 변동이 없습니다.

③ 자본잉여금 25억 원을 활용해 무상증자를 합니다.

④ 자본잉여금 25억 원은 자본금으로 포함되어 기존 50억 원에서 75억 원이 됩니다.

⑤ 기존 주식의 1주당 0.5주를 발행했으므로 기존 1천 만 주에서 총 주식은 1천 5백만 만 주가 됩니다.

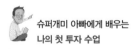

무상증자의 효과는 무엇일까요? 투자자들은 보통 무상증자를 호재로 받아들입니다. 생각해보면 기업 자체의 밸류에이션에는 큰 변화가 없는데 왜 그럴까요? 무상증자는 투자자들의 심리적 요인을 건드릴 수 있는 방법이기 때문입니다.

① 무상증자는 회사가 주주들의 가치를 높일 의지가 있다는 것으로 판단합니다.
② 무상증자를 하기 위해서는 재무구조가 좋은 경우가 많습니다.
③ 무상증자를 통해 주가가 일시적으로 싸질 수 있는데 투자자들 눈에는 '싸게' 보일 수 있습니다.
④ 주식이 늘어났으니 유통물량이 늘어난 것이고 이는 활발한 거래로 이어집니다.
⑤ 이 모든 것들이 종합적으로 투자자들의 심리를 긍정적으로 만듭니다.

권리락은 언제 발생할까?

권리락(Exrights Off)은 기준일 이후 결제된 주식을 말하며 유상증자, 무상증자 등의 배정권리와 배당권리가 없어진 것을 칭합니다.

배당 또는 증자를 받고 싶은 권리를 얻고 싶다면 배당권리 확정 기

준일 2일 전에 주식을 매수하면 됩니다. 기준일 전 매도하거나 기준일 후 매수하는 주식에 대해서는 권리가 없습니다. 권리락이 발생하는 이유는 주주 간의 형평성을 맞추기 위해서입니다.

유상증자의 효과와 영향

유상증자는 기업이 자금을 필요로 할 때 돈을 빌려오는 대신 새로운 주식을 발행하여 자금을 충당하는 방법입니다. 따라서 유상증자의 장점으로는 돈을 빌릴 필요가 없어 원금상환 압박이나 이자비용 등에 대한 부담이 없습니다. 단점으로는 주식가치가 희석(지분율이 떨어지는 것)된다는 것과 신주발행 시 시가 대비 할인하여 발행하므로 단기적으로 주가가 하락합니다. 유상증자에는 세 가지 방법이 있습니다.

① 주주배정 방식 : 말 그대로 기존 주주에게 일정한 할당비율로 신주인수권을 부여합니다. 기존 주주들이 돈을 납입하여 신주를 받

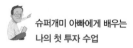

을 수 있습니다. 기존 주주들의 권리를 보장해준다는 측면에서 가장 좋은 방법으로 꼽힙니다.

② 일반공모 방식 : 불특정다수에게 공모 형식으로 신주를 발행합니다. 세 방식 중 실질적으로 주식가치가 가장 많이 희석된다고 느끼기 때문에 꺼리는 방식입니다.

③ 제3자 배정 방식 : 기업과 관련된 특수관계인이나 우호적인 세력에게 신주인수권을 주는 방식입니다.

2020년 상반기 통계로는 주주배정 방식이 46%, 일반공모 방식이 2.3%, 3자배정 방식이 51.7%를 차지했습니다. 기업은 세 가지 방식 중 하나만 하거나 두 가지 이상을 섞어서 사용할 수 있습니다. 한국에서는 주식가치가 희석되기 때문에 유증을 무조건적인 악재로 보는 시선이 많습니다. 하지만 이는 근시안적 생각입니다. 중장기적으로 보았을 때 유증은 기업의 재무구조가 탄탄해지는 효과와 신규 투자자금을 확보하여 사업역량을 강화시킨다는 점에서 오히려 긍정적일 수 있습니다.

○● 무상증자는 회사가 주주들의 가치를 높일 의지가 있다는 것으로 판
단한다. 재무구조가 좋은 경우가 많다. 유상증자는 주식가치가 희석
된다는 것과 신주발행 시 시가 대비 할인하여 발행하므로 단기적으
로 주가가 하락한다. 유상증자는 나쁘다는 인식이 많지만 꼭 그렇지
는 않다.

[Q & A] 묻고 답해 보세요!   ●

Q 무상과 유상의 차이를 알겠니? 네가 생각하는 차이를 들려줘볼래?

Q 기업이 자기 회사의 주식을 늘린다는 것은 어떤 이유에서일까?

45 │ 기업분할은 왜 하나요?

'기업을 나눈다'고 하는데 왜 나누나요? 그러면 내가 가진 그 회사의 주식도 나눠지나요? 한 회사를 둘로 나누면 투자자는 이익을 보나요? 아니면 손해를 보나요?

●　○　●

투자자는 가격이 하락할 때 공포를 이기는 법을 배워야 하며, 가격이 상승할 때 너무 열광하거나 욕심 부리지 않는 법을 깨달아야 한다.

세스 클라만

다른 의견이 있는 소액주주를 보호하기 위해

기업분할을 이해하려면 우선 주식매수청구권을 알아야 합니다. 주식매수청구권(Claims for Stock Purchase)은 단어 그대로 해석하면 이해하기 쉽습니다. '주식 매수'를 해달라고 청구하는 것입니다. 이사회가 회사에 중대한 변화를 가져오는 선택을 할 경우, 그것이 주주 이익과 밀접한 관련이 있다면 주주총회를 거쳐야 합니다. 주주총회의 승인을 받아야만 일을 진행할 수 있습니다. 하지만 반대하는 주주들도 있을 것입니다. 이 주주들은 회사에게 "나의 주식을 OOO원에 되사주시오!"라고 요구하는 것입니다. 합당한 가격으로 되사줄 것을 회사에 요구할 수 있는 권리가 바로 주식매수청구권입니다.

그렇다면 주식매수청구권은 어떤 경우에 주어질까요? 모든 경영 사안에 대해 주식매수청구권이 주어진다면 경영에 혼란이 올 것입니다. 주주에게 주식매수청구권이 부여되는 때는 일반합병, 분할합병, 영업양수도, 주식의 포괄적 교환이나 포괄적 이전 등입니다. 분할(단순 인적분할, 단순 물적분할)에는 인정되지 않습니다. 그 이유는 주주가치에 변화가 없는 것으로 간주하기 때문입니다.

주주가치(지배력)에 변화가 없는 것은 무엇을 의미할까요? A라는 회사가 A & B로 분할하려 합니다. 그런데 5% 지분을 가진 주주 C가 있습니다. 인적분할의 경우 C는 A회사에 대한 지분 5%, B회사에 대한 지분 5%를 가지므로 지배력에 변화가 없습니다. 물적분할을 할 경우에도 역시 변화가 없습니다. A회사가 B회사의 지분 100%를 가지므로 C는 A회사의 5% 지배력을 통해 B회사도 지배할 수 있게 되는 것입니다. 감자의 경우도 주식매수청구권을 부여하지 않습니다. 이론적으로 감자 비율만큼 주가가 올라가므로 감자 전후 주주가치에 변화가 없는 것으로 보기 때문입니다.

그렇다면 주식매수청구권 가격은 어떻게 정할까요? 가격은 보통

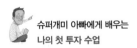

회사와 주주가 협의해서 정하는 것이 원칙입니다. 회사는 〈자본시장법〉에 따라 산정한 매수가격을 제시하고 주주들도 이를 매수가격으로 인정하는 것입니다. 상장회사는 이사회 전일을 기준으로 과거 1주일, 1개월, 2개월 간의 거래량 가중평균주가를 구하고, 이를 다시 산술평균(3으로 나눈다)해서 매수 청구가격을 정하도록 하고 있습니다. 회사가 상장되어 있지 않다면 본질가치법에 따라 매수가격을 청구합니다.

인적분할을 하는 근본적 이유는 사업 효율성을 높이기 위해서입니다. 하지만 실제 사례에서는 분할재상장 후에 2개로 쪼개진 회사가 1개의 회사로 있을 때보다 시가총액이 훨씬 높아지면서 대주주에게 유리한 전략으로 평가됩니다. 예를 들어, [SK케미칼]은 화학부문과 제약바이오부문으로 나뉘게 되는데 이전에는 화학 매출이 워낙 커 제약바이오의 평가가 제대로 되지 않았었습니다. 인적 분할 후 제약바이오의 밸류에이션 성장이 가능할 것으로 판단됩니다. 그렇게 된다면 대주주가 가진 제약바이오부문의 평가가 화학부문과 달라져 가치가 상승하기 때문에 유리해집니다.

인적분할과 물적분할

그렇다면 다시 돌아와 분할이란 무엇일까요? 기업을 분할하는 방식은 인적분할과 물적분할이 있습니다.

인적분할은 기존 (분할)회사 주주들이 지분율 대로 신설 법인의 주식을 나눠 갖는 것입니다. 주식매수청구권 행사가 없어 기업들이 자금 부담을 줄이는 측면에서 선호합니다. 또 상장사는 이해관계가 부딪치는 많은 주주들을 설득하기에도 유리합니다. 분할되면 법적으로 독립된 회사가 되며, 인적분할 후 곧바로 주식 상장이나 등록이 가능합니다. 물적분할은 분할회사(기존 회사)가 새로 만들어진 회사의 주식을 소유하게 됩니다.

기업의 인적분할, 물적분할은 회사 발전을 위해서라도, 주가 상승을 위해서라도 항상 좋습니다. 기업과 주가에 모두 유리합니다. 인적분할 후 상장하는 날에 오르는 종목은 계속 소유하고, 내리는 종목은 보통 복리로 더 많이 오르기 때문에 인적분할이 좋습니다. 따라서 인적분할하는 회사들은 지켜볼 필요가 있습니다.

∘● 기업의 인적분할, 물적분할은 회사 발전을 위해서라도, 주가 상승을 위해서라도 항상 좋다. 기업과 주가에 모두 유리하다. 인적분할 후 상장하는 날에 오르는 종목은 계속 소유하고, 내리는 종목은 보통 복리로 더 많이 오르기 때문에 인적분할이 좋다.

[Q & A] 묻고 답해 보세요!

Q 만약 네가 회사의 사장이고, 회사가 계속 커진다면 하나의 회사로 유지하는 것이 좋을까? 아니면 2개로 나누는 것이 좋을까?

Q 회사를 나눈다면 어떤 기준으로 나눌까?

46 | 피해야 하는 기업이 있나요?

코스피나 코스닥에 올라있는 회사가 망해서 사라지는 경우도 있나요? 그런 회사를 미리 알 수 있는 방법이 있나요? 주식시장에서 퇴출되면 내가 가진 주식은 어떻게 되나요?

● ○ ●

주가가 올랐다는 사실이 해당 기업이 잘하고 있다는 것을 보장하지 않으며, 기초자산 가치가 증가했다는 사실을 담보하지도 않는다. 같은 맥락으로 주가 하락이 사업 악화나 기초자산의 가치 감소를 반드시 반영하는 것도 아니다. 투자자는 주가 변동과 해당 기업의 현실을 구분할 수 있어야 한다.

세스 클라먼

상장폐지를 알아보는 방법

증권 관련 뉴스나 공시를 보면 드물게 '상장폐지'라는 글을 보게 됩니다. 어떠한 기업을 상장시킨다는 말은 기업 주식을 거래소에서 거래할 수 있도록 등록시킨다는 뜻이죠. 그런데 어떤 요건을 지키지 못하면 거래소에서는 상장적격성 실질심사를 해서 상장폐지를 할지, 계속

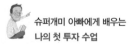

유지할지를 결정합니다.

상장폐지는 쉽게 말하면 주식시장에서 쫓겨나는 겁니다. 하지만 상장폐지가 된다 해서 주식에 대한 주권이 사라지는 것은 아닙니다. 다만 장외에서 거래해야 하는 단점이 생깁니다. 게다가 일반적으로 안타깝지만 주식의 가치가 현저히 떨어져 잘 거래가 되지 않습니다. 코스피에서 규정하는 내용과 코스닥에서 규정하는 내용 중에서 코스닥이 더 엄격하게 적용합니다.

코스피 상장폐지 기준

- 정기보고서 미제출
- 감사인의 의견거절이나 부적정 의견
- 자본 잠식
- 파산신청
- 주식분산 미달
- 거래량 2반기 연속 반기 월평균거래량 1% 미만
- 주가/시가총액 미달(액면가의 20% 미달, 시총 50억원 미달 30일간 지속)
- 완전 자본잠식 (즉시 퇴출)
- 3년 이상 자기자본 50% 이상 잠식
- 상장 실질심사에서 부적격 판정을 받은 경우

코스닥 상장폐지 기준

- 정기보고서 미제출
- 감사인의 의견거절이나 부적정 의견(1회계 연도) + 2회계 연도 연속 감사 범위 제한 한정
- 5년 연속 영업손실
- 파산신청
- 주식분산
- 거래량 분기 월평균거래량이 유통주식수의 1%에 미달 (2분기 연속)
- 현재 주가가 액면가를 밑도는 날이 30일 연속일 때
- 완전 완전잠식 (즉시 퇴출)
- 2년 이상 자기자본 50% 이상 잠식
- 상장 실질심사에서 부적격 판정을 받은 경우

상장폐지가 공시된 이후의 절차는?

상장폐지가 공시되면 3일 동안 정리매매 기간에 돌입합니다. 마지막으로 투자자들에게 정리할 수 있는 시간을 주는 겁니다. 여기서 투자자에게 두 가지 선택지가 주어집니다. 정리매매 기간에 매도하여 그나마 현금화할 것인가? 아니면 계속 보유하여 장외주식인 비상장주식으로 들고 있을 것인가?

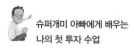

정리매매가 시행되면 다른 상장주식과 달리 30분 단위로 거래가 이루어지며, 상한가 하한가가 없어 등락폭이 심할 수 있습니다. 정리매매 기간에 처분 못한 경우 거래소에서 거래할 수 없기 때문에 불편한 점이 많습니다. 거래를 하려면 비상장주식을 거래하는 사이트를 통해서(ex. 장외주식38) 해야 합니다.

감사보고서와 4가지 의견

감사보고서는 기업이 작성한 사업보고서를 판단하는 것입니다. 투자자들이 올바른 정보를 받을 수 있도록 하는 것입니다. 감사인은 감사보고서에 4가지 의견 가운데 하나를 표명합니다.

적정의견	재무제표의 모든 항목이 적절히 작성되어 기업회계기준에 일치하고 불확실한 사실이 없을 때.
한정의견	기업회계 기준에 따르지 않은 몇 가지 사항이 있지만 해당 사항이 재무제표에 그다지 큰 영향을 미치지 않는 상태. 기업 신용등급에 악영향을 미치며, 감사범위 제한으로 인한 한정의견의 경우 관리 종목 지정
부적정의견	기업회계 기준에 위배되는 사항이 재무제표에 중대한 영향을 미쳐 기업 경영상태가 전체적으로 왜곡돼 있는 상태. 거래 정지 및 조회 공시, 이후 상장(등록) 폐지
의견거절	기업의 존립에 의문을 제기할 만한 객관적인 사항이 중대하거나 감사인이 독립적인 감사업무를 수행할 수 없는 상태. 거래 정지 및 조회 공시, 이후 상장(등록) 폐지

상장폐지를 알아보는 방법

3분기 연속 영업손실인 종목은 피해야 합니다. 주식투자에서 가장 피하고 싶은 것은 아마도 '상장폐지'나 '관리종목 지정'일 것입니다. 그런데 조금만 관심을 가지면 상장폐지나 관리종목에 대한 예측은 어느 정도 가능합니다. 그런데도 이런 피해가 자꾸 발생되는 이유는, 내가 투자하는 회사가 무엇을 하는지도 모르고, 어떤 일이 일어나고 있는지도 모르기 때문입니다.

종목이 상장폐지되는 기준이 있습니다. 이 기준을 미리 파악하고 있으면 위험가능성이 어느 정도인지 대략 알 수 있습니다. 코스닥에서는 4년 연속 영업손실을 기록하면 관리종목에 편입되고, 이 상태로 1년이 더 지나면 상장폐지 사유가 됩니다. 무슨 뜻일까요? 3년 연속 영업손실을 기록한 기업이 있다면 투자 리스크가 크다는 점을 어느 정도는 예상할 수 있습니다.

최소한 회사가 뭘 하는지, 돈을 버는지, 못 버는지 알아야 합니다. 미래를 예측하는 뛰어난 통찰력은 없다 하더라도, 현재까지 일어난 일은 누구나 파악할 수 있습니다. 그런데 이조차도 안 하는 사람들이 태반입니다. 코스닥에서 3년 연속 영업손실을 기록한 종목이 4년 차에서 반기/분기에도 영업손실을 기록하고 있다면 무엇을 의미할까요? 그해에는 영업손실을 입을 가능성이 굉장히 크기 때문에 일단 투자를 피해야 합니다.

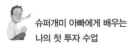

[그림 24] 3년 연속 적자 기업표

종목명	2013	2014	2015	2016 2Q
썬코어	−5273	−4108	−3309	−3605
서울리거	−6243	−6889	−6899	−670
삼원테크	−3092	−4519	−8917	−1548
한국정밀기계	−2983	−15664	−16607	−2544
초록뱀미디어	−1890	−2131	−2355	−324
포티스	−5881	−6179	−7889	−4178

[그림 24]는 2013년부터 3년 연속 적자를 냈던 종목들입니다. 2016년 2분기까지도 적자를 냈습니다. 이런 회사를 어떻게 해야 할까요? 일단 피하고 보는 것이 안전합니다. 이런 종목을 보유하다가 상장폐지를 당하거나 관리종목으로 지정된다면 과연 누구를 탓해야 할까요? 숫자조차 보지 않은 투자자 잘못입니다. 잠깐의 노력과 공부만 있었다면 충분히 피할 수 있습니다.

상장폐지 종목들은 여지없이 징후가 나타납니다.

- 매출채권 회전율 하락
- 재고자산 회전율 하락
- 재고자산 회전율은 좋아지나 매출채권 회전율 하락으로 밀어내기
- 영업활동 현금흐름 마이너스
- 재무활동 현금흐름 플러스

- 투자활동 현금흐름 마이너스
- 장기부채가 단기로 전환
- 잦은 유상증자
- 유상증자 후 투자
- 사업목적 추가 및 변경
- 대주주 변동
- 자회사를 통한 위장거래
- 해외 관계회사에 수출
- 바이오회사 중 라이선스 아웃을 해외에 있는 자회사에 한 회사

뻥만 치는 회사와 겸손한 회사

기업탐방을 다니다 보면 여러 유형의 IR 담당자를 만납니다. 탐방할 때마다 느끼는 것이지만 탐방자의 파워에 따라 IR 담당자의 직급이 달라집니다. 풋내기가 나오기도 하고 CFO가 진행하기도 하며 모든 직원과 대표가 나오거나 심지어 기업 회장님이 직접 하는 곳도 있습니다. 그때그때마다 정보의 질도 달라지며 직급이 높을수록 큰 그림을 설명해 나갑니다. 낮은 직급의 담당자는 먼 미래의 그림까지 말해줄 수 없는 경우가 대부분이며 정보 접근성에 있어서도 확실히 약합니다.

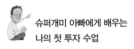

어떤 유형의 회사라도 주가를 신경 쓰지 않는 경우는 없습니다. 다만 생각의 차이가 있을 뿐입니다. 실적이나 미래 비전을 보여주면 주가는 따라 오른다는 생각을 하는 회사는 겸손한 회사입니다. 그런데 미래에 대한 홍보를 하지도 않고, IR 담당자는 그냥 뻐꾸기처럼 모른다는 말만 하거나 기다려달라는 반복적인 대답만 하면 문제가 심각해집니다. 확정된 미래가 보이고 매출이 가시화되는 회사라면 버틸 만하지만 점점 쪼그라드는 회사라면 투자자로서 미칠 노릇입니다.

8년 전 상폐 직전에서 겨우 빠져나온 회사가 있습니다. 소송을 통해 30%는 보전 받았지만 그때 무려 저는 15억을 잃었습니다. 투자 비중을 늘렸던 이유는 교수 출신 대표이사의 순수함과 열정 때문이었습니다. 탐방을 11시에 가서 점심시간이 되니 도시락이 배달 왔고 자연스레 대표와 회의실에서 대화하면서 점심까지 먹었습니다. 소탈한 도시락을 먹으며 열심히 회사를 어필하는 대표의 이미지가 좋게 각인된 것입니다. 몇 달 후 그 교수는 분식회계를 저지르고 7년형을 선고 받았습니다. 당연히 회사는 상폐되었습니다.

전 집요하게 그 기업의 의문점을 해결하려 했습니다. 제가 보기에 매출채권이 가장 문제였습니다. 회사는 저에게 위조된 해외 매출채권을 보내주었습니다. 국내 최고의 S회계법인도 그 서류에 당했습니다. 회계법인은 해외 실사까지 나갔음에도 그 부분을 놓쳤습니다. 사전에 기회가 있었지만 놓친 것입니다. 저는 그 이후부터 해외 매출채권은 항상 주의깊게 봅니다. 아무튼 이러한 순수함을 보이면서 사기를 치는 회사는 대부분 들통나게 되어 있습니다.

또 회사에서 이야기했던 일정이나 방향이 달라지는 일도 자주 있습니다. 너무 쉽게 뻥을 치는 회사들도 있습니다. 가끔은 허위 공시내용과 일정을 뿌리는 경우도 있으니 조심해야 합니다.

아시는 분들은 다들 기억하겠지만 2005년 삼보컴퓨터의 브라질 국민PC 200만 대 수주공시 기사가 났습니다. 당시 2조5천억 원 규모라고 신문에 실렸는데 그해 5월 법정관리를 신청했고 결국 부도 처리되었습니다.

또 다른 예로는 한 교수가 운영하는 회사였는데, 그 회사도 바이오회사였습니다. 대표가 제 회사에 직접 찾아와 IR을 했습니다. 조만간 큰 재료가 터진다고! 그때 그 교수를 소개시켜준 유명한 앵커는 1년 후 주가조작 혐의로 교수와 나란히 구속되었습니다. 갑자기 돈 맛을 본 사람을 조심해야 합니다. 그래서 기업의 역사가 중요한 것입니다. 코스닥에 비해 코스피를 안정적으로 보는 이유이기도 합니다.

언젠가 직원이 "높은 사람을 만나러 가자"해서 명동의 골목골목을 지나 한 건물을 올라갔습니다. 문을 열고 들어갔더니 사채업자였습니다. 두 명의 주먹들이 옆에 있었고 사채업자답지 않게 주식 종목에 대해 장황하게 이야기를 늘어놓으며 "한번 잘해보자"고 하더군요. 돌아나와서 그 직원을 바로 해고했습니다. 그때 그 업자가 유명한 명동 A

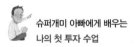

회장입니다.

투자를 하면서 누구든 한 번씩은 당할 수 있습니다. 두 번 당하지 않기 위해서는 사람의 인상이나 학벌만 보고 판단해서는 안 됩니다. 중요한 것은 결국 그 기업의 '업력'입니다. 뻥을 치던 대부분의 회사들은 사라졌습니다. 그러나 겸손한 회사들은 시장에 여전히 살아남아 있습니다.

너무 뉴스에 많이 나오고 쉽게 자기 사업을 떠드는 기업들을 좋아할 필요는 없습니다. 그런 회사들은 차명 지분이나 계좌를 보유하고 소위 작업하는 회사들인 경우가 많습니다. 번드르르 하게 실적 몇 조를 홍보하는 회사들은 거의 다 뻥입니다. 저는 시장에서 단 한 번도 단숨에 퀀텀 점프(Quantum Jump 대약진)를 한 회사를 본 적이 없습니다. 결과를 내기까지 반드시 그전에 무수한 과정이 있습니다. 묵묵히 자기 일을 하는 회사들이 훨씬 내실 있습니다. 곰팡이 피는 회사들! 저는 요즘 곰팡이 피는 회사들에 투자하고 있습니다. 뜬구름 잡는 회사들은 항상 경계하고 조심해야 합니다.

또 하나, 대주주 지분율을 체크하세요. 최대주주의 지분율을 유심히 보아야 합니다. 지분율이 높을수록 기업경영에 대한 신뢰를 높일 수 있습니다. 이유는 오너 본인의 지분이 높기 때문에 아무래도 애정도 높고 성과를 위해 열심히 하려는 마인드가 있기 때문입니다. 또한 기업의 5% 이상 지분을 가진 대주주들의 3년 정도 지분 변동 추이를 확인해야 합니다. 잦은 변동이 있는지, 지분율이 줄었는지 늘었는지,

배당은 높게 받아갔는지 등을 통해 기업의 경영 안정성을 파악할 수
있습니다.

한계기업 피하기 유튜브 강의 보러가기 ▶

아빠의 포인트 레슨

○● 중요한 것은 결국 그 기업의 '업력'이다. 뻥을 치던 대부분의 회사들
은 사라졌다. 그러나 겸손한 회사들은 시장에 여전히 살아남아 있
다. 과장되게 실적을 홍보하는 회사들은 거의 다 뻥이다. 묵묵히 자
기 일을 하는 회사들이 훨씬 내실 있다.

[Q & A] 묻고 답해 보세요!

Q 상장폐지 되는 회사는 어떤 징후가 먼저 나타나지?

Q 거짓말을 하는 회사에 투자할 수 있을까?

Q 자신의 실적을 과장하는 회사에 대해 어떻게 생각하니?

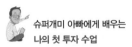

성공하는 가치투자는 막연한 기다림이 아니다
유연하게 움직이면서 목표를 향해 부지런히 나아가야 한다.
그러려면 자신의 매매에 대한 명확한 판단의 기준이 먼저 서야 한다.

제6부

실전투자로 주식에서 성공하기

돈 버는 매수와
매도의 기법

47 | 매수와 매도는 어떻게 해요?
어느 시점이 좋나요?

주식은 언제 사는 것이 가장 좋은가요? 무조건 쌀 때 사야 하나요? 비쌀 때 사면 안 되나요? 가격이 정점을 찍었다고 어떻게 알 수 있나요? 최고로 올랐다고 판단이 들면 팔아야 하나요? 그 판단이 맞았는지 틀렸는지 어떻게 아나요?

● ○ ●

투자자에게 필요한 안전마진은 얼마인가? 정답은 투자자 성향에 따라 다르다. 얼마만한 불행을 견딜 수 있는가? 기업가치의 변동성을 얼마나 수용할 수 있는가? 실수에 대한 허용은 어느 정도인가? 등 손실을 얼마나 감내할 수 있느냐에 따라 결정된다.

세스 클라먼

안전마진, 절대 지지 않을 투자를 하라

주식투자가 내 맘대로 된다면 저만 해도 벌써 1조는 벌고도 남았겠지요. 투자를 20년 넘게 했으니 1년에 4종목씩 걸러냈다면 80종목을 뽑아내고도 충분한 시간이었습니다. 초기 자본금 1억이라 하면 25% 수익률로 41종목만 복리로 냈다면 1조 가까이 벌게 됩니다. 그러나 투

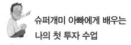

자는 절대 내 예측대로 되지 않습니다. 투자는 예측이 더 정확해질 수 있게 끊임없이 최선을 다해 보정작업을 하는 것입니다.

몇 개월을 보고 투자했던 기업은 몇 년을 기다리게도 하고 생각지 못했던 변수가 생기기도 합니다. 기업과 관련된 어떤 좋은 재료가 있을 때 많은 투자자들은 그 결과가 임박해서 사려 합니다. 다들 시간의 이익을 계산하기 때문입니다. 그러나 임박해서는 주가도 이미 많이 올라 있게 됩니다. 그때부터는 주가 등락이 꽤나 심해져서 정신적으로 버티기 힘듭니다. 물론 임박해서 당일치기로 공부하게 되니 깊이도 없어 작은 등락에 흔들리는 것이 초보투자자의 마음입니다. 본의 아니게 사고 팔게 되는 것입니다.

싸게 사놓으면 걱정이 없습니다. 결국 투자의 정답은 그 예측을 보정해 나가는 단계부터 시작됩니다. 물론 기다림은 고통입니다. 인내와 희망, 그리고 실망을 반복하면서 기대감을 보정해가는 과정입니다. 그 결과로 얻어지는 게 투자 수익입니다. 안타깝게도 시장에 참여하는 대부분의 투자자들은 매우 조급합니다. 특히 초보자일수록 정확한 답을 빠르게 얻으려 합니다. 그래서 누군가 답을 알려주기를 바랍니다. 그러나 답은 꼭 스스로 찾아야 합니다. 매도 버튼을 누르는 순간까지도 답을 고쳐나가는 것이 투자입니다. 주식투자는 속도가 아니라 방향이라는 사실을 잊지 마세요. 어떤 상황에서는 돈을 벌지 않고 지키기만 해도 충분합니다.

10년 간 주식시장은 침체되었는데 거시경제마저 좋아지지 않습니다. 하지만 우리 경제는 또 그리 쉽게 무너지지도 않습니다. 투자에서 가장 두려운 게 비관적 심리입니다. 그걸 노리는 세력들도 있습니다. 우리는 항상 희망을 가져야 합니다. 나는 주식시장이 끊임없이 상승한다는 것을 믿습니다. 한 푼이라도 아껴서 좋은 종목의 수량을 쌀 때 꾸준히 늘려나가야 합니다. 그러려면 스스로 공부해야 합니다. 스스로 알지 못하면 투자해서는 안 됩니다. 노력하지 않을 것이라면 함부로 매매에 나서서는 안 됩니다. 당신의 돈은 금방 누군가의 돈이 됩니다.

증시 격언 하나를 기억하세요.

"매수는 기술이고 매도는 예술이다."

매수는 절대 급하게 따라 들어가서는 안 됩니다. 종목에 대한 선 분석이 이루어져야 하며 자신의 기준이 있어야 합니다. 매수는 무엇보다 저렴한 가격에 선취매하는 것이 가장 중요합니다. 인생의 모든 성공은 타이밍입니다. 주식도 마찬가지죠. 아무리 좋은 종목이라도 적정한 가치를 빠르게, 적정 타이밍에 사는 것이 더 중요합니다. 정말 좋은 종목은 초기에 원하는 물량의 핵심만큼 강하게 담아야 하며 그 후 분할 매수로 접근합니다. 여기서 핵심 물량이란 목표가가 올 때까지 놓지 않으려는 물량입니다.

핵심 수량은 투자금이나 포트폴리오 비중에 따라 다르지만 보통 30~50% 정도입니다. 이 물량은 내가 생각한 투자 아이디어가 변하지 않을 때까지 들고 갑니다. 나머지 50% 정도는 특정 가격이 오면

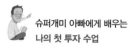

유연하게 매수/매도합니다. 시장이 흔들리거나 폭락장 위험이 보일 때는 일부 물량은 당연히 정리해서 현금을 확보해 둡니다.

처음부터 종목에 대한 매수량을 미리 정해야 합니다. 투자금의 얼마 비중으로 담겠다고 계획하고 매수에 들어갑니다. 매수 타이밍이라 생각됐다면 핵심 물량을 비중 있게 담고 이후 기업 변화에 따라 천천히 분할 매수합니다. 가격 변동폭에 따라 나머지 몇 퍼센트씩 추가 매수를 들어갈지 미리 계획하고 있어야 합니다.

매수에서 중요한 것은 아무리 좋은 종목이라도 적정 가격이 오지 않으면, 즉 기회가 오지 않으면 사지 않습니다. 싸지 않으면 사서는 안 됩니다. 높은 가격에 매수하면 목표까지 가는 과정에서 주가가 흔들릴 때 버티기 힘들기 때문입니다. 진입 시점의 차이가 심리적 차원에서 엄청난 차이를 가져오기 때문에 그만큼 중요합니다. 손실을 줄이고 이익을 극대화 하려면 서두르지 않고 적정 가격보다 싸게 사서 목표까지 버텨야 합니다.

전방산업을 스크리닝하고, 전방산업이 좋아질 때 종목과 기업들을 스크리닝하고, 그 섹터들의 기업들이 좋아지는 것을 확인한 후 '저가다'라고 느끼면 매수를 고려합니다. 그러나 그러한 느낌만 가지고 매수하지 않습니다. 확실한 '한방'이 있어야 합니다. 지금은 잘 보이지 않지만 기업이 가지고 있는 플러스 원(+1)을 보아야 합니다. 투자는 기본적으로 실적이 좋아질 산업과 종목보다는 실제 좋은 산업이나 기업에서 이루어져야 합니다. 앞으로의 시장상황은 어떤 일이 발생할지 모르기 때문에 미래가 긍정적이라 해도 안심할 수 없으며 실제 정말 좋은 실적이 이루어진 다음에 투자에 들어가는 것이 더 안전합니다.

매도 버튼을 누르는 순간 손실은 확정됩니다. 자신이 투자한 종목에 확신을 갖지 못하면 시장이 흔들리고 주가가 약간만 하락해도 불안하기 때문에 쉽게 매도하게 됩니다. 그 순간 손실은 확정되고 다시는 돌이킬 수 없습니다. 일시적으로 실적이 잘 나오지 않는다 해서 섣부른 매도를 하지 않습니다. 장기적으로 그 회사가 좋아질 것이라는 확신이 있다면 단기적으로 회사에 변동이 생긴다 할지라도 흔들리지 않을 수 있습니다.

기업 실적은 단순 숫자만 보는 것이 아니라 그 사업의 전부를 보는 것입니다. 실적 속에 숨어있는 함의를 보고 드러나지 않은 숫자까지 볼 수 있는 실력을 키워야 합니다. 또한 사업별 특성도 이해해야 합니다. 예를 들어 렌탈 사업의 경우 숫자가 잘 안 보이다가 쌓이고 쌓이면 어느 날 매출이 안정적으로 크게 증가하는 모습을 보입니다. 이러한 특징을 알고 있다면 추적해서 매출이 일어날 시점에서 선취매할 수 있습니다. 매도에 있어서도 항상 목표주가를 산정하고 엔딩전략이 있어야 하며 가는 과정에서 조금씩 분할 매도로 자신을 위해 행복비용으로 사용하세요.

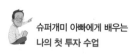

매수와 매도는 어느 시점이 좋나요?

매수는 싸 보이면 그냥 삽니다. 종합지수를 이길 수 있는 종목은 없습니다. 코로나19로 인한 주식 폭락 때 하한가 가는 종목도 있었습니다. 글로벌 분위기를 보고 관심 있는 종목이 싸 보이면 분할매수하고, 보유 종목이 비싸 보이면 분할 매도합니다. 매도는 가치보다 많이 올랐을 때 하는 전략입니다. 매수 매도 시점을 고려할 때 개인투자자들이 기억해야 할 것은 '주가가 오를 때(비쌀 때) 매도하고 주가가 내릴 때(쌀 때) 매수한다'는 것입니다. 처음부터 습관을 잘 들여야 합니다. 명심하세요.

① 시간의 가치를 고려합니다. 1년 후에 1만 원에서 2만 원을 예상했는데 한 달 만에 15,000원을 간다면 매도합니다. 1년을 기다리려 했는데 11개월이라는 시간을 벌고 50%의 수익이 났기 때문입니다.

② 더 싼 종목이 보였을 때 그것보다 더 좋은 종목이 보인다면 기다릴 필요 없이 매수합니다. 더 좋고 더 빨리 갈 것이 있다면 갈아탑니다. 안전마진을 더 확보할 수 있기 때문입니다.

김정환의 추천
매수/매도 포인트 정리

- 전방 산업 스크리닝, 기업이 좋아지는 것을 확인, 기업 밸류에이션으로 적정가치 확인

- 위의 것을 기본으로 +1, 항상 한방이 더 있는 사업을 주시한다.

- 사업 실현성을 보고 단기/중기/장기 매매를 모멘텀을 삼는다.

- 단기로 얻은 수익은 장기로 오를 종목에 꾸준한 분할 매수

- 6개월의 목표를 두고 투자했으나 1달 만에 급등했다면 과감히 매도한다(매도한 자금은 6개월이 지나면 더 수익이 날 종목으로 옮겨간다. 아직 오르지 않아 하방 변동이 별로 없을 종목으로) 이는 자산의 안정성을 의미한다.

- 매도를 정할 때는 그 다음 싸게 진입할 종목이 있어야 한다(돈을 쉬게 하지 마라)

- 시장이 흔들리거나 위험이 보일 때는 일부 물량을 정리해서 현금을 확보한다.

- 목표주가가 오기까지 막연히 기다리면 안 된다. 주가 변동에 따라 포트폴리오 종목을 크로싱 매매하며 비중 조절하고 일부는 수익 실현한다.

- 매수/매도는 기계적으로 하는 것. 감성이 아닌 이성으로 해야 한다.

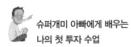

이제 매수/매도 시점을 알아보겠습니다. 매수 먼저 설명하겠습니다. 예를 들어, 저는 [다원시스]라는 기업을 굉장히 오랫동안 지켜봐왔습니다. 그 기업은 항상 제가 생각하는 밸류에이션보다 비쌌습니다. 10년 동안 지켜보기만 하다 2019년에 처음 투자를 시작했고 한번에 대량 매수했습니다. 제가 좋아하고 오랫동안 기술을 봐왔던 기업이고요. 언젠간 꼭 투자하겠다고 10년간 지켜봤습니다.

2018년부터 철도산업을 인수하고 철도사업에 집중적으로 뛰어들기 시작한 다음부터 밸류에이션이 싸질 수 있다는 생각이 들었죠. 드디어 2019년에 기회가 옵니다. 기회가 오지 않으면 아무리 좋은 기업이라도 절대 사지 않습니다. 주가가 13,000원~12,000원까지 폭락하는 사태가 옵니다. 회사는 좋아지고 있었는데도 기다리지 못한 투자자들과 기관투자자들이 던져주면서 일시적으로 아주 좋은 기회가 왔습니다. 저는 12,000원부터 분할 매수에 들어갔습니다. 12,000원에서 11,000원까지, 그리고 다시 상승해 14,000원에서 15,000원까지 줄곧 매수를 하게 됩니다.

이제 기업이 좋아진다는 것을 확인했기 때문에 당연히 매수했고 12,000원대부터 물량을 크게 담았습니다. 먼저 30% 정도의 핵심 수량을 샀습니다. 핵심 수량이란 마지막까지 놓지 않으려고 하는 물량이라고 했습니다. 가장 중요한 물량은 담아놓고 지속적으로 분할 매수합니다. 그것도 한 달에서 두 달이 넘도록 분할 매수했습니다. [경인양행] 같은 경우에는 1년 동안 매수만 하기도 했습니다. 핵심 수량을 매수한 다음에 기업 변화에 따라 천천히 나머지 물량을 분할 매수해 나가면 됩니다. 물론 주가가 빠지면 더 좋겠지만 제대로 분석해서 들어갔다면 그렇게 빠지지도 않을 겁니다.

회사의 미래가 확실하다면 확정된 미래를 포기하지 말자라는 의미에서 내 종목이 매수한 다음에 더 빠져주길 원하지만 시장은 분명히 여러 변수를 반영해서 가는 과정에서 빠져줄 때도 있지만 오를 때도 있습니다. 그럴 때를 대비해서 항상 물량을 더 담을 수량만큼의 현금 비중을 남겨놓고 있어야 합니다. 그 종목의 매수량을 미리 정해 놓습니다. [다원시스]는 제가 60만 주 넘게 샀었던 종목이고 지금도 일정 부분 보유하고 있지만 처음부터 "이 종목은 내 자산의 얼마만큼 담을 것이다"라고 정해놓고 매수에 들어갔습니다. 그래서 그 가격의 변동, 기회가 오느냐 아니면 더 싸게 살 수 있느냐에 따라 수량은 달라집니다. 물론 매수를 결정하고 주가가 올라 기업가치가 상승한다면 주가는 싼 게 아니기 때문에 수량은 분명 줄어들고 저의 포트폴리오 비중도 줄어들게 됩니다. 그래서 저는 주가가 빠지는 기업의 수량이 더 늘어나게 됩니다.

목표한 양만큼 충분히 담았다면 이제 한방을 기다립니다. 이미 제가 공개적으로 공유했지만 [다원시스]를 예를 들면 한방을 보는 것들은 여러 가지가 있습니다. 2020년 초에 발표했던 삼성전자에 들어가는 반도체 장비가 터질 때라든가, 현재도 [다원시스]는 철도 산업에서 완벽한 Cash Flow가 나옵니다. 수주잔고가 1조 5천억 가

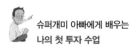

까이 되어 있고요. 이런 것들을 보면서 장기/중기/단기 매매에 모멘텀을 삼게 되는 겁니다. 물론 철도 분야는 수주공시나 실적을 통해 단기적으로 오를 수 있지만 삼성전자의 반도체 장비는 중기 이상을 봐야 됩니다. 그리고 핵심인 플라즈마는 장기에 터질 것이기 때문에 제가 투자함에 있어 담은 수량도 단기/중기/장기 물량이 따로 있습니다.

그러니까 장기를 보고 들어갈 수량은 몇 %가 있고, 단기로 들어갈 물량은 몇 %가 있고, 중기로 들어가는 물량은 처음부터 몇 %가 정해져 있습니다. 그래서 단기적으로, 만약 [다원시스]가 남북경협으로 철도에 대한 기대감에 힘입어 상승한다면 단기 물량은 가차 없이 던질 겁니다. 왜냐면 이미 실현되었기 때문입니다.

가치투자는 무작정 기다리는 것이 아닙니다. 전략적으로 행동하면서 수량들을 조절해가면서 하는 것이 가치투자입니다. 워렌 버핏이 10년, 20년 보유할 기업을 찾는다고 하는데 과연 워렌 버핏은 한 주도 안 팔까요? 아니죠. 수량을 전략적으로 조절하면서 가는 겁니다. 물론 핵심 수량은 계속 들고 가겠지만 일부 수량은 조절합니다. 투자자들이 오해하는 것 중에 하나는 자기가 산 물량들을 마지막까지 꼭 쥐고 가져가야 되느냐? 입니다. 저는 그렇지 않다고 생각합니다.

그리고 제 포트폴리오에는 장기/중기/단기로 운용할 포트폴리오가 따로 있습니다. 왜냐하면 단기에 모멘텀 있는 종목들도 수익이 확실해 보인다면 먹지 않을 수 없으니까요! 다만 빨리빨리 수익실현을 해야 되겠죠. 전방산업이 좋은 시크리컬*(Cyclical, 순환) 종목들이나 아니면 실적이 갑자기 좋아질 기업들, 혹은 뭔가 단기간에 터질 재료가 있는 기업들은 그에 맞게 단기로 보고 들어갑니다. 단 여기서 여러분이 생각하는 단기는 저의 단기와 다릅니다. 저는 단기를 3~4개월 정도 봅니다. 여러분들이 생각하시는 단타나 스윙 수준의 며칠, 1~2주가 아닙니다.

단기에 적합한 시크리컬한 섹터가 어디일까요? 2020년 반도체 기업들이 그렇죠. 시크리컬 종목들인데 전방산업이 워낙 좋아지고, 실적도 좋아지고, D램 가격이 상승하기 때문에 그런 종목에 들어가 만약 단기간 급등하면 ─한두 달 사이에 60~70% 오른다면─ 빠른 시간에 그것을 수익 실현할 수 있는 상황이 생겼으므로 50% 이상을 매도합니다. 시간을 벌었기 때문입니다. 반도체 섹터는 2021년에 빅사이클이 올 것입니다. 잘 살펴보세요.

물론 [경인양행] 같은 종목은 장기 종목이었어요. 10년 동안 두세 번 매도했었는데요. 저는 운용하는 투자금의 규모가 크다보니 1년간 매수만 하다가 어느 정도 시기가 오면 매도만 하게 됩니다. 또 1년간

- **시크리컬(Cyclical)** 소재, 산업재 등의 종목. 여기에 포함되는 업종으로는 자동차, 철강금속, 정유, 조선, 건설, 화학 등이다. '경기민감주'라고 부른다. 반대는 넌시크리컬(Non Cyclical)이며 통신, 전기가스, 식품, 게임 등이 포함된다. '경기방어주'라고 부른다.

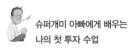

매수만 하고 2~3년간 기다리다가 매도만 하게 되고요. 단기/중기에서 얻은 이익으로 장기에 오를 종목들에 천천히 분할 매수를 들어가는 겁니다.

제가 장기로 보는 종목은 자산가치주들이 있고요. 잘 오르지 않는 [서부T&D] 등은 아주 장기로 모아갑니다. 물론 장기 종목이라 해도 도중에 급상승하거나, 아무 이유 없이 오른다면 일부 당연히 매도해서 현금을 챙겨야 되고 다시 수량을 늘려가기를 합니다. 수량 늘려가기는 일부 고점에 팔아서 저점에 다시 사는 전략입니다. 그런데 그게 꼭 성공하지는 않습니다. 이때 계획대로 더 싸게 못 사면 못 사는 것입니다. 그 원칙을 스스로 지킬 줄 알아야 합니다. 어차피 시장에 살 종목은 많으니까요!

시간을 기다려서 더 오를 종목에 들어가라

투자자가 가장 고민하는 것이 목표 주가를 정하고 밸류에이션을 했는데 단기간에 급등할 때입니다. 목표 주가까지는 아직 많이 남았지만 그 가는 과정에서 어느 날 급등했을 때요. [코미코]라는 기업을 한번 예를 들어 보겠습니다. 제가 2만 원 중반부터 투자를 시작했는데 2020년 9월 기준으로 4만원이 넘었습니다. 물론 중간에 수익실현도 하고 매수도 하긴 했지만 목표주가는 5만 원대 이상 나오고 밸류에이션을 높게 쳐준다면 6만 원 이상도 볼 수 있습니다. 25,000~27,000 원 대에 집중적으로 매수했었는데 눈 깜짝할 사이에 35,000원 되었거든요. 6개월에 4만 원이라는 목표 주가를 세워 놓았는데 한 달 만에 35,000~38,000원 왔으니 저는 5개월의 기간을 번 것입니다. 물론 급하게 올랐기 때문에 이격도가 커져서 당연히 하락할 수 있는 모습도 보이고(이후 10월에 다시 하락했다가 11월 하순이 되어서야 전고점을 뚫고 올라옴), 장기적으로는 우상향을 믿지만 5개월을 얻은 겁니다. 그러니 당연히 매도에 들어갑니다. 그리고 그 매도 수량으로 더 싸보이는, 즉 6개월을 기다리면 더 많은 수익이 날 종목으로 옮겨갑니다. 이런 이유를 바탕으로 매수/매도를 합니다.

이격도(Disparity)

주가와 이동평균선 간의 괴리 정도를 보여주는 지표로 당일의 주가를 이동평균치로 나눈 백분율이다.

$$C/avg(C, period) \times 100$$

이격도가 100% 이상이라는 것은 당일 주가가 이동평균선보다 위에 있는 상태이고 반대로 100% 이하는 주가가 이동평균선 아래에 있는 상태를 뜻한다. 즉 이격도가 100 이상이면 단기적으

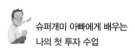

로는 주가가 최근 상승했음을 뜻한다. 이격도가 일정 수준 이상 이나 이하에서 변곡점이 나타나거나 기준값을 돌파하면 매수, 매도의 시점에 도달한 것으로 볼 수 있다.

그러면 의문이 듭니다.

"목표 주가는 5만 원인데 왜 지금 4만 원이나 3만 5천 원에 팔아야 하지?"

제가 말한 '더 싸고 6개월을 기다려서 더 많이 오를 종목에 들어간 다'는 의미는, 안정성을 택하는 것입니다. 아직 오르지 않아 시장이 흔들리더라도 하방 변동이 별로 없을 종목을 다시 찾아 들어가는 것 이죠. 물론 목표주가는 더 높아져 있는 종목을 말합니다. 그래서 제가 [코미코]를 팔고 들어간 종목이 [켐트로닉스]입니다. 당시 12,000원, 11,000원대에 있었죠. 앞으로 6개월이라면 3분기 정도 보는데 3분기 정도에 굉장히 좋아질 것이라 봤습니다. 실제 그에 따라 이 종목도 큰 상승을 했습니다.

[코미코]는 35,000원에서 40,000원으로 올라갔고, [켐트로닉스]는 12,000원에서 16,000원까지 더 많은 상승을 했습니다(10월 들어 2만 원까지 급상승, 2021년 1월 3만 원 돌파). 결과적으론 성공한 거죠. 그렇지 만 아직도 [켐트로닉스]가 더 바닥에 있다는 점을 인식해야 됩니다. 이렇게 성장성에 있어 더 많은 성장을 할 수 있다고 보고 같은 점수를 준다면 더 싸진 종목으로 옮겨가는 게 저의 매매전략입니다. 만약 [코

미코]를 들고 있으면서 옮겨갈 종목이 없다면? [코미코]는 그냥 들고 갑니다.

더 싸 보이는 종목이나 더 투입해서라도 들어갈 종목이 없다면 당연히 보유하지만 [켐트로닉스]를 보았고 만약 [켐트로닉스]보다 더 싼 종목이 있고 더 상승할 종목이 있다면? 더 안전하다면? [켐트로닉스]는 바로 매도 들어가는 겁니다. 이어서 분할 매수로 천천히 사 모으는 거죠. 이처럼 명확한 판단 기준을 바탕으로 유연하게 대처해야 합니다.

가치투자는 막연한 기다림이 아니다

그리고 제가 매수/매도를 하는 또 하나의 방법이 있습니다. 자신이 투자를 하게 된 초기의 투자 아이디어로 오르지 않고 다른 이슈로 급등하면 저는 반드시 전량 매도합니다. 예를 들어 [삼천리자전거]는 첫 매도할 때 지분공시*를 하기 전에 약 30만 주를 보유하고 있었습니다. 어느 날 갑자기 남북경협으로 2번이나 상한가를 갔습니다. 그때 개성공단과 관련된 이상한 루머가 돌았습니다. 개성공단을 검토한 적은 있지만 [삼천리자전거]는 개성공단에 공장이 없었습니다. 그런데 시장은 남북경협주로 보고 또 개성공단 관련주로 보고 3번 상한가 치면서 2번 '따블'이 났습니다. 저는 전량 매도를 했습니다. 그리고 나서

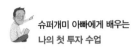

다시 매수 기회를 봅니다. 왜냐면 이슈로 비이상적으로 오른 것이기 때문에 분명 떨어지게 되어 있습니다.

[경인양행]을 한번 대량 매도했을 때도 그랬습니다. 저는 [경인양행]을 전자재료, 반도체 소재 쪽으로 생각하고 매수했습니다. 한때 크게 올랐던 이유가 사카린의 일시적인 호재로 2,000원이었던 주가는 단숨에 8,000원까지 급등했습니다. 그때 저는 전량 매도했습니다. 제가 가진 투자 아이디어가 아닌 이슈나 다른 이유로 급등했기 때문입니다. 이런 경우는 행운이라 그러죠. 저는 그럴 때 가차 없이 전량 매도합니다.

그리고 수급에 따른 매도가 있습니다. 이 방법은 저만의 노하우입니다. 저는 호가창을 보면서 매수/매도를 결정하기도 합니다. 호가창을 보면 대량 거래가 같이 터집니다. 물론 급등할 때는 매수/매도 공

- **지분공시** 상장주식 등의 변동 정보를 신속하게 공시토록 하여 회사 내부자(임원, 주요 주주)의 미공개정보 이용을 예방하고, 적대적 M&A에 대한 합리적 경영권 방어 등 기업지배권 시장의 투명성 제고와 투자자 보호를 위한 제도이다. 본인과 특별관계자의 소유분을 합하여 주권상장법인 또는 협회등록법인의 주식 등을 5% 이상 보유하게 된 자는 그날부터 5일 이내에 금감위와 거래소 또는 협회에 보고(최초보고)하고, 이후 보유 주식이 1% 이상 변동하는 경우에는 변동일로부터 5일 이내에 금융감독원과 증권거래소 혹은 코스닥위원회에 보고(변동보고)해야 한다. 또한 임원 및 주요 주주(10% 이상 보유주주)의 경우 5일 이내에 지분 소유 사항을 신고해야 하며, 이후 소유주식수가 1주라도 변동이 있는 경우, 그 변동이 있는 날부터 5일까지 증권선물위원회와 거래소에 보고하여야 한다.

– 출처 : 네이버 지식백과

방이 일어나는데 제가 매도할 때는 잦은 소수 물량들로 매수 들어올 때입니다. 예를 들어, 거래 체결이 너무 빨리 일어나는 수준, 단기적으로 작은 물량들이 수없이 들어올 때, 크게 걸린 대량의 매도 물량을 소수의 매수 물량들이 빠르게 먹어갈 때입니다. 작은 물량이 먹어간다는 건 체결 수량이 크지 않지만 빠르다는 겁니다.

10만 주가 깔렸는데 100주, 200주씩 빠르게 물량을 소화하면서 가는데요, 저는 그런 매매의 유입을 별로 좋아하지 않습니다. 왜냐하면 개인투자자들이 많이 붙었다고 보기 때문입니다. 제가 좋아하는 매수는 큰 물량을 크게 잡아가는 겁니다. 10만 주의 매도 호가가 걸려 있는데 100주, 200주씩 쳐서 10만 주를 먹어가는 것이 아니라 빠르지 않아도 한번씩 5만주, 10만주씩 잡아가는 게 큰손이 매수 주체로 들어왔다는 거죠. 그런 날은 여지없이 기관이나 외국인 큰손들의 매수가 찍히곤 합니다.

그래서 시장의 이슈로 작은 수량들이 많이 들어올 때 개인들이 너무 많이 붙었을 때는 저는 매도를 시작합니다. 그러나 큰 수량, 일명 매집 수량들이 들어올 때는 아무리 올랐어도 절대 팔지 않습니다. 그들이 빠져나갈 때까지 관찰하며 기다립니다. 그렇지만 저라고 이를 다 확신할 수는 없습니다. 따라서 일정 가격이 오면 기계적으로 매수/매도합니다. 일부 수량이라는 겁니다.

핵심 수량은 반드시 남겨놓아야 합니다. 보통 30%~50%를 말합니다. 이 수량은 내가 생각한 투자 아이디어가 변하지 않을 때까지 들고

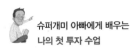

갑니다. 나머지 50% 정도는 특정 가격이 오면 매수/매도를 유연하게 합니다. 가령 시장이 흔들리거나 혹은 시장위험이 보일 때는 일부 물량은 당연히 팔아서 현금을 확보해 둡니다. 이것이 저의 매매전략입니다.

많은 사람들이 제가 곰팡이 투자, 그 다음에 엉덩이 투자를 한다고 하니까 그냥 목표 주가까지 막연히 들고 간다고 생각합니다. 절대 그렇지 않습니다. 주가에 따라 포트폴리오 종목을 크로싱 매매하면서 비중 조절을 합니다. 빠지면 더 살 종목이 있고, 오르면 조금씩 비중을 줄여가는 전략적인 투자 방법입니다. 가치투자는 막연한 기다림이 아닙니다.

이익을 실현하는 사람만이 투자를 통해서, 경험을 통해서 그 맛을 볼 수 있습니다. 이것이 반복되고 쌓여서 자기 것으로 체득된다면 매수/매도는 어렵지 않습니다. 여러분의 마인드로 하는 것이 아니라, 감성적으로 하는 것이 아니라, 이성적으로 기계적으로 해야 됩니다. 급등하면 일부 수익을 챙길 수 있어야 합니다. 수익도 작든 크든 확정짓는 연습이 필요합니다. 그리고 자신의 노력으로 만든 수익으로 반드시 현실의 삶에서 보상하세요. 소소한 행복을 선사하세요. 그런 경험들이 쌓여 성공하는 투자자를 만듭니다.

▶ 슈퍼개미 매매법 공개 유튜브 강의 보러가기

다양한 매매 주문 방법

주식을 주문하다 보면 매매와 관련된 용어도 많고 실제 방식에도 여러 가지 방법이 있다는 것을 알 수 있습니다. 주로 사용하는 주문은 지정가(보통)이지만 주문방식도 알아두면 좋습니다. 특히 매수/매도를 해야 하는데 하루 종일 HTS를 볼 수 없는 경우 알아두면 유용하게 사용할 수 있습니다. 가능 시간대와 방식도 익혀두세요.

- 보통가 : 가장 기본적인 매매주문 형태로 종목의 수량 및 가격을 지정해 주문하는 방식입니다.
- 시장가 : 매매를 원하는 종목과 수량만을 지정하고 가격은 지정하지 않습니다. 원하는 수량이 체결될 때까지 가격이 올라가거나 내려가며 주문이 체결됩니다. 쉽게 설명하면 100주를 걸어놓으면 그 주식을 물을 타가며 살 수도 있습니다. 단점은 의도치 않게 높은 가격으로 매수될 수 있다는 점입니다.
- 조건부지정가 : 매매시간(9:00~3:20)에 지정가 주문을 냈으나 체결되지 않는 경우가 있습니다. 이 경우 장 마감 전 10분간의 단일가 매매시간에 자동으로 시장가로 전환되는 주문입니다. 이 방법은 꼭 매매를 체결시키고자 할 때 사용합니다.
- 최유리지정가 : 매매를 원하는 종목과 수량만을 지정하고 매매가격은 반대 방향의 최우선호가로 지정되는 주문입니다.

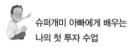

슈퍼개미 아빠에게 배우는
나의 첫 투자 수업

- 동시호가 : 호가란 매수와 매도 주문 가격입니다. 증권시장에서의 유가증권 매매거래 시 동시에 접수된 호가 및 시간의 선후가 분명하지 아니한 호가를 말합니다. ①매매시간(전장 또는 후장)의 최초 가격 결정 시 호가접수 개시 시점부터 장 개시 시점까지 접수된 호가, ②시장의 임시정지 또는 매매거래가 중단되었다가 재개할 경우 시장 또는 매매거래의 재개부터 10분간 접수된 호가, ③거래소가 따로 정한 종목의 종가결정 시에 장 종료 10분 전부터 장 종료 시까지 접수된 호가를 말합니다.

  위의 호가로 매매거래가 성립하지 않으면 최초의 가격결정이 있을 때까지의 모든 호가를 동시호가로 봅니다. 주문시간은 장 개시 전 60분(8~9시)과 장 종료 전 10분(3시 20~30분)이며, 각각 9시와 3:30분에 일괄 체결됩니다.

- 장전시간외 : 장전 시간 외 매매시간에 사용하는 주문입니다. 전일 종가로 매매되며 오전 7:30분에서 8:30분까지 1시간 동안 진행됩니다. 체결 방식은 실시간 체결입니다. 내가 매도 주문을 낼 때 앞선 매수 주문이 있으면 체결되지만 매수 주문이 없고 매도만 있다면 앞선 주문이 체결된 후 내 주문이 체결됩니다.

- 장후시간외 : 장후 시간 외 매매시간에 사용하는 주문입니다. 시간외종가 매매와 시간외단일가 매매로 구성됩니다. 시간외종가는 종가로만 매매할 수 있으며 주문은 3:30분부터 가능하고 체결은 3:40분부터 이뤄지며 4시에 끝납니다. 시간외단일가 매매는 종가

에서 +-10% 범위에서 참여자들에 의해 결정됩니다. 시간외 매매는 오후 4시에서 6시까지 진행되며 10분 단위로 이뤄집니다. 2시간이므로 총 12번의 동시호가를 통해 거래됩니다. 다만 정규시장의 상하한가(+-30%)를 벗어나지는 못합니다.

- 정규시장과 예약주문 : 정규시장 혹은 장중 거래는 9시부터 3:30분까지이며 8~9시는 시가를 결정하는 동시호가 거래, 3:20~30분은 종가를 결정하는 동시호가 거래입니다. 만약 정규장 이전에 주문을 하고 싶다면 예약 주문을 이용할 수 있습니다. 내일의 정규시장에 참여할 예약 주문은 9:30~ (익영업일) 7:30까지 가능합니다.

뉴스와 공시를 이용한 매수/매도 방법

뉴스는 종목 매매 시 매우 중요합니다. 뉴스가 터지면 무조건 매도 관점으로 가야 하는 경우가 있습니다. 횡령, 인수합병 실패, 대형 계약의 해지, 대주주 매도, 노사분규, 감자 등으로 인한 자본금 감소는 시장가 매도 처리 이후 상황을 지켜봐야 합니다. 매수 관점으로 접근해야 하는 뉴스는 영업실적이 좋아졌다거나 개발 특허, 자원개발 참여, 무상증자 경영권 분쟁, 대주주 주식매수, 자사주 매입, 자사주 소각, 외자유치, 외국인의 대량 매입 등입니다.

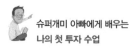

매도 시에는 보유 주식의 전량을 한 번에 매도해야 한다는 것을 기억하세요. 하지만 매수 시에는 분할 매수로 대응하는 것이 중요합니다. 매수하지 못해 수익을 얻지 못하는 것은 후회로 남지만, 매도하지 못해 손실을 입는 것은 아픔으로 남는다는 사실을 명심하세요. 뉴스를 통한 매매에서 중요한 것은 최소한의 조건입니다. 지속적인 이익을 내고 있으면서 저점을 찍고 반등하는 상승 추세의 종목이어야 합니다. 급등을 주는 뉴스는 많지만 그중 인수합병 관련 뉴스가 나오면 가장 빠른 상승률을 보입니다. 다른 급등 뉴스는 급등 후 발표되는 것이 대부분이기 때문에 매수 타이밍을 잡기 어렵습니다. 저는 개인적으로 뉴스와 공시를 이용한 매수/매도를 추천하지 않습니다. 진정한 투자자라면 뉴스와 공시가 나기 전에 미리 예상하고 매매에 대한 포지션이 잡혀있어야 되겠죠.

[그림 25] 차트는 2017년 인수합병 이슈로 급상승 후 [SK증권] 인수 실패로 급격하게 빠지는 [케이프투자증권]의 차트입니다. 투자하는 데 참고하기 바랍니다.

개인투자자들은 뉴스를 미리 알지 못합니다. 그러면 어떻게 해야 할까요? 자신의 안목으로 봤을 때 일시적 상승으로 끝날지 지속적인 영향을 주가에 미칠지를 분석하여 매매에 활용하는 것입니다. 뉴스 발생 전에 대량거래와 이평선을 돌파하는 움직임이 먼저 나왔거나 저점 대비 많이 상승한 움직임을 보였다면, 뉴스를 미리 알고 선취매했던 매수 세력이 설거지 후 나갈 수 있다는 것을 염두에 두고

[그림 25] 케이프투자증권 일봉 차트

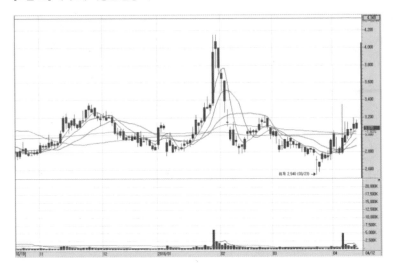

대응해야 합니다.

그 외에 시장에서 사용되는 방법들과 용어들을 알아두세요.

- 설거지 : 세력이나 특정 매수주체가 작전 또는 큰 폭의 주가 상승 후 고점에서 수익을 실현하기 위해 일부러 개미투자자들을 유혹해 높은 가격대에서 잔여 물량을 팔아넘기는 행위를 말합니다. 주가가 상승할 것처럼 차트나 정보를 이용해 매수세를 불러일으키고 자신들은 대량으로 빠져나오는 전략입니다.
- 물타기 : 시세가 떨어질 때 매수물량을 점차 늘려 매입 평균단가를 낮춰 가능한 한 손해 위험을 줄이려는 행위를 말합니다. 향후

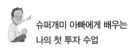

가격이 상승할 것으로 전망하고 일정한 가격으로 증권을 매입했을 경우 예상과 반대로 가격이 하락했을 때 그 하락한 가격으로 매입량을 늘림으로써 매입평균단가를 낮추는 방법입니다.

- 손절매 : 주식을 매입한 시세보다 낮은 상태에서 추가적인 하락이 예상될 때, 그 하락폭을 피하고자 손실을 감수하고 주식을 매도하는 것입니다. 투자자마다 원칙이 있지만 보통 -5%, -10%, -15% 등 일정 수치를 정하여 추가 하락 방지를 위해 손절매를 실시합니다.

예1) 엘리어트파동이론◉에 의거하여 상승3파의 꼭지 부근에서 매도라고 판단되고, 매도 타이밍을 놓친 경우 일반적으로 조정4파의 조정폭이 평균 38.2%가 되므로 손절매한 후 4파의 조정폭이 끝나가는 시점에서 재매수하는 방법.

예2) 매수 후, 일정 비율의 하락폭과 그에 따른 매수주식의 매도비율을 정하고 분할하여 매도하는 방법.

- **엘리어트 파동이론(Elliott Wave Theory)** 주가는 상승 5파와 하락 3파로 움직이면서 끝없이 순환한다는 이론. 엘리어트는, 주가는 연속적인 파동에 의해 상승하고 다시 하락함으로써 상승5파와 하락3파의 8개 파동으로 구성된다고 주장했다. 큰 사이클인 주순환파를 완성하기까지는 보통 3년 정도가 소요된다. 상승5파의 1번, 3번, 5번은 상승파동(주파동 또는 충격파동)이고, 2번, 4번은 하락파동(조정파동)이다. 1번에서 5번까지의 상승 국면이 끝나면 하락3파에서 하락 국면이 시작된다.

- 미수금 : 보통거래 및 신용거래와 관련하여 고객이 증권회사에 납부하여야 할 현금, 즉 매수 대금의 미납금, 신용상환의 결제부족금, 무상주에 대한 제세금 미납분 및 유상증자 청약대금의 부족액을 말합니다. 미수금이 발생하면 증권회사는 고객에게 구두, 전화, 서면 등의 방법으로 즉시 통보하여 납부토록 해야 하며 만일 기일 내에 납입되지 않으면 수탁계약준칙에 따라 결제정리하는 것을 원칙으로 합니다. 미수금이 많이 발생하면 미수금 정리를 위한 매도물량이 늘어나기 때문에 장세도 영향을 받습니다.

- 호재 : 금리인하 등의 경기부양책, 증자 또는 기관투자자의 대량 매수 등 시세를 오르게 하는 요인을 말합니다.

- 악재 : 주가 변동에 악영향을 미칠 것으로 예상되는 요인입니다. 시장외적 악재와 내부적 악재가 있는데 금리인상, 경기침체 등과 같이 장세 전반에 영향을 미치는 요인들을 시장외적 악재라 하고, 신용거래의 과다나 대주주 또는 기관투자자의 대량매도 등을 시장내부 악재라 합니다.

- 증거금 : 증권시장에서 고객이 주식을 매매할 경우 약정대금의 일정 비율에 해당하는 금액을 미리 예탁하는 금액으로써 보증적 성격의 금액입니다. 현재 현물시장에서의 최저 증거금은 약정금액의 40%로 되어 있으나 증권당국은 시장 상황에 따라 증거금률을 조정함으로써 장세조정의 수단으로 이용하기도 합니다. 한편 선물거래에서의 증거금은 가격변동에 따른 선물계약자의 계약이행

보증을 위해 선물거래 중개회사와 청산기관에 납부하는 담보적 성격의 금액입니다. 선물거래에서 증거금은 고객이 중개회사에 납부하는 위탁증거금과 청산회원이 청산회사에 납부하는 청산증 거금이 있습니다. 위탁증거금은 거래를 개시할 때 예탁하는 개시 증거금과 선물계약잔고를 유지하는 데 필요로 하는 유지보증금, 손실이 발생하여 일정한 수준 이하로 떨어질 경우 개시증거금 수준으로 회복하는 데 필요한 변동증거금 등으로 나눕니다. 청산증 거금은 중개회사가 고객에게서 납입 받은 위탁증거금 중에서 일부를 청산기관에 예탁하는 것을 말합니다.

- 신용거래 : 증권회사로부터 대금이나 주권을 차용하는 거래를 말합니다.

- 신용잔고율 : 해당 종목의 상장주식 중 신용으로 거래한 주식의 비율입니다.

- 신용공여율 : 결제일 기준 하루거래량 중에서 신용으로 거래한 주식의 비율입니다.

- 반대매매 : 증권사의 돈을 빌리거나 신용융자금으로 주식을 매입한 후, 약정한 만기기간 내에 변제하지 못한 경우 주식을 강제로 일괄매도 처분하는 것을 말합니다.

∘● 매도 시에는 보유 주식의 전량을 한 번에 매도해야 한다는 것을 기억하라. 하지만 매수 시에는 분할 매수로 대응하는 것이 중요하다. 매수하지 못해 수익을 얻지 못하는 것은 후회로 남지만, 매도하지 못해 손실을 입는 것은 아픔으로 남는다는 사실을 명심하라.

[Q & A] 묻고 답해 보세요! ●

Q 주식투자를 하다가 생각하지 못한 악재가 나오면 보유주식을 어떻게 해야 할까?

Q 1년을 보고 주식을 샀는데, 1개월 만에 목표가에 도달하면 어떻게 해야 하지?

Q 주식을 살 때는 조금씩 나눠서 분할로 사고, 팔 때는 한 번에 팔아야 하는 이유를 설명할 수 있겠니?

Q 가지고 있다가 오를 것이라는 예측이 틀리면 어떻게 해야 할까?

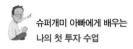

기대되는 산업과 숨겨놓은 힌트

오늘은 산업에 대해 이야기를 나누어볼까. 첫 번째로는 Top-Down 방식이 있지. 먼저 산업을 공부하고 거기에 맞는 재료의 기업들을 찾아내는 방법이지. 산업을 먼저 보고 좋은 기업을 스크리닝해서 투자 포트폴리오에 담는 방식이야. 예를 들어 반도체 산업이 앞으로 더 발전하고 섹터가 강하다면 그중에서도 어느 분야가 강할지, 전·후 공정에서 수혜를 받을 기업이 어딘지 예상하고 추적하는 거지. 실제로 3~4개월 전에 아빠의 유튜브 채널에서 산업별 분석을 해줬는데 지나고 보니 어떻게 됐어?

맞아떨어졌어!

많은 사람들이 이제 와서 그때의 분석 영상을 다시 보니 마치 미래를 미리 다녀온 것 같다는 말을 하잖아. 뒤늦게 아쉬움을 표현하는 사람들도 많았지. 그런데 지금도 늦지 않았어. 시장은 항상 돌아가고 기회는 늘 오고 있으니까.

그 기회를 또 놓치면 안 되겠지.

우리가 기업을 볼 때 가장 중요한 것은 Top-Down 방식이야. 탑다운은 위에서부터 내려온다는 거야. 즉 큰 산업의 변화를 먼저 보고 그 산업 안의 기업을 보면서 어떤 기업이 좋아질지 미리 분석하는 거야. 올해부터 성장할 산업들, 내년에 성장할 산업들을 미리 알아보고 그에 맞는 기업들을 찾는 거지. 이안이가 2015년에 미국 여행 갔을 때 보았던 기업들 중에 특별한 기업이 뭐였지?

룰루레몬. 캐나다 밴쿠버에서 탄생한 요가에서 영감을 받은 프리미엄 기능성 스포츠웨어 브랜드였어.

그때 우리는 룰루레몬이 뜰 줄 알았잖아. 주가가 얼마였지? 80달러?

맞아.

지금은 400달러까지 올랐다가…

340달러 정도 해.

만약 그때 그 주식을 샀다면?

엄청 이익이 났겠지.

옷만 사는 게 아니라 그때 네가 룰루레몬의 주식을 샀다면 지금은 룰루레몬의 옷을 몇 벌을 살 수 있을까?

아, 그건 계산을 안 해봤네.

예컨대 그때 10만 원짜리 룰루레몬 가디건을 안 사고 지금 산다면 4벌을 살 수 있어. 그치?

그렇네~

그리고 또 엄마랑 매일 갔던 쇼핑몰 기억나니?

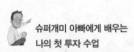

슈퍼개미 아빠에게 배우는
나의 첫 투자 수업

🧑 홀푸드마켓. 미국과 영국, 캐나다에 있는 유기농 대형마트였어.

🧑 그곳은 왜 좋아했었니?

🧑 요즘 우리나라의 SSG와 비슷하게 신선한 유기농 재료가 가득하고 맛까지 있어서.

🧑 그래서 뜬 기업이지. 회사 주가는 많이 올랐을까?

🧑 검색을 했는데 안 나왔어.

🧑 상장(IPO)이 안 되어있나 보구나.

🧑 상장은 되어있는데 2013년까지밖에 안 나와 있어.

[* 2017년, 미국 아마존은 친환경 유기농 식료품점인 홀푸드마켓을 아마존 역대 최대 금액인 137억 달러(한화 15조 원)에 인수했다.]

🧑 그래? 다른 회사로 넘어갔나? 체크해봐야겠구나. 룰루레몬이나 홀푸드마켓을 보면서 거기에 맞는 기업들을 찾는 거야. 룰루레몬은 이미 성장기는 지났잖아. 왜냐면 경쟁자들이 출현했거든. 그때는 룰루레몬 혼자 달리고 있었지. 그걸 'First Mover Advantages'라고 해. First Mover가 나와서 빠르게 성장하고 있으면 이제 누가 나와?

🧑 Second?

🧑 세컨티어(Secontier)들, 경쟁자(Competitor)들이 들어와서 세컨 브랜드들이 등장하지. 지금 시장에 많은 세컨 브랜드들이 나와 있잖아. 우리나라만 해도 유명한 젝시미스(XEXYMIX), 미국에도 관련 브랜드들이 굉장히 많이 나왔어. 혼자만 달릴 수는 없거든.

🧑 아~

🧑 퍼스트 무버가 달리고 있으면 모방 전략(Me-too Strategy), 즉 비슷한

제품을 내놓는 거야. 같이 경쟁을 시키는 거지.

경쟁은 소비자들에게 좋은 거잖아.

맞아. 예전에 스마트폰이 처음 나왔을 때 아이폰 ios가 나오고 삼성도 빠르게 스마트폰에 진출했어. 아이폰이 치고 올라갈 때 삼성은 후발주자였지만 넘어섰잖아. 딱 그 시점에 우리나라 전자제품의 모방전략 최고봉은 LG전자였어. LG전자가 밑에서부터 5%대까지 점유율을 높여나갔지. 막 따라 붙었는데 결국 끝까지 따라가지 못했고, 삼성만 치고 올라갔어. Me-too전략에서 혁신적 제품을 금방 따라잡을 수 있을 것 같지만 높은 기술력이 필요한 제품들은 모방전략으로 따라가기 어려워.

아하! 그렇구나.

우리는 항상 산업을 보면서 시장에 초점을 맞추고 있지. 사람들은 자신도 모르게 생활 속의 발견을 해나가고 있어. 슈퍼에 가면 이안이도 "아빠, 이 제품 진짜 좋아! 여기 회사가 xx야.", "이 게임 진짜 재밌어! 이 회사가 상장되었는지 보고 있어"라고 말하잖아.

맞아! 무의식적으로 관찰하지.

그것이 생활 속의 발견이야. 우리가 쓰는 모든 제품은 다 주식과 연관되어 있지. 우리가 열심히 공부하는 것도 잘 먹고 잘 살기 위해서잖아.

응.

잘 먹고 잘 살려면 솔직히 뭐가 필요해?

돈!

그렇지! 뭐니뭐니해도 머니(Money)가 필요하지. 네가 수입하고 싶어

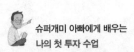

하는 의류 브랜드 있잖아. 우리나라에 없어서 직구로만 힘들게 구해서 입는 그 옷.

응. 우리나라에는 하나도 없어.

우리나라에 들여오려면 라이센스를 받아야 해. 그런데 아무에게나 판권을 주지는 않겠지. 라이센스를 받으려면 어떻게 해야 할까?

우선 그 회사에 연락을 해야겠지.

그렇지. 회사에 연락해서 나는 이러 이러한 사람인데 당신네 제품을 한국에 판매하고 싶다, 우리나라 시장은 이러한데 나는 어떤 방식으로 얼마큼 판매할 수 있다, 조건이 있다면 알려 달라, 이런 식으로 요청할 수 있겠지. 그 회사가 자본금 있냐고 물으면, 아빠가 자본금을 빌려줄 수 있지. 그러면 우리 이안이가 대표가 되는 거야. 아빠는, 회사 대표는 꼭 어른이 되어야 한다고 생각하지 않아. 능력만 있다면 어린 나이에도 자기 사업을 할 수 있는 거야.

그러면 나는 돈을 벌어서 아빠에게 빌린 돈을 갚으면 되겠네.

맞아. 우리나라는 여러 부분에서 세계 1등을 기록하고 있어. 철강, 조선업도 있고 TV, 냉장고, 에어컨 등등 생활가전도 우리나라가 세계 1위지.

정말? 대단하다.

그리고 이안이가 쓰는 아이폰12 있잖아. 그 안에 들어가는 부품 중 우리나라 제품이 몇% 일까?

음… 7%?

무려 27%야.

우와~

그 비율은 점점 올라가고 있어. 10% 안팎에서 시작해 지금은 27%로 올라갔지. 사람들은 애플의 감성을 쓰고 있지만 사실은 대한민국의 기술을 쓰는 것과 마찬가지. 아빠는 그래서 우리나라를 자랑스러워해. 그러면 이러한 아이폰이나 전자기기들이 발전할수록 많이 쓰이는 게 뭘까? 그 안에 들어가는 반도체지. 앞면의 디스플레이 패널까지 우리나라 기업 제품이야. 소프트웨어나 UI만 애플이고. 만약 한국 제품이 애플에 공급이 안 된다면 어떻게 될까?

아이폰이 스마트폰을 만드는 데 어려움을 겪겠지.

맞아, 아이폰의 제품력이 하락하겠지. 이를 글로벌라이제이션(Globalization)이라고 해. 세계는 다 하나로 묶여 있다는 거지. 삼성이 잘돼야 아이폰도 잘되고 아이폰이 잘돼야 다시 삼성이 잘되고 LG도 잘되지. 그러면 [LG이노텍], [하이비젼시스템]도 잘돼.

그렇구나.

이처럼 투자를 한다는 것은 공부를 한다는 거야. 산업을 공부하고 기업을 공부하고 기업의 변화를 공부하는 것이지. 워렌 버핏과 찰리 멍거도 책에서 이야기했잖아. "잘 아는 기업에만 투자한다"고. 그 말은 다른 기업은 잘 모른다는 거야. 아빠도 잘 아는 부분을 더 계속해서 아주 깊게 공부해 나가는 거야. 작은 아이폰 안에도 수많은 기업들의 땀과 결실들이 있다는 것을 기억하고 그 변화를 체크해나가는 것이 투자야. 무슨 말인지 알겠니?

응!

아빠와 딸의 대화영상 보러가기 ▶

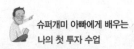

48 | 포트폴리오 구성이 뭐예요?

포트폴리오 구성은 어떻게 하나요? 2~3 종목만 가지고 있어도 포트폴리오 구성을 해야 하나요? 내가 가진 돈을 전부 주식에만 투자해야 하나요? 아니면 다른 곳에도 투자해야 하나요?

· · ○ · ·

가치투자자는 현재 포트폴리오와 새로운 가능성 있는 투자 기회를 지속적으로 비교해야 한다.

세스 클라먼

목숨을 건 승부?

목숨을 걸고 승부하라는 말은 그만큼 투자할 종목을 선택하고 끝까지 추적하여 성과를 얻어내라고 하는 것이지 정말 목숨을 걸라는 강요는 아닙니다. 스포츠 경기 도중 숨이 깔딱깔딱할 때는 탭을 쳐야 합니다. 그래야 다음 승부를 걸 수 있습니다. 하락장에서 잘 나가던 후배들은 탭조차 못치고 실신해버렸습니다. 치명상을 입어 복귀가 불가능했습니다. 그만큼 투자는 위험하고 누구나 실패할 수 있는 요소가 있습니다. 어느 순간 잘못 꽂힌 한 종목 때문에 패가망신하기도 하는 게 투자입니다.

그래서 투자자는 좋은 뷰를 갖기 위해 노력해야 합니다. 끊임없이 좋은 글들을 읽어 자신의 것으로 만들어야 직관력을 유지할 수 있습니다. 저도 자주 투자에 깨지곤 합니다. 물론 저에게는 일시적이라 느껴지지만 남들에게는 굉장히 긴 시간을 죽여버리는, 즉 기회비용을 날려버리는 투자자라 보일 수도 있습니다. 제가 탭을 칠 때는 투자 아이디어가 훼손되어 복구 불가할 때뿐입니다. 일시적으로 훼손된 것은 그냥 몇 년 버티기도 합니다.

투자자는 자신만의 페이스메이킹을 해야 합니다. 주위의 고수익자들을 바라보며 급등주를 따라잡으려 하거나 잘 모르는 바이오주에 들어가 오버페이스를 하면 절대 안 됩니다. 이것은 승부라 할 수 없습니다. 무모함입니다. 중간 수익으로 꾸준히 안전하게 장기간 가면 무서운 복리의 마법을 얻을 수 있습니다. 승부는 철저히 이길 수 있을 때만 걸어야 합니다. 승부를 건 후에 승리할 방법을 찾는 것이 아니라 승부를 걸기 전에 이길 방법이 이미 있어야 합니다. 그리고 잘난 사람들의 수익을 추종하지 마십시오. 자기 능력껏 풀코스를 뛰어야 합니다. 누가 치고 나가면 그냥 두십시오. 빨라 보여도 경기에서 초반에 치고 나간 사람이 중도에 포기하는 경우가 많습니다.

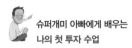

자신만의 페이스로 뛰다가 마지막 기회가 왔을 때 힘껏 치고 나가는 겁니다. 적정한 능력도 준비도 안 되어 있으면서 무작정 남들 따라서 뛰다가는 얼마 가보지도 못하고 퇴출됩니다. 그리고 자신의 나이에 맞게 투자하는 것도 중요합니다. 결혼하기 전, 보통 30대 초반까지는 한번쯤 무리한 승부를 걸어도 되지만 50이 넘으면 보수적인 투자를 해야 합니다. 지켜야 할 가족들이 너무 많기 때문입니다. 투자하기 전에 자신을 먼저 파악하십시오. 나의 나이와 처한 상황에 맞게, 투자 포트폴리오에 맞게 자신의 페이스를 찾으세요. 정해진 답은 없습니다.

투자금액에 따른 투자 적정 종목 수

① 1천 씨드 (1~2종목)

② 5천 씨드 (2~3종목)

③ 1억 씨드 (4~5종목)

　※ 단, 한 종목 한 종목을 깊이 파야 합니다. 백화점식 투자는 수익이 떨어집니다.

투자성향과 투자금액과의 관계

투자금액이 적을수록 공격적 성향이 높아집니다. 공격적 성향이 강하다고 하는 것은 그만큼 투자종목 숫자가 적거나 투자기간이 짧다는 것을 의미합니다. 투자 기간과 종목 수가 적기 때문에 그 종목에 집중하기 위해 정보매매를 하고, 외국인이나 기관 수급이 바탕되어야 하는데 많은 투자자들이 이 과정에서 레버리지를 씁니다. 바이오 섹터 종목들이 1년 전만 해도 그런 과정을 거쳤다면 지금은 그런 모멘텀 투자의 시기는 지나가고 어느 정도 장기투자 영역에 들어와 있습니다.

주식시장에도 다양한 투자 방식이 있습니다. 지루한 장세에는 모멘텀 투자자가 득세하지만 장기 상승과정에는 가치투자자가 득세합니다. 그러나 과거 경험에서 본다면 모멘텀 투자에서는 큰 부자가 나오기 힘듭니다. 그 이유는 자금이 적고 종목 개수가 적은 투자자들이 모멘텀 투자를 하는 데 적합하기 때문입니다. 재산이 불어나고 투자금액이 100억이 넘어간다면 중소형주를 사는 데만 한 달 이상 걸리며 빠르게 샀다가는 소수지점 거래관여율*로 경고를 받습니다. 조금만 신경을 안 쓰고 사면 지분공시를 해야 할 정도로 불편해집니다.

성공하는 투자자들은 모멘텀 투자자에서 가치투자자로 성장해갈 수밖에 없습니다. 그러나 그 과정을 현명하게 넘어가는 투자자를 많이 보지 못했습니다. 물론 이 글을 읽는 여러분은 아직 이 기분을 알지 못합니다. 직접 경험하지 못했기 때문입니다. 이렇듯 각기 처한 상황에서 입장 간격이 있습니다. 모멘텀 투자와 가치투자는 스타일을 혼용하기 어렵습니다. 상황이 바뀌었다 해도 결국 상황에 맞게 변화하지 못하고 같은 방식으로 투자를 다룰 것입니다.

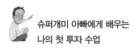

자신의 투자 성향은 보통 초창기에 정해집니다. 그러나 성공적 투자자가 되려면 자신의 성향을 정할 수 있어야 합니다. 어떤 방법이 옳다가 아니라 자신의 방식을 찾아나갈 수 있어야 합니다. 투자 자금에 맞게, 인생의 시기에 맞게 방식을 변화시킬 수 있어야 합니다.

자산의 포트폴리오 구축하기

투자를 함에 있어 먼저 전체 자산에서 부동산자산과 금융자산의 비중

- **소수지점 거래관여율** 소수의 누군가가 짧은 기간에 거래량의 상당 부분에 관여하는 비율. 소수지점 지정요건(다음의 조건을 모두 충족)은 다음과 같다.
  ① 당일 종가가 3일 전날의 종가보다 15% 이상 상승(하락)
  ② 당일을 포함한 최근 3일간 특정지점의 매수(매도) 관여율이 20% 이상 또는 상위 5개 지점의 매수(매도) 관여율이 40% 이상
  ③ 당일을 포함한 최근 3일간 최대관여지점의 매수(매도) 관여일수가 2일 이상
  ④ 당일을 포함한 최근 3일간 일평균거래량(정규시장 기준)이 3만주 이상
      * 소수지점의 매수 관여율이 높고 주가가 상승한 경우 또는 매도 관여율이 높고 주가가 하락한 경우 지정
      * 최대지점(또는 5개 지점)의 매수(또는 매도) 관여율: 당일을 포함한 최근 3일간의 전체 거래량(정규시장 기준) 대비 최대 지점(또는 상위 5개 지점)의 매수수량(또는 매도수량) 비중
      * 5일간(15일간) 지정횟수(당일제외): 당일을 제외한 최근 5매매일간(15매매일간) 같은 사유의 투자주의 종목으로 지정된 횟수

을 정해야 합니다. 가장 합리적인 투자 비중은 '부동산자산:금융자산 = 1:1'이 적합하다고 봅니다. 그러나 그것은 나이와 현금흐름, 그리고 미래의 현금흐름까지 파악한 후에, 즉 전체적인 자산의 포트폴리오를 구축한 후에 정할 수 있습니다. 저의 전체 자산 포트폴리오는 이제야 비로소 금융자산과 부동산자산 비율이 1:1 정도가 되었습니다. 50세가 넘어가면서 변동성이 큰 금융투자를 줄이고 가치투자 안에서도 확실한 다소 보수적인 투자자로 변해가고 있는 것입니다.

현금흐름이 좋고 안정적인 30대 중반의 직장인에게 주식투자 자금 1억이 있다면 그리고 저처럼 공격적 성향을 가진 투자자라면 2종목 이하의 포트폴리오를 구축하라고 권합니다. 저는 아직도 집중 투자하는 종목은 3종목이 넘지 않습니다. 그 이유는 종목을 분석하면 할수록 투자할 종목이 줄어들기 때문입니다.

이런 경험을 해본 투자자들이 많을 거라 생각하지만 의외로 시장엔 20개 종목 이상을 들고 겉핥기식 정보만으로 투자하는 사람들이 많습니다. 자기가 투자하던 종목이 어느 날 거래되지 않는다고 놀라는 투자자도 있습니다. 자신이 투자하는 기업이 상폐되었는지도 모르는 것입니다. 회사명이 바뀐 것을 모르기도 합니다. 무증이 됐는데 갑자기 주식이 반값이 되었다며 난리치는 투자자도 있습니다. 믿기지 않겠지만 시장에는 이러한 투자자들이 무수히 많습니다. 상승장에서도 95%의 투자자가 투자금을 잃고, 단 5%만이 싹쓸이해 갑니다. 화투판에서 패를 다 보이고 치는 95%의 개미들이 첨단 장비를 갖춘 소

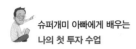

수의 선수들에게 다 털리는 시장이 주식판입니다.

대부분의 개미투자자들은 자신이 투자할 종목을 다른 사람에게서 듣고 삽니다. 물론 여기까지는 이해합니다. 그럼 자기가 투자한 종목에 대해 공부해야 하는 것 아닌가요? 당연한데 그렇지 못합니다. 주식 공부를 어떻게 해야 할지 조차도 모릅니다. 자기가 산 종목이 현재 싼지 비싼지 알아야 더 살 것인가 팔 것인가 결정하는데 그것을 모르니 항상 불안합니다. 우리는 슈퍼마켓에서 라면을 하나 사더라도 가격비교를 합니다. 묶음으로 사는 게 좋은지, 서비스로 몇 개가 붙어 있는지 꼼꼼히 확인하고, 성격이 까다로운 사람은 유통기한도 살핍니다. 그런데 주식투자할 때만큼은 이상하리만큼 다들 과감합니다. 종목에 대한 공부도 없이 덥석 삽니다. 기업의 본질 가치를 보기보다는 차트를 보고 양봉이니, 20일선이니, 볼린저밴드*니, 구름대**를 돌파했느

* **볼린저밴드** 1980년대 초에 투자전문가 존 볼린저(John Bollinger)가 고안해 낸 지표이다. 주가 변동이 표준정규분포 함수에 따른다고 가정하고 주가를 따라 위아래로 폭이 같이 움직이는 밴드를 만들어 주가를 판단하는 지표로 사용한다. 그래프의 모양과 추세를 보고 투자 결정에 참고한다는 점에서 기술적 분석의 대표 도구로 평가된다.

** **구름대** 일반적으로 '매물대'로 해석한다. 주가상승에 있어 매물대 돌파 여부가 중요 시그널 중 하나이다. 구름대는 주식 차트의 보조지표 중 〈일목균형표〉에서 선행스팬 1,2로 형성되며 〈일목균형표〉는 선행지표의 형태로 미래를 예측할 수 있는 지표로 매매타이밍을 예측하는데 참고하는 지표이다. 일봉 그래프가 구름대를 뚫고 상승하면 주가는 일정 기간 지속적으로 상승하고, 반대로 구름대를 뚫고 하강하면 일정 기간 지속적인 하락을 보인다.

니 하면서 순간의 단편적인 것들만 보고 너무 쉽게 투자합니다.

주식투자를 하는 것은 기업의 주인이 되는 것입니다. 대작 화가가 그려준 그림에 내가 덧칠하는 것이 주식투자가 아닙니다. 공부를 하다 보면 종목은 줄어들 수밖에 없습니다. 기업에 대한 깊은 공부와 성찰이 있다면 그 좋은 종목에 대한 비중은 올라가기 때문입니다. 먼저 자기 전체 자산의 포트폴리오를 구성하세요. 그리고 현재와 미래의 현금흐름을 예측하세요. 금융자산의 포트폴리오를 준비하고 주식투자 자산의 비중을 정하는 것이 올바른 방법입니다. 불안하다면 그 종목의 비중을 마음이 편할 때까지 줄이세요. 당신은 그 종목을 그만큼 담을 그릇이 아직 안 된 것입니다. 마음이 편한 포트폴리오 그리고 종목에 대한 그릇을 키우는 투자를 해야 합니다.

포트폴리오 운용전략

투자에서 또 중요한 부분이 바로 종목 편입입니다. 처음에 종목을 제대로 선택해야 흔들리지 않습니다. 좋은 종목을 선택하고 정보를 끊임없이 트레이싱하는 것이 투자입니다. 그만큼 종목 선정이 중요합니다. 기업 탐방을 부지런히 다니면 종목이 보입니다. 비교가 가능해지기 때문입니다. 하루하루 움직임에 목매지 말고 종목의 미래를 보아야 합니다. 종목 선정보다 더 중요한 것은 없습니다.

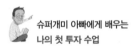

투자 기간에 따라 단기/중기/장기로 나눌 수 있습니다. 처음부터 단기/중기/장기 투자 종목을 정해 놓고 해야 합니다. 시장 포지션이 나빠졌거나 현금이 필요할 때는 단기 또는 중기 종목만 매도하고, 어떠한 상황에서도 목표 시점까지 1주도 놓지 않을 것은 장기 포트폴리오로 구성합니다. 왜냐하면 장기 종목은 한번 놓쳐버리면 안전마진이 보장되지 않아 심리적 부담감에 다시 따라갈 수 없기 때문이기도 하고, 시장을 예측한다는 자체가 불가능하기 때문입니다. 목표 주가가 아직 멀었다면 순간의 변동성이나 일정 기간의 하락 또는 조정은 일시적 소음이라 생각하고 들고 가면 됩니다.

단기는 3~4개월을 보고, 전방산업이 좋아 실적이 단기간에 증가할 수 있는 기업들을 공략합니다. 그런데 1~2개월 사이에 60~70%씩 급등이 일어나면 목표가에 도달하지 않았다 해도 50% 이상을 매도합니다. 시간의 이익을 벌었기 때문입니다. 시간을 벌었다면 수익을 실현하고 또 다른 저평가된 좋은 종목으로 이동해 수익 창출의 확률을 높입니다. 이러한 단기 종목의 탄력적 운용으로 발생한 수익은 중기와 장기 종목으로 이동합니다. 이때는 서두르지 말고 천천히 추가로 분할 매수하여 포트폴리오를 조정합니다.

장기 종목이라 해도 급상승하거나 아무 이유 없이, 혹은 시장의 특정 테마에 편승하여 급하게 오른다면 일부 매도하여 현금화 합니다. 아니면 매도 후 다시 가격이 안정되었을 때 매수하여 수량을 늘립니다. 수량을 늘린다는 것은 중간 과정에서 일부 고점에서 팔아 저점에서 다시 사는 전략이지만 꼭 성공하지는 못합니다. 초보자에게는 쉽지 않은 매매방법이니 무리해서 시도하면 안 됩니다. 그냥 가면 가게 놔두는 것도 좋은 방법입니다. 어차피 살 종목은 시장에 많으니까요. 자신이 생각했던 투자 아이디어나 주요 산업 경쟁력과 관련하여 오르지 않고 특수한 이슈로 급등하면 반드시 전량 매도합니다. 다시 이야기하지만 이슈로 반짝 오른 종목은 반드시 제자리로 떨어지게 되어 있습니다.

일반적으로 매도할 때는 싸게 살 종목이 분명하게 준비되어 있어야 합니다. 더 많은 성장을 할 수 있고 같은 점수를 줄 수 있는 기업이 있다면 시가총액이 더 싼 주식으로 옮겨가는 것이 현명한 투자입니다. 가치투자라 해서 매수 후 목표 주가까지 막연히 엉덩이 무겁게 들고만 있는 것이 아닙니다. 주가에 따라 포트폴리오 종목을 크로싱 매매하면서 비중 조절하고 일부는 수익을 실현해야 합니다.

제일 중요한 것은 수익을 실현하는 것입니다. 그 자체가 경험이며 이러한 경험도 해본 사람만이 진정한 투자의 기쁨을 맛볼 수 있습니다. 매수와 매도는 감성이 아니라 이성적으로 바라보고 기계적으로 하세요. 정답은 없습니다. 자신에게 맞는 방법을 찾아야 합니다. 많은 종목이 필요하지 않습니다. 10~20 종목이면 인생은 충분히 달라질 수 있습니다. 그러기 위해서는 많은 공부와 실전 경험이 필요합니다. 평생을 가져갈 기술입니다. 인생 몇 년을 투자하면 평생 경제적, 시간적으로 자유로울 수 있습니다. 치열하게 공부하세요. 그리고 투기를 하지 말고 인생을 걸 멋진 투자를 하세요.

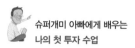

인생을 바꾸는 텐배거 종목들의 특징

텐배거(10 bagger)는 투자자가 10배 이상의 수익률을 낸 주식 종목을 말합니다. 10루타라는 의미로 피터 린치가 사용한 용어입니다. 한국에서 2005~15년까지 높은 수익률을 올린 텐배거 종목에는 음식료, 섬유, 화장품 등 소비주의 비중이 높습니다. 텐배거 종목들은 다음과 같은 특징이 있습니다.

- 주로 성장주에서 나옴
- 산업 패러다임 시프트 종목
- 주위 익숙한 종목에서 나옴
- 굴뚝주 중 신규 사업 전환 성공한 기업
- 리스크 테이킹해야 하는 경우가 있음
- 전방 산업 확대 → 기업투자 → 매출 증가 → 영업이익 증가
- 섹터 : 게임, 제약, 바이오, IT, 소재
- 신기술이 상용화되는 종목

주식투자는 남들보다 먼저 공부하고 남들보다 먼저 알아내고 남들보다 싸게 사고 기다리고 또 기다리는 것입니다. 외롭게 버티며 다 지쳐 떨어질 때까지 기다렸다가 팝니다. "이번만은 꼭 기다려야지" 하면서도 쉽지 않습니다. 아마 이 글에 공감하시는 분들이 분명 있을 겁니

다. 인생종목 10개면 끝나는데 비교적 짧은 투자 인생에서 벌써 당신은 몇 개를 놓치셨습니까? 이번에도 또 놓치실 겁니까? 그러면서 경제적 자유를 원하십니까? 좋은 종목은 쥐면 놓지 않는 겁니다. 손이 으스러질 때까지 꽉 쥐고 버티는 게 투자입니다.

저보고 많은 분들이 곰팡이 투자라 합니다. 곰팡이 피는 종목을 보유하고 있어서 그렇습니다. 반짝반짝 단기간에 수익을 잘 내는 투자자들이 보면 비웃습니다. 저는 수량을 싣는 투자를 합니다. 한 종목에 10억 이하로 살 종목은 입질도 하지 않습니다. 종목을 집중적으로 파기 때문에 5종목 이상은 관리가 버겁습니다. 투자 초기에 길러진 경험적 학습으로 이런 투자관이 정립되었습니다. 초기 투자 경험이 매우 중요합니다. 단기 투자로 돈을 번 사람들은 평생 그 습관을 버리지 못하는 것을 왕왕 봅니다. 물론 단기 투자자들을 무시하거나 비하하는 건 절대 아닙니다.

저의 투자법은 종목에 대한 학습을 통해 확신의 범위가 늘어나는 종목을 집중적으로 늘리는 투자입니다. 느려보여도 집중투자는 때가 되면 단 며칠만에 몇 년의 수익을 다 뽑아냅니다. 대부분의 투자자들을 보면 겉핥기 투자를 합니다. 예를 들어 누군가가

"[헬릭스미스]의 유전자치료제 Vm202가 좋다더군"이라고 말합니다. 그러면 Vm202가 무엇인지, 어떻게 만들어졌는지, 어떤 파이프라인이 있는지, 어떤 결과를 가져올지 분석이나 공부는 하지 않고 덥석 사기 바쁩니다. 아무리 종목에 대한 공부를 강조해도 하지 않습니

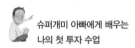

다. 그냥 남들에게 질문해서 답을 쉽게 얻어내려 하니 기회도 쉽게 놓칩니다. 그리고 항상 후회합니다. 그 종목을 사지 못했거나 놓친 것에 수백 가지 이유를 갖다 붙입니다. 꼭 깊이, 스스로 종목을 파고파고 또 파십시오. 의문이 해소될 때까지 파야 합니다.

제 투자는 유익한 곰팡이 투자입니다. 다른 말로는 효모 투자입니다. 효모로 빵이 부풀어 오르듯 돈이 부풀어 오르는 투자입니다. 크게 부풀수록 이윤도 많이 남겠지요. 모든 투자자를 위해 항상 기도합니다. 10년이 넘게 해오는 저의 기도 제목입니다.

아빠의 포인트 레슨

○● 투자자는 자신만의 페이스메이킹을 해야 한다. 주위의 고수익자들을 바라보며 급등주를 따라잡으려 하거나 잘 모르는 섹터에 들어가 오버페이스를 하면 절대 안 된다. 중간 수익으로 꾸준히 안전하게 장기간 가면 무서운 복리의 마법을 얻을 수 있다.

[Q & A] 묻고 답해 보세요!

Q 네가 만약 돈이 있다면 주식, 부동산, 은행예금 중에서 어디에 투자할까?

Q 투자할 종목을 자신이 신중하게 탐색해서 고르는 것이 좋을까? 아니면 전문가가 추천하는 종목을 선택하는 것이 좋을까?

Q 투자를 시작한다면 몇 종목을 들고 있고 싶니?

49 | 포트폴리오 구성이 맛집을 찾아가는 것과 비슷한가요?

아빠는 맛집 여행을 종종 다니는데 그것이 주식 포트폴리오 구성과 닮은 점이 있나요? 맛집이 10개라면 10곳을 다 똑같은 비중으로 다녀요?

• ○ •

조금이라도 알기 위해서는 많이 공부해야 한다.　　　　　몽테스키외

숨겨져 있는 맛집이 유명해지면 더 이상 가지 않는다

저는 투자에서 포트폴리오를 구성하는 데 가장 많은 고민을 합니다. 종목의 비중 조절과 함께요. 보통 5~10 종목 정도 보유하는데 종목을 선택할 때부터 엄청난 노력을 가합니다. 우리가 살면서 후회하지 않으려 노력하듯 종목 선택 과정에서 가장 중요한 것은 손절할 종목을

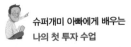

찾지 않는 것입니다. 초기에 종목을 선택할 때는 연인과 썸을 타듯 애정을 가지고 종목에 접근해나가면서 점차 늘려 5~10 종목으로 늘릴 수 있겠지만 더 깊이 공부하는 과정을 통해 다시 종목을 줄여가야 됩니다.

그래서 오랫동안 사귈 수 있는 종목으로 1~3 종목까지 줄여가는 것이 포트폴리오를 만드는 과정입니다. 그것이 투자를 통해 돈을 벌 수 있는 가장 성공률 높은 방법입니다. 또 이렇게 오랫동안 기업을 추적하는 과정을 거치는 것이 투자 실력을 키울 수 있는 가장 중요한 기본 왕도입니다. 그런데 대부분의 투자자들이 그렇지 못하기 때문에 항상 불안한 투자를 합니다. 판단이 서지 않으니 종목을 추리지 못하고 많은 종목을 바구니에 가득 담고 잘 관리하지 못합니다. 기업에 대한 공부가 되어있지 않으니 시장 분위기나 외부 변수에 따라 자주 흔들립니다.

저는 항상 새벽에 일어납니다. 여전히 가슴 떨리는 삶을 살고 있습니다. 투자를 하기 전에는 아침잠이 많은 평범한 사람이었습니다. 주식투자를 시작하고 나서 새벽형 인간이 되었습니다. 주식투자를 하면서 잠이 많이 없어졌습니다. 제 유튜브 채널 구독자들 중에도 새벽에 일찍 일어나게 되었다는 분들이 많습니다. 제가 아침마다 이른 시간에 라이브로 시황 방송을 하는데 많은 분들이 참여합니다. 너무 행복한 일이며 가슴 떨리는 일입니다.

저는 여행을 다닐 때도 대중적인 장소보다는 남들이 많이 찾지 않는 여행지를 돌아다니는 성향이 있습니다. 30년 전 중국 계림으로 여행 갔을 때는 한국 사람이 한 명도 없었습니다. 정말 귀한 산들로 둘러쌓인 곳이고 오지로 들어가는 곳이어서 외부 사람들은 그곳을 잘 몰랐습니다. 1주일 정도를 머무르며 혼자 배도 타고 자전거도 타며 정말 즐겁게 여행을 다녔습니다. 제 느낌은 '이렇게 아름다운 곳이 저평가 되어있구나'였습니다. 아침식사를 풀코스로 먹어도 1달러 50센트밖에 안했으니까요. 지금 돈으로 1,500원이면 완벽한 만찬을 먹을 수 있었습니다. 저는 이런 식의 여행을 좋아합니다. 아직 사람들이 많이 모르지만 정말 멋지고 가격도 저렴한 곳을 찾아다닙니다. 그러다 유명해지면 더 이상 가지 않게 됩니다.

맛집도 마찬가지입니다. 저는 오랫동안 저만의 맛집을 찾아다니는 취미가 있습니다. 제겐 소소한 행복입니다. 맛집을 발견하면 열심히 즐깁니다. 그러다 너무 유명해져 손님이 많아지면 더 이상 가지 않습니다. 왜냐하면 아무리 맛집이라도 너무 많은 사람들이 몰리면 그 가게는 바쁘게 되고 손님에게 소홀해질 수밖에 없기 때문입니다. 투자할 때 기업을 찾는 것도 마찬가지입니다. 남들이 아직 발견하지 못한, 가지 않는 매력적인 곳을 찾아 갑니다. 아직 남들은 관심이 없지만 곧 '핫'해질 매력적 기업을 찾는 것이 주식투자의 기본자세입니다. 저는 남들이 환호하며 들어올 때 반대로 웃으며 기업을 던지고 빠져 나옵니다. 제가 부를 이루고 자유를 얻은 비결입니다. 이처럼 남들이 보지 않았을 때 기업을 사야 큰 수익을 낼 수 있습니다.

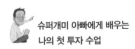

태양이 떠오르면 금세 환해진다

그러나 대부분의 투자자들은 안타깝게도 반대로 합니다. 이미 사람들이 몰려있는 종목만 뒤쫓는다면 결국 먼저 왔던 사람들이 떠난 후 황폐함만 남게 됩니다. 남들이 보지 않는 기업에 투자하세요. 그리고 오랫동안 즐겁게 지켜보세요. 그런 다음 한 번, 두 번, 세 번 정도 그 기업의 가치를 살펴본 후 평생 소유할 수 있을지 고민해야 합니다. 기업에 투자할 때 가장 중요한 것은 관찰하고 추적하면서 정말로 오랫동안 보유할 수 있을지 결정하는 겁니다.

이를 위해서는 관심 있거나 보유하고 있는 종목의 순서를 정합니다. 1등부터 10등까지 맛집을 정하듯 순위를 매기고 시기별로, 계절별로 좋아하는 맛집을 선택합니다. 기업도 마찬가지입니다. 투자할 기업을 선택한 다음 오랫동안 보유할 기업의 종목수를 줄여나갑니다. 또 시즌이나 순환매 종목들은 스케줄링 매매를 통해 전략적으로 운용해 나갑니다.

초보자일 때는 다 좋아 보이고 사고 싶은 기업이 너무 많아지니까 하나씩 종목을 늘리게 되고 더 못 사면 안절부절못하게 되는데 전혀 그럴 필요 없습니다. 그럴수록 기업들의 순위를 냉정하게 정해놓아야 합니다. 나아가 투자의 스케줄링을 정해 놓으세요. 이 종목은 언제 꼭 들어가야 한다, 어느 시점에 매도를 해야 한다 등의 구체적 계획을 그리고 있어야 합니다. 비중 조절은 포트폴리오 운용의 기본입니다.

주식투자자의 삶은 녹록치 않습니다. 매일 열리는 주식시장과 하루도 쉬어서는 안 되는 공부 때문에 여행을 떠나거나 대외활동을 활발히 하기도 어렵습니다. 많은 부분을 포기하고 감수하는 겁니다. 시장 상황에 따라 예민할 수밖에 없고 퇴근도 따로 없습니다. 주식투자를 마치 게임하듯이 쉽게 생각해서는 안 됩니다. 주식시장에 머물러 있는 한 투자자로서 겪어야 될 어려움이 항상 있으며 시장에서 살아남고 경제적 자유를 얻기 위해 남들보다 부지런하고 예민하게 노력해야 되는 것이 주식투자자의 숙명입니다.

공부가 제대로 되어있고 준비가 잘 되어있다면 불안하지 않습니다. 왜냐하면 결국에는 이겨왔기 때문입니다. 시장이 하락하고 주가가 내려가더라도 싸게 던져주는 것을 받을 수 있게 됩니다. 그러니 스스로 깊게 공부하고 믿었던 것을 실행에 옮기세요. 그것이 투자입니다. 저평가 된 기업, 미래가치가 있는 기업 그리고 미래 기술이 있는 기업을 보유하고 그냥 묵묵히 가는 겁니다. 제 포트폴리오가 바로 그렇습니다.

단 너무 특정 섹터만 들어가지 마세요. 미래가치를 보고 투자할 기업과 현재가치를 보고 투자할 기업, 그리고 매력적이어서 꼭 소유하고 싶은 기업을 잘 선택해 포트폴리오를 구성하세요. 'Ride the Tide' 시세의 조류를 타야 합니다. 파도를 타되 가장 높은 곳이 아닌 파도의 밑을 타세요. 밑에서 시원하게 위로 올라가야 하지 않겠습니까? 파도를 잘 타는 게 실력입니다. 그러려면 틈틈이 생활 속에서 공부를 해야

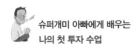

과연 어떤 기업이 꿈을 꿀 수 있는 기업인지, 내가 미래를 걸고 오랫동안 보유할 수 있는 기업인지를 찾게 됩니다.

　태양이 수평선에 올라오기 전에 기업을 보고 미리 매수를 해야 됩니다. 수평선 위로 올라오고 나면 금방 세상은 환해지고 많은 사람들이 태양이 떠올랐다는 것을 알게 됩니다. 반드시 태양이 떠오르기 전에 미리미리 그 기업에 대해 공부를 해놓으세요. 우리는 모두 태양이 떠오를 줄 알고 있습니다. 하지만 그 순간이 오기까지 오매불망 기다리고 있다 보면 굉장히 시간이 길게 느껴질 수 있습니다. 그러나 떠오르기 시작하면 어떤가요? 금방 수평선 위로 빠르게 떠오릅니다. 투자도 마찬가지입니다. 내가 소유한 기업이 상승하지 않아서 불안하고 그 기다리는 시간이 무척 지루하지만 가치투자에 기반하여 기업에 투자하면 주가 상승은 때가 되면 눈 깜짝할 새에 일어납니다.

▶
'전략적 포트구축과 종목 줄이기' 유튜브 강의 보러가기

○● 미래가치를 보고 투자할 기업과 현재가치를 보고 투자할 기업, 그리고 매력적이어서 꼭 소유하고 싶은 기업을 잘 선택해 포트폴리오를 구성하라. 시세의 조류를 타되 파도의 가장 높은 곳이 아닌 파도의 밑을 타야 한다. 파도를 잘 타는 것이 실력이기 때문이다. 미래를 걸고 오랫동안 보유할 수 있는 기업을 찾아라.

[Q & A] 묻고 답해 보세요!

Q 숨겨져 있는 맛집과 유명한 맛집 중에서 어느 곳으로 가겠니?

Q 좋아하는 영화의 순위를 1~10등까지 매기듯이 네가 좋아하는 회사의 순위를 매겨볼 수 있니?

Q 태양이 떠오를 때까지 오매불망 기다리는 투자는 좋은 투자일까, 답답한 투자일까?

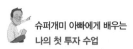

50 | 스케줄링 매매와 포트폴리오 변화는 무엇인가요?

일정하게 정해진 스케줄에 따라 주식이 오르고 내린다는 주장이 있는데 정말로 그럴까요? 그에 따라 투자하면 이익을 보나요?

• • ∘ •

지금이야말로 일할 때다. 지금이야말로 싸울 때다. 지금이야말로 나를 더 훌륭한 사람으로 만들 때다. 오늘 그것을 하지 못하면 어찌 내일에 할 수 있을까.

토마스 아 켐피스

실적과 테마에 주의하라

주식투자에서 시나리오 매매기법은 장기 투자에서 종목의 미래를 보면서 어떤 시나리오, 특히 패러다임 쉬프트(Paradigm Shift 전환)가 나오는 기업들을 먼저 선취매한 다음 시나리오 변화에 따라 전략을 전술해가는 방법입니다. 예를 들어 반도체 DDR5 메모리, 5G 통신,

GDDR6, EUV, ITER, 드론, 그린뉴딜, 스마트시티, 6G, RGB, OLED, UTG 등등(지금 나열된 기술들이 낯설다면 찾아서 공부해보세요) 이러한 수많은 미래기술적 해자를 가진 기업들이 시나리오에 따라 점점 실적도 변해가고 그것이 가시화(상용화)되고 정책적 영향에 따라 어느 시점에 터질 것인가, 기업의 실적으로 연결될 것이가에 대해 면밀히 체크해나가면서 투자하는 것을 시나리오 매매라 합니다.

좁은 의미로는 스케줄링 매매가 있습니다. 제가 많이 하는 방법이기도 합니다. 기업의 개별 스케줄링에 따라 매매하는 방법입니다. 투자 포트폴리오를 구성하고 비중을 어떻게 나누고 어디에 집중적으로 투자할 것인가를 판단할 때 필요한 관점입니다. 여기에는 3가지 정도의 관점이 있습니다. 실제 저의 포트폴리오도 그렇게 구성되어 있습니다.

저는 3~5년을 장기투자로 봅니다. 시나리오를 보고 이 기업의 패러다임 쉬프트가 어떻게 일어날지를 예상하면서 그 기업이 아주 쌀 때 사서 그냥 버티는 전략입니다. 물론 그 사이에 비중을 줄이고 늘리는 과정들이 있으며 이는 스케줄링 매매의 포트폴리오 변화 과정입니다. 시나리오라는 것은 장기간의 큰 시야에서 미래를 준비하는 기업을 찾아 초기에 비중을 많이 담아놓고 스케줄링에 따라 비중을 조절하면서 나아가는 겁니다. 중간중간 테마로 나오거나 뉴스로 나와 단기간 급등했을 때는 비중을 줄이고 다시 또 늘이는 방식으로 계속해서 주가흐름을 따라가며 비중을 조절합니다.

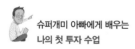

장기투자는 짧게는 1년에서 보통 3~5년까지 봅니다. 중기투자는 6 개월~1년 정도를 보고, 모멘텀 투자는 1개월 정도를 보고 투자에 들어갑니다. 모멘텀 투자를 예를 들어 설명하자면 2020년 코로나19로 인한 투명 차단막이 증가했습니다. 12월 3일 수능시험을 치를 때 '폴리카보네이트'라는 투명 차단막을 모든 수험생의 책상에 설치할 것이라는 예상을 하고 관련 기업에 투자한 후 이슈화가 되면 팔고 나오는 것입니다.

물론 모멘텀 투자에도 원칙이 있습니다. 아무리 이슈가 예상되고 재료가 좋아도 그 기업의 베이스가 좋아야 됩니다. 실적에 비해 저평가되어 있고 기본 매출이 충분히 발생하고 있으며, 예상되는 이슈를 바탕으로 기업 실적이 더 좋아져야지만 모멘텀 투자를 합니다. 상황을 미리 보고 발 빠르게 집중적으로 들어갔다가 이슈가 되면 그 기업의 비중을 줄이거나 아예 빠져나오는 것이 저의 스케줄링 투자 방법입니다.

장기투자는 아주 먼 미래를 봅니다. 아직 시장에 적용되지 않은 신기술들이지만 미래를 이끌어 갈 기술들을 소유한 기업들을 보는 것입니다. 그런 기업에 들어갈 때는 미래에 도래할 산업과 시장에서 핵심기업을 골라 선취매하고 그 기업의 실적이 가시화 될 때 일부 비중을 줄이는(아니면 비중을 더 늘리는) 전략을 사용합니다.

비중을 조절하는 투자 기법에는 여러 요소들이 있습니다. 첫 번째로 큰 카테고리에서는 실적입니다. 특히 분기별 실적이 중요합니다.

실적시즌이 되면 빠르게 섹터별 기업들의 실적을 살펴봐야 합니다. 투자를 하고 있거나 투자를 위해 관심을 가지고 있는 기업이라면 이미 발표 전에 어느 정도 실적을 예상하고 있어야 합니다. 분기 실적이 좋다고 예상되면 비중을 더 투입합니다. 그러나 만약 주가가 이미 기대감에 급하게 올랐거나 아니면 다소 비싼 가격에 형성되어 있다면 당연히 투입해서는 안 됩니다. 조정이 나오거나 싼 가격에 머물러 있을 때 투입해야 합니다. 반대로 호실적 발표로 주가가 단기간에 급등하면 일부 매도하기도 합니다.

그 다음으로 테마입니다. 특히 정책테마를 중요하게 봅니다. 그린뉴딜, 스마트뉴딜, 디지털뉴딜이라는 국가정책이 가시화되면서 관련 기업들의 주가가 기대감에 반짝반짝거립니다. 그러나 아무리 테마주라 해도 모든 것은 실적이 베이스 되어야 합니다. 관련되었다고 무작정 들어가면 안 됩니다. 실적이 바탕되지 않은 상태에서 테마로 인해 단기간 급등했다면 비중을 줄입니다. 일시적이기 때문입니다. 만약 실적이 바탕이 된 테마라면 당연히 더 담아도 됩니다.

실적도 과연 가시화가 됐느냐, 아니면 기간이 더 걸릴 것이냐에 따라 비중을 늘리거나 줄이면서 추적해 나가면 됩니다. 저의 투자원칙 중 하나는 아무리 기업의 향후 미래가 개선되고 좋아 보인다 해도 현재 주가가 높다면 들어가지 않습니다. 가령 2020년 상반기, 뉴스를 보다가 [씨젠]을 발견했습니다. 주가는 25,500원이었습니다. 코로나19 이슈로 이미 주목받았으나 진단키트는 실적에 큰 영향을 주었습니다.

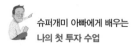

이렇게 테마가 기업 실적에 기반한다면 투자에 들어가도 됩니다. 실제 [씨젠]은 25,500원에서 30만 원까지 올랐습니다. 실적이 받쳐줬기 때문입니다.

그렇지 않고 '~카더라' 이슈로 오르는 종목은 전량 매도해야 합니다. 대표적 테마가 비트코인과 드론 관련주입니다. 비트코인 가격이 급등하면 관련 사업을 하고 있다는 이유만으로 주가가 가끔씩 급등합니다. 당연히 단기 소멸 이슈입니다. 드론도 마찬가지입니다. '육성화될 것'이라고만 했지 아직 '육성화되지 않았기' 때문입니다. 이러한 기업은 잘 지켜보다가 산업이 제대로 발전하는 시점에 선취매해야 합니다.

싸게 사는 것이 중요하므로 고점에는 따라 들어가지 마라

저는 생각보다 보수적 투자자입니다. 철저하게 분석해 싸게 담아놓고 주가가 상승했을 때 추가로 더 담을 때도 저의 평균단가를 생각해서 허용 가능한 수준까지 담습니다. 그럼에도 만약 어떤 기업이 앞으로 한방이 있다!고 확신이 들면 평균단가가 확 올라가더라도 담는 경우도 있습니다. 나아가 그것이 기업의 펀더멘탈을 크게 뒤바꿀 수 있는 큰 이슈라면 기존 보유 주식에 상관없이 더 담기도 합니다. 오랫동안 관찰하고 비중을 투입하고 좋은 종목을 끌어가다보면 평균단가는 계속 올라갈 수밖에 없습니다(가끔은 그렇게 오버해서 담다가 실수를 하기도 합니다).

분기별 실적이 당연히 잘 나오리라 생각하고 오래 담았다가 예상외로 실적이 좋지 않게 나와 골치가 아팠던 기업도 있습니다. 그러므로 물량을 조절할 때는 발표 전에 100% 확신해서는 안 됩니다. 평균단가가 높아지면 일부만 하락해도 오랫동안 공들인 투자가 물거품 될 수 있기 때문에 조심해야 합니다.

사실 우리가 정말 많이 담아야 될 때는 주가가 하락했을 때입니다. 주가가 바닥에 왔을 때나 시장이 바닥에 왔을 때 많이 담습니다. 그래서 현금 비중은 10~20%로 항상 유지하는 게 마음이 편합니다. 정말 시장이 위험해 보일 때는 현금을 30%로 만들어 놓기도 합니다. 스케줄링에 따른 매매의 포트폴리오 구성도 마찬가지입니다. 자신이 가지고 있는 기업의 실적 발표, 그 다음에 정책 테마 등 굵직한 스케줄은 다 알고 있어야 합니다. 또 기업의 기술개발 시점, 미국 나스닥의 섹터 변화 등까지 다 보아야 합니다. 그때마다 투입비중을 조절하는 것입니다.

그리고 중요한 것이 수급입니다! 외국인과 기관투자자들이 최근 코스닥에서 많이 빠져나가고 있습니다. 저는 3년 동안의 수급을 다 체크합니다. 예를 들어 어느 특정 창구로부터, 어떤 매수 주체가, 어떤 기업을 얼마만큼 가지고 있다는 3년간의 데이터를 엑셀로 정리해서 봅니다. '연기금이 A기업을 얼마에 얼마만큼 샀고, 어느 가격대에 많

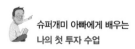

이 팔고 있다'라는 것을 숫자로 파악해서 봅니다.

미래 기술적인 해자가 있는 기업은 이미 시장의 관심을 받아 가파른 주가 상승을 보이는 경우가 많습니다. 그러나 오르기만 하는 주식은 없습니다. 미리 반영되어 있다가 실제로 현실화 되었을 때 다시 급등할까요? 진짜 호재가 나왔을 때 급등하는 경우도 있지만 대부분은 조정을 거치고 갑니다. 그럴 때를 잘 이용해서 싸게 사는 방법도 있습니다. 미래는 좋아질 게 분명하다 해도 싸게 사는 것이 중요하기 때문에 고점에는 따라 들어가지 않습니다.

미래는 누구도 알 수 없습니다. 실적이 가시화되어 현실화되어가는 뉴스냐, 아니면 실적과 상관없는 반짝성 뉴스냐를 잘 가려 스케줄링 매매에 적용해야 합니다. 그러려면 실적을 체크하고, 정책을 체크하고, 기술개발을 면밀히 봐야 되고, 전방 산업과 시장 변화도 체크해야 합니다. 또 개별 수급과 외국인·기관투자자의 움직임까지 살펴야 합니다. 이러한 정보들을 통해 보유 종목의 1/3은 전략적으로 줄이거나 늘이면서 운용해 나갑니다. 또 포트폴리오 전체적으로는 1종목 당 1/3을 유연하게 조절하면서 움직이는 것이 저의 매매 방법입니다. 그래서 어느 정도 오른 종목을 줄여 아직 오르지 않은 종목으로 비중을 늘리는 것이 스케줄링 매매입니다.

항상 분기실적이 기다려지는 것이 가치투자의 기본입니다. 왜냐하면 내가 가지고 있는 기업의 실적이 얼마나 잘 나올지가 기대되기 때문입니다. 그런 기업들을 가지고 있으면서 뿌듯하고 설레는 마음을 갖는 것이 가치투자자입니다. 그래서 항상 실적을 체크하면서 종목을 분석하고, 어떤 기업을 사랑하게 되면 그 사랑의 에너지가 기업에게도 전달되고 또 기업이 그만큼 보답을 해오는 일련의 소통이 경제적 자유에 가까워지게 하는 주식투자입니다.

앞으로 어떤 기술들이 크게 뜰 것이냐, 어떤 기업들이 좋아질 것이냐에 대해 끝까지 분석을 해보고 예상하고 지켜보세요. 단기적 스케줄링 매매도 해보면서 이것저것 체크하고 비중 조절도 하면서 스스로 투자의 안정성을 지키는 것이 투자에 재미를 더하는 방법입니다.

투자가 재밌어진다? 그럼 이미 반은 성공한 것입니다. 투자를 즐기십시오! 열심히 공부하고 분석해서 투자한 기업이라면 결코 배신하지 않습니다. 그것을 경험하기 위해서는 더 바빠야 하는 것뿐입니다. 조금만 더 노력하십시오.

'스케줄링매매, 포트변화, 시나리오' 유튜브 강의 보러가기 ▶

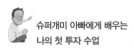

○● 미래를 준비하는 기업을 찾아 초기에 비중을 많이 담아놓고 스케줄
링에 따라 비중을 조절하면서 나아가는 것이 시나리오 투자이다. 중
간중간 테마로 나오거나 뉴스로 나와 단기간 급등했을 때는 비중을
줄이고 다시 또 늘이는 방식으로 주가흐름을 따라가며 비중을 조절
하라.

[Q & A] 묻고 답해 보세요!

Q 시나리오 투자가 무엇인지 설명해볼래?

Q 모든 거래의 원칙은 싸게 사는 것이라고 생각하니?

Q 모든 현금을 주식으로 꽉꽉 채워놓아야 할까?

진실된 조언자와 가짜 조언자

오늘은 무슨 이야기를 해볼까?

주식투자에서 조심해야 할 것?

아! 그것은 매우 중요한 일이지. 얼마 전에 아빠가 보여준 동영상 생각나지?

응.

거기에 어떤 사람들이 나왔지?

돈 받고 전화로 주식 가르쳐주겠다는 사람들.

그래. 자칭 투자전문가들 중에도 진짜가 있고, 가짜가 있지. 누가 진짜이고 가짜인지 구분하기는 어려워.

맞아.

가장 쉽게 구분하는 방법이 있지. 아빠가 그 사람에게 모른 체하고 "추천한 회사가 뭐 하는 회사예요?"라고 물었잖아.

그랬지.

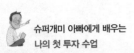

그랬더니 그 사람이 "그건 알 필요 없어요"라고 딱 잘라 대답하는 거야.

어쩌면!

그 전문가라는 사람은, 그 회사가 어떤 회사인지조차 정확히 모른 채 일반 투자자들에게 "무조건 나만 믿고 따라와"라고 외치는 거야.

그러면 따라가는 사람이 있을까?

문제는, 주식시장에는 그런 사람들이 의외로 많다는 거야. 많은 사람들이 기업에 대해 알지도 못하고 투자하는 게 현실이야.

아이쿠.

그런데도 그 전문가라는 사람들은 돈을 받아. 한 달에 수백만 원씩

헐! 아까워라.

그 사람들에게 투자 종목을 받으려면 돈을 내야 해. 한 달에 80만 원도 내고 심지어 100만 원도 내지. 자칭 투자전문가라는 그 사람들은 기초공부도 하지 않았지. 오로지 차트만 보고 하는 거야.

헉~

차트만 보고 성공한다면 이 세상에 주식으로 실패할 사람은 아무도 없어. 물론 차트도 볼 줄 알아야 해. 그러나 투자에서 차트는 수십 가지 요소 중 하나에 불과해. 그런데도 차트만 보고 불에 날아드는 불나방처럼 사람들은 모여들지. 지극히 위험한 투자야. 이안이는 아직 13살이잖아. 지금부터 꾸준히 공부하면 많은 공부를 할 수 있어. 서두르지 않고, 쉬지 않고만 가면 돼.

응.

저번에 이야기 나눈 AC/EC, 테슬라, 나비효과, 기업의 해자(Moat) 등은 이안이도 잘 모르잖아. 그런 단어들이 나오면 직접 검색하고, 역사를 살펴보고, 관련된 이야기를 찾아서 읽으면 지식이 계속 쌓이는 거지.

맞아.

기업의 이름이나 로고, 마크 등을 볼 때 무심히 지나치지 말고, 관심을 기울여서 보면 기업에 대한 감각을 키울 수 있어. '이 회사는 왜 이런 로고를 썼을까?' '사람들은 저 로고에서 어떤 이미지를 떠올릴까?' 궁금증을 지녀야 해. 그리고 스스로 그 답을 찾아보아야 해. 그것이 기초적인 공부야. 당연히 이안이는 아직 학생이니까 학교 공부도 열심히 해야지.

응!^^ 그런데 아빠는 너무 공부를 강조하는 것 아냐?

사실 공부라는 것이 지겹기는 하지. 그런데 삶을 살아가면서 나에게 진짜 도움을 주는 사람과 돈만 바라고 거짓 도움을 주는 사람을 구분할 수 있어야 돼. 그러려면 공부를 열심히 하고, 경험도 많이 쌓아야 하고, 좋은 사람들도 많이 만나고, 여행도 많이 다녀야 하지. 그런데 아빠는 어렸을 때 너무 가난해서 여행을 하고, 좋은 사람들을 만날 수 없었어. 그 단점을 꾸준한 공부로 극복했지. 만약 아빠가 집안이 가난하다고 신세 한탄만 하거나 도전하지 않았다면 지금의 슈퍼개미가 되지 못했겠지. 어쩌면 결혼도 못했을 것이고, 그러면 이안이도 태어나지 못했겠지.

어이쿠! 그런.

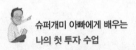

하지만 걱정하지 마. 아빤 열심히 공부해서 꿈을 이루었고, 이젠 그 꿈을 사람들에게 나눠주고 있으니까.

히힛~ 나는 그런 아빠가 자랑스러워.

고마워. 하지만 아빠를 능가하는 딸이 되는 것이 아빠의 바람이야.

▶
아빠와 딸의 대화영상 보러가기

51 | 차트 공부도 해야 하나요?

주식 차트에는 무엇이 담겨 있나요? 차트만 보면 오를지 내릴지 알 수 있나요? 판단이 가능하다면, 차트만 보고 투자하면 이익을 볼 수 있는 것 아닌가요?

· ○ ·

투자란 철저한 분석을 통해 원금을 안전하게 지키면서도 만족스러운 수익을 확보하는 것이다. 그렇지 않으면 투기다.
                                                    벤저민 그레이엄

차트에서 꼭 알아야 하는 것

차트는 보조지표이며, 후행지표일 뿐입니다. 누군가는 그 차트를 깨려 노력합니다. 역으로 이용하려고도 합니다. 차트가 100% 맞으면 얼마나 좋겠습니까! 차트를 무시할 수는 없지만 너무 의존해서도 안 됩니다. 투자자라면 당연히 기본적으로 차트를 볼 줄 알아야 합니다.

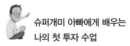

증권분석은 크게 기본적 분석과 기술적 분석으로 나눕니다. 기본적 분석은 재무제표를 중심으로 회사 내재 가치에 중점을 둔 분석법입니다. 시가총액, 당기순이익, PER, 부채비율 등의 회계학적 지표가 중요합니다.

반면 기술적 분석은 과거 흐름과 현재의 시장흐름을 연구하여 특징을 찾아내고 이 특징들을 바탕으로 현재부터 미래까지의 주가흐름을 예측하는 것입니다. 즉 회사 가치는 내버려두고 오직 차트(그래프) 중심으로 봅니다. 캔들, 이동평균선, 거래량, 정배열 등의 지표가 중요합니다. 기술적 분석은 회사의 재무상황이나 내재가치를 고려하지 않기 때문에 가치투자에 적합하지 않습니다. 온종일 차트 변화를 쳐다

[그림 26] 기술적 분석에 사용되는 다양한 차트

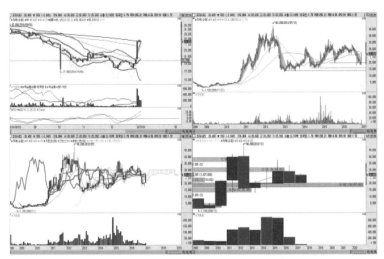

봐야 하고 불안감을 안고 투자에 임해야 합니다. 따라서 기술적 분석에 대한 기본적인 개념과 판단을 할 수 있으면 투자를 하는 데 도움되지만 주객전도가 되어 너무 의존하거나 맹신해서는 안 됩니다. 특히 초보자일수록 기본적 분석에 집중해야 합니다.

기술적 분석의 장점

가장 큰 장점 중 하나는 어떠한 거래방법과 기간 대에도 적용이 가능하다는 점입니다. 주식뿐 아니라 선물과 같은 다른 상품 거래에도 적용할 수 있습니다. 개별 종목뿐 아니라 전체 지수에도 적용됩니다. 더불어 기본적 분석보다는 효율적으로 투자자가 노력이나 자본 등을 집중시킬 수 있습니다. 기술적 분석을 시도한 사람들은 역사적으로 다양하며 그들이 개발해낸 여러 지표와 도구들 역시 투자자가 원하는 방법으로 선택하여 사용할 수 있습니다.

기술적 분석은 적정한 매매 타이밍을 보기 위함입니다. 아무리 좋은 종목도 매매 타이밍이 잘못되면 오랫동안 마음고생을 해야 할 수도 있기 때문입니다. 기술적 분석을 진행할 때 큰 그림으로 시작합니다. 모든 시장에 대해 분석함으로써 시장의 큰 그림을 그릴 수 있고 현재 시장에 대해 좋은 감을 유지할 수 있으며 기본적 분석에 의해 한 기업에만 매몰되어 빠져나오지 못하는 우를 피하게 해줍니다. 어느

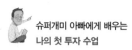

한 기업에 투자할 경우 기본적 분석을 하면 매출액이 얼마나 늘어나고 있는지, 그에 따라 순이익이 얼마나 늘어나는지, PER, ROE, 재무제표의 분석까지도 하게 됩니다. 이를 위해서는 이 기업에 영향을 미치는 매크로 지표들, 예컨대 달러, 유가, 원재료에 영향을 미치는 요소 등에 상당한 지식들이 요구됩니다.

일반 투자자들이 이러한 분석을 하면서 주식투자를 하기에는 어려움이 있습니다. 이 분석을 제대로 해냈다고 해도 시장이 하락할 경우 종목 역시 동반 하락하는 경향이 있습니다. 1980년대 주식의 기술적 분석, 선물·옵션 등을 분석한 책을 보면 달의 움직임인 삭망주기에 빗대 기술적 분석을 설명했습니다. 초승달은 저평가를, 보름달은 고평가를 유발하므로 "초승달일 때 사서 보름달일 때 팔라"고 주장했습니다. 아무리 좋은 주식이라도 고평가 국면, 즉 보름달 국면에서는 추세를 거스르지 못한다는 것입니다. 결국 기술적 분석은 시장 움직임의 연구에 집중하는 것이라 할 수 있습니다.

기술적 분석 투자 노하우

꾸준히 보는 것이 최선입니다. 새로운 사람을 만났을 때 그에 대해 가장 빨리 파악할 수 있는 방법은 얼굴을 보고 표정을 관찰하는 것입니다. 건강상태나 현재의 기분, 특징적 행동을 통해 그 사람의 성향을 예상할 수 있는 것처럼, 주식투자에서는 그 종목의 얼굴인 차트도 중요합니다. 첫인상이 상대의 이미지를 결정하듯 차트도 마찬가지입니다. 호감형의 얼굴이 있으면 비호감의 얼굴도 있기 마련이듯 상승 가능성 있는 차트가 있는가 하면 하락 가능성 있는 차트도 있습니다.

사람의 얼굴에 눈, 코, 입이 있듯 차트에는 봉과 이평선이 있습니다. 또 사람의 얼굴 모양이 다 다르듯 봉과 이평선의 모양도 각양각색입니다. 미세한 표정에 따라 그 사람의 심리상태를 알 수 있듯 차트의 모양에 따라 종목에 대해 알 수 있습니다. 종목별 투자자들의 심리가 각 차트 안에 다 담겨있습니다.

그럼 차트를 보고 상승 종목을 단번에 고를 수 있을까요? 사람을 알게 되는 데도 시간이 걸리듯 차트에 대해 알기 위해서는 충분한 시간이 필요합니다. 오랫동안 함께 시간을 보낸 가족이나 친구의 표정만으로도 그 사람이 지금 어떤 상태인지 알 수 있는 것처럼 차트와 친하게 지내다 보면 미소 짓는 호감형 상승 종목을 찾을 수 있습니다.

가격표가 없어서 원래 가격이 얼마인지 모르지만 100만 원 값어치가 있는 물건이 있다고 가정해보세요. 가격을 모르기 때문에 새로 가격표를 붙여 50만 원에 판매한다고 하면 원래 물건의 가치가 100만 원임을 아는 사람은 망설이지 않고 살 것입니다. 이와 마찬가지로 좋은 종목을 고르려면 우선 좋은 종목을 알아보는 안목을 길러야 합니다.

상승 종목 차트에 대한 감을 익히는 시간을 단축하는 방법에 대해

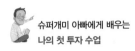

알아보겠습니다. 사람들은 "처음에 주식투자를 잘하려면 어떻게 하나요?" 많이 묻습니다. 그러한 초보자에게 권하는 방법인데, 바로 '상한가 종목 차트 보기'입니다. 당일 상한가 종목을 6개월 동안 관심 주에 등록해놓고 하루하루 지켜보는 방법입니다. 그날그날 장이 끝나면 상한가 종목을 등록해놓고 어제 등록한 상한가 종목의 차트를 살펴봅니다. 이렇게 하루하루 추가하면서 6개월이 지나면 한 종목의 차트를 한 달에 50번, 6개월이면 120번 볼 수 있습니다.

상한가 종목이 하나가 아니므로 모두 합하면 최소한 1000번 이상 차트를 볼 수 있게 됩니다. 6개월간 꾸준히 한다면 상승 차트에 대해 어느 정도 감을 잡을 수 있게 됩니다. 상한가 종목을 보라는 이유는 상한가에 대한 환상을 가지라는 뜻이 아니라, 상한가가 나오기 직전 봉의 모습을 눈에 익히기 위함입니다. 상한가 직전의 봉 움직임을 파악함으로써 다음 날 상한가로 갈 확률이 높은 종목에 대한 선취매 기회를 잡을 수 있는 감을 익히라는 말입니다.

단 아무리 상한가가 자주 출현한다 해도 관리종목은 제외해야 합니다. 관리종목은 급등락이 심하고 언제 상장폐지가 될지 모르기 때문입니다. 일반 투자자들을 유혹하려는 의도적인 세력들의 작업일 수도 있습니다. 또한 상한가 직전의 움직임을 파악하라는 게 상한가를 노리라는 의미로 잘못 받아들이면 안 됩니다.

꾸준한 노력 없이는 대박이 있을 수 없습니다. 주식은 복권이 아닙니다. 대박을 꿈꾸기보다는 현재의 자신을 냉철히 판단하는 자세가 필요합니다. 하루도 차트 보는 것을 게을리하면 안 됩니다. 지속적인 노력을 기울이면 어느 순간 상승할 것 같은 예감이 드는 차트가 보이기 시작합니다. 그때까지는 지속적인 노력을 기울여야 한다는 것을 잊지 마세요. 그렇다고 차트만 믿고, 차트만 바라보고 있어서는 안 됩니다. 차트는 그저 투자에 참고할 지표이자 정보 중 하나입니다.

캔들 바로 알기

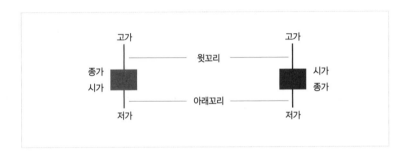

차트를 열면 먼저 보이는 것은 이동평균선과 그 위에 얹어진 캔들입니다. 캔들(Candle)이 무엇인지 알아보겠습니다.

마치 심지가 달린 양초와 같아 캔들이라 부릅니다. 캔들의 직사각형은 하루 시가와 종가의 차이를 나타내며 몸통이라 불립니다. 빨간색 몸통은 종가가 시가보다 높음을, 파란색 몸통은 종가가 시가보다 낮음을 의미합니다. 빨간색 몸통을 기록한 캔들은 양봉, 파란색 몸통을 기록한 캔들은 음봉이라 말합니다.

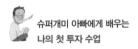

캔들의 모양이 다르면 그것이 내포하는 의미도 달라지기 때문에 캔들의 기본적 형태를 이해하는 것으로부터 캔들 차트 분석이 시작됩니다. 가격 움직임으로 캔들이 형성됩니다. 하루 중 고가를 기록한 이후 다시 내려오기 시작하면 종가에 윗꼬리가 생깁니다. 반대로 저가를 기록한 이후 다시 올라온다면 종가에는 아랫꼬리가 생깁니다. 몸통은 매수와 매도의 힘에 대한 크기를 분석하는 데 사용됩니다.

양봉은 지지가 큰 것으로, 음봉은 저항이 큰 것으로 해석합니다. 또한 몸통이 클수록 지지나 저항의 세력이 큰 것으로 해석합니다. 이동평균선에서 지지선이나 저항선을 돌파할 경우 큰 몸통이 나타나면 통상 지지나 저항을 돌파하는 것으로 해석합니다. 윗꼬리나 아랫꼬리 역시 매수와 매도의 힘으로 분석할 수 있으며 그 길이에 따라 측정합니다. 그림자가 길면 길수록 매수와 매도의 힘이 강하다고 할 수 있습니다. 봉과 이동평균선 그리고 거래량은 습관처럼 잘 체크해야 합니다. 그 안에 많은 데이터가 담겨 있기 때문입니다.

평균이동평균선

- 일봉/주봉/월봉/연봉
- 시봉/분봉/틱봉

이동평균선의 종류는 세분화되어 굉장히 많습니다. 다 볼 필요는 없지만 연봉까지는 아니더라도 일봉(하루 단위 움직임)부터 월봉(월 단위 움직임)까지는 봐야 합니다. 하루하루의 단편적인 흐름뿐 아니라 장기적인 안목과 흐름으로 투자하는 투자자가 되어야 합니다. 큰 그림을 볼 수 있어야 좋은 기업을 흔들리지 않고 목표까지 들고 갈 수 있습니다. 좋은 기업을 보유하고 있다면 뇌동매매하지 말고 목표까지 잘 가지고 있기 바랍니다.

주가흐름 속에서 지지선과 저항선의 개념

지지선(Support Line)은 말 그대로 주가가 하락할 경우 어떤 시점 또는 가격대에서 매수세가 쏟아져나와 더 이상 주가가 하락하지 못하도록 받쳐주는 한계선입니다. 매도세를 이겨낼 수 있을 정도로 매수세가 강력하게 들어온다는 것을 의미합니다. 차트 상황마다 다르겠지만 대

[그림 27] 지지선과 저항선

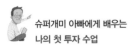

부분 저점과 저점을 이은 수평선을 지지선으로 사용합니다.

저항선(Resistance Line)은 지지선과 완전 반대 개념입니다. 주가가 상승하고 있을 때 어떤 시점 또는 가격대에서 매도세가 쏟아져나와 더 이상 주가가 상승하지 못하게 저항하는 선입니다. 매도 세력이 매수 세력보다 강력하다는 것을 의미하며, 이 역시 지지선과 마찬가지로 차트 상황에 따라 다릅니다. 대부분 고점과 고점을 이은 수평선을 저항선이라 합니다.

두 개념을 파악했다면 저항과 지지에 대해 알아보겠습니다. 주가 차트를 유심히 관찰한 투자자라면 몇 가지 특징을 발견할 수 있습니다. 그 특징 중 하나는 주가가 어느 일정 수준에 도달하면 더 이상 상승하지 못하고 주춤거리는 것입니다. 반대로 주가가 하락하다가 일정 수준까지 하락하면 더 이상 하락하지 않고 횡보하거나 제한적인 움직임이 보입니다. 끊임없이 상승하고 끊임없이 하락하는 종목은 없습니다. 이러한 현상을 기술적 분석에서는 지지대나 저항선의 영향 때문이라 합니다.

지지를 설명하고 있는 [그림 28] 차트를 관찰해 보면, 캔들이 단기 이평선에 닿을 때마다 반등이 나오는 것을 쉽게 알 수 있습니다. 이렇게 단기이평선은 지지선의 역할을 합니다. 특정 이평선에서 지지되는 모습을 보다 알기 쉽게 하기 위해 나머지 이평선들은 모두 지운 차트입니다.

지지의 반대가 저항입니다. [그림 29] 차트의 캔들 움직임을 보면

[그림 28] 지지선 역할을 하는 단기이평선

[그림 29] 저항선 역할을 하는 단기이평선

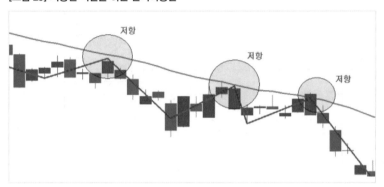

단기이평선에 눌리면서 더 이상 상승하지 못하고 막히면서 지속적인 하락 추세가 나타나고 있습니다.

저항선과 지지선의 기술적 분석에서 갖는 중요한 의미는 무엇일까요. 첫째, 현재의 가격 움직임이 최소한 어디까지 진행될 것인지 파악할 수 있습니다. 둘째, 캔들의 움직임이 지지선이나 저항선 돌파에 실패하였다면 추세 전환의 신호로 파악하는 중요한 신호입니다. 셋째,

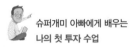

저항선이나 지지선이 최근에 나타났다면 중요하게 해석합니다. 그 이유는 가장 최근에 나타난 가격 변동이 향후의 가격 움직임을 지배할 가능성이 높기 때문입니다.

이동평균선 보는 법

이동평균은 일정 기간의 종가를 평균으로 나타낸 것입니다. 5일선은 5일 동안의 평균 종가를 매일매일 선으로 그은 것입니다. 마찬가지로 20일선은 20일 동안의 평균 종가를, 60일선은 60일 동안의 평균 종가를, 120일선은 120일 동안의 평균 종가를 매일매일 선으로 표시한 것입니다.

주가는 이동평균선에서 멀어지면 다시 평균값으로 회귀하려는 경향이 있습니다. 이 점을 잘 기억하세요! 결국 주가는 추세가 일정 구간을 벗어나려 하면 중력처럼 끌어당기는 역할을 합니다. 또는 추세를 나타내기도 하죠. 단순이평선의 추세가 가파르게 상승하면 추세가 강함을 의미하며, 가파르게 하락하면 추세가 약함을 의미합니다. 추세가 옆으로 횡보하면 박스권의 등락을 의미합니다.

차트를 열면 [그림 30]처럼 캔들과 각각의 이동평균선이 보입니다. 이동평균선의 의미와 특징에 대해 심층적으로 알아보겠습니다.

이동평균선의 특징은 ①추세 변화를 하나의 값으로 압축해서 나타

[그림 30] 5일, 20일, 60일, 120일 이동평균선

내기 때문에 추세 변화를 간단히 알 수 있으며, ②이동평균선이 단기간에 구해져 시장가격의 움직임에 예민하면 할수록 추세 전환을 일찍 일러주지만 그 정확도는 낮아진다는 점입니다. 하지만 장기간에 걸쳐 구해질 경우 둔감하면 둔감할수록 추세 전환을 알려주는 시기는 늦으나 예측 신뢰도는 높아집니다.

5일 이동평균선은 1주일 동안의 평균매매가격으로 단기 추세 파악에 중요한 역할을 하며, 현재의 주가 수준에 가장 밀접합니다.

20일 이동평균선은 1개월의 평균매매가격으로 중기 매매선 또는 심리선 혹은 생명선으로 불립니다. 단기 흐름, 일간 차트에서 20일선이 차지하는 비중은 절대적입니다. 상승 추세가 살아있는 종목을 보면 20일선을 주요 지지선으로 움직이는 것을 알 수 있습니다. 그에 따라 20일선의 기울기를 통해 전략을 단기 트레이딩으로 세울 수 있습니다.

60일 이동평균선은 3개월의 평균매매가격으로 중기적 추세선, 수급선이라 부릅니다. 시세의 연속성을 눈으로 확인해주는 것이 60일 이동평균선입니다. 바닥권에서 60일선이 이동평균선을 돌파하면 골든크로스의 신뢰도가 높아집니다.

120일 이동평균선은 6개월의 평균매매가격으로 장기적 추세선, 경기선이라 부릅니다. 일반적으로 주식은 경기보다 6개월 선행하는 것으로 알려져 있습니다. 이러한 것을 반영하는 이동평균선의 의미로 해석 가능합니다. 120일선은 전체적인 흐름을 분석할 때 사용됩니다. KOSPI의 경우 대세 상승 국면에서 120일선의 지지가 종종 확인되는데 이럴 경우 상승세가 강화되기도 합니다.

이동평균선을 분석해보자

주가 방향을 분석하기 위한 방법 중 이동평균선을 이용하는 방법을 알아보겠습니다. 이동평균선은 단기/중기/장기로 분류되는 이동평균선들의 지지나 저항의 역할을 분석하고, 각각의 이동평균선들이 벌어져 있는 정도, 주가와 이동평균선의 벌어져 있는 정도, 즉 이격도 분석을 통해 주가의 방향을 분석하고 예측합니다. 방법에는 방향성 분석, 배열도 분석, 지지선 분석, 저항선 분석, 연관성 분석, 크로스 분석,

밀집도 분석 등이 있습니다.

① 방향성 분석

각각의 이동평균선의 방향이 어디로 향하고 있는지 확인하는 방법입니다. 상승 방향에서는 5일, 20일, 60일, 120일, 200일 순서로 움직이고, 하락 방향에서도 5일선이 먼저 하락하며 20일, 60일, 120일, 200일 순으로 하락을 시작합니다. (그림 31)

② 배열도 분석

배열도에는 정배열과 역배열이 있습니다. 정배열은 상승에 해당하는 구간에서 나타나는 배열로 5일, 20일, 60일, 120일, 200일 순서를 의미합니다. 역배열은 200일, 120일, 60일, 20일, 5일 순서로 이동평균선이 배치되어 있는 것을 의미합니다. 정배열과 반대로 나타납니다. 예를 든 차트는 역배열 상태를 보이고 있습니다. (그림 32)

③ 지지선 분석

가장 밑에 위치한 검은색 이동평균선을 지지선으로 삼아 움직이는 모습을 볼 수 있습니다. 검은색 이동평균선은 200일선으로 왼쪽 첫째를 보면 200일선을 일부 이탈하려는 움직임들이 보입니다. 지지선 분석에서는 지지선을 이탈하면 매도 원칙을 가져가지만 일시적으로 하회하면 매도하지 않습니다. 일시적으로 하회하는 상황에서는 3:3법칙을

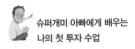

[그림 31] 주가의 상승과 하락에 따른 이동평균선의 움직임

[그림 32] 역배열 차트

[그림 33] 특정 이동평균선에서 지지되며 상승하는 주가 흐름 차트

적용합니다. 3:3법칙은 일시적으로 이동평균선을 하회했지만 3일 이내 3% 안에서 조정이 마무리된다면 매도하지 않고 홀딩하는 전략입니다. 시장 변동성이 다소 크다고 느껴지면 4:4법칙도 적용이 가능합니다. (그림 33)

④ 저항선 분석

차트를 보면, 20일선이 저항선 역할을 하면서 주가가 오르지 못하게 막고 있는 것을 알 수 있습니다. 어느 순간 저항선을 뚫게 되면 향후에는 저항선이 의미 있는 지지선이 되기도 합니다. (그림 34)

⑤ 크로스분석

각각의 이동평균선들이 정배열되기 전 단기이평선들이 장기이평선들을 뚫고 올라가려는 시작점이 골든크로스입니다. 모든 이평선들이 모인 접점이며 정배열의 시작점일 때는 골든크로스, 역배열의 시작점일 때는 데드크로스라 불립니다. 골든크로스는 매수 신호로, 데드크로스는 매도 신호로 해석합니다. 장기이평선을 단기이평선들이 뚫고 내려가는 지점에서 역배열이 시작되면 데드크로스가 발생합니다. 차트를 자세히 살펴보면 주가가 상승할 때는 단기이평선들이 장기이평선을 뚫고 올라가면서 시작됩니다. 5일선이 20일선을, 20일선이 60일선을 뚫으면서 올라가는 형식입니다. 주가가 하락할 때도 마찬가지로 단기이평선이 장기이평선을 뚫고 내려가면서 시작됩니다. (그림 35)

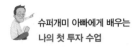

[그림 34] 특정 이동평균선에서 저항을 받으며 하락하는 주가 흐름 차트

[그림 35] 골든크로스(좌)와 데드크로스(우)

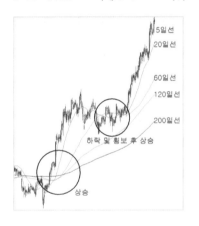 

⑥ 밀집도 분석

단기/중기/장기 이동평균선에서 각각의 벌어진 거리를 분석하는 방법입니다. 각각의 이동평균선 간격이 점점 벌어질수록 기존 추세가 지속되며 간격이 모아질수록 추세가 바뀜을 의미합니다.

[그림 36] 이동평균선의 거리에 따른 주가 흐름

　차트에서 보는 것처럼 바닥권에서 이동평균선이 밀집되면서 상승
으로의 추세 전환이 시작됩니다. 간격이 점점 벌어질수록 기존 추세
가 강하게 지속되나 간격이 너무 벌어지면 이격을 좁히려는 회귀 움
직임이 나타납니다. (그림 36)

추세 전환에 주목하라

기술적 분석과 기본적 분석을 결합시켜 탁월한 성과를 거둔 월스트
리트의 윌리엄 오닐(William O'Neil)은 "제일 먼저 추세 전환에 주목하
라"고 말했습니다. 상승 국면이 일정 시간 진행되면 2~4주 동안 오른
후 매물 출회가 3~5일 정도 일어나면 하락세로 전환한다는 신호라고
해석합니다. 매물출회는 거래량이 전날보다 크게 일어나면서 주가가

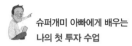

전날보다 하락하는 경우를 말합니다. 반대로 약세 흐름에서 첫 번째 랠리가 시도되고 4~7일 사이에 거래량이 전일 대비로 큰 폭 상승하면서 주가가 오른다면 상승 추세로의 전환을 의미합니다.

학자들이 오랜 시간 연구한 끝에 밝혀낸 분명한 것 한 가지는 "주가에는 추세가 있다"는 사실입니다. 따라서 상승에는 동참하고 하락에는 물러나 있어야 합니다. 물론 말처럼 쉽지는 않습니다. 아직 추세가 살아있다고 판단되면 행동에 나서야 하며 오르는 주식을 사는 습관을 지금부터 기르기 바랍니다.

주식시장에서 추세는 방향을 의미합니다. 특히 기술적 분석에서 필수적인 개념입니다.

"언제나 추세에 편승하라."

"추세에 역행하지 마라."

"추세는 당신의 친구다."

위 격언들은 모두 한두 번쯤 들어보았을 것입니다. 주식투자는 주가가 상승 추세에 있을 때 해야 수익을 낼 수 있는데 불행히도 일부 투자자들은 반대로 움직입니다. 주가가 상승하는 동안에는 비싸다는 느낌, 너무 오른다는 느낌이 들어 매수할 생각조차 못하지만 정작 주가가 하락하기 시작하면 매수하려 합니다. 주가가 강하게 하락하면 싸다고 생각하기 때문입니다. 물론 시장에서 소외되고 저평가된 좋은 주식을 충분한 분석을 통해 미리 발견하여 바닥에서 담으려는 전략적인 매수는 예외입니다.

랠리가 계속되면서 이전에 기록했던 고점을 돌파하고, 하락세가 이전에 기록했던 저점보다도 높은 수준에서 형성된다면 이는 시장의 강세를 알려주는 것입니다. 반대로 랠리에도 불구하고 직전 고점 돌파에 실패하고 저점을 지속적으로 하회하면 약세 신호입니다. 추세 확인이 어려운 이유는 추세가 지그재그 형태로 나타나기 때문입니다. 우상향 추세가 만들어지면서 오르고 내리는데 이때 만들어지는 많은 정점과 골로 인해 확인이 어렵습니다.

추세는 상승, 하락 그리고 수평의 세 방향이 있습니다. 대부분 상승 아니면 하락이라 생각하지만 수평도 있다는 점을 명심하세요. 수평은 다른 말로 횡보, 혹은 박스권이라 부릅니다. 박스권은 추세가 일정한 등락폭을 벗어나지 못하고 그 안에서 움직인다는 의미입니다. 박스권 상단에서 저항선을 돌파하여 상승하면 추가적인 상승 추세를, 반대로 하단에서 지지선을 돌파하여 하회하면 하향 추세를 예상할 수 있습니다.

투자기법 중 하나에는 박스이론이 있습니다. 어떤 주가 수준을 중심으로 주가는 상하 10%, 혹은 20% 범위 안에서 움직이는데 주가가 박스권을 돌파하면 기존의 박스권 위에 또 다른 박스권이 형성되어 움직인다는 의미입니다. 따라서 박스권 상단을 돌파한 시점에서 그 종목을 매입하면 시세 차익을 기대할 수 있습니다. 하지만 주식투자는 이렇게 단순한 이론만으로 움직이지 않습니다. 추가적인 다른 지표들과 신호들을 확인하면서 움직여야 합니다.

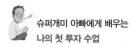

○● 증권분석에서 기본적 분석은 재무제표를 중심으로 회사 내재 가치에 중점을 둔 분석법이며, 기술적 분석은 과거 흐름과 현재의 시장 흐름을 연구하여 현재부터 미래까지의 주가흐름을 예측하는 것이다. 차트를 분석할 줄 알아야 하되 차트에만 의지하는 '차트쟁이'는 되지 마라.

[Q & A] 묻고 답해 보세요!

Q 투자에서 회사의 내재 가치가 중요할까, 차트가 중요할까?

Q 상한가를 갔던 종목이 이후 어떻게 움직이는지 차트 모양을 관찰해 볼까?

Q 추세매매에서 어디서 사서 어디서 파는지 설명해볼래?

Q 차트만 보면서 매일 시간 단위로 주식을 사고파는 투자에 대해 어떻게 생각하니?

52 | 수급과 거래량이 주가에 미치는 영향은 무엇인가요?

어떤 주식의 거래량이 많아지면 주가는 오르는 것인가요? 모든 투자자들이 좋은 주식을 전부 붙들고만 있다면 사고 팔 수 없으므로 주가는 고정되어 있는 것 아닌가요?

· ◦ ·

투자에서 손실과 수익은 분리할 수 없는 동전의 양면과 같고, 투자자의 일생 동안 쫓아다닌다. 실패에 대한 진지한 분석만이 성공적인 투자자가 되는 유일한 방법이다.

앙드레 코스톨라니

거래량과 주가의 상관관계

일반적으로 투자자들은 거래량이 적은 종목을 회피하는 경우가 있습니다. 사고 팔기가 불편하기 때문입니다. 거래량이 적은 이유는 두 가지입니다. 첫째, 대주주 지분이 많고 그만큼 유통물량이 적어 돌아다니는 주식이 없는 경우입니다. 둘째, 가치보다 너무 싸서 팔 사람이

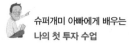

없는 경우입니다. 누구도 팔려 하지 않고 사 모으려고만 하기에 거래는 성사되지 않습니다. 자산주, 주로 전통적 가치주들이 그러합니다.

과거 [아이에스동서]가 8,000원일 때 하루 거래량은 10억이 채 되지 않았습니다. 그때 부산 해운대 주상복합개발 이슈가 뜨면서 거래량이 가끔 한 번씩 드문드문 뜨면서 매집 모습이 보였습니다. 그리고 본격적으로 개발이 들어가고 분양까지 되면서 텐배거를 눈 깜짝할 새에 달성했습니다. 거래량은 가히 폭발적으로 증가했습니다. 제가 매집하던 [삼천리자전거]도 2007년 하루 거래량이 3만 주, 2000원 초반이었습니다. 7% 이상 지분공시를 했는데 거의 6개월을 매수만 했습니다. 2008년 서브프라임 시기에 3만 원이 넘어갔습니다. 거래량은 어디서 나왔는지 갑자기 터져버립니다. 천만 주씩! 이것도 텐배거였습니다.

[서부T&D]를 살펴보겠습니다. 하루에 많이 거래되어야 10억 정도인 종목이 장대양봉이 두 번 터지면서 거래량이 폭발합니다. 그런데 음봉일 때 거래량은 현저히 줄어듭니다. 전형적인 매집입니다. 일반적으로 거래량은 주가와 가장 큰 상관관계를 갖습니다. 양봉 거래량, 즉 빨간봉이 터지면 주가는 긍정적 신호를 보여줍니다. 음봉 대량 거래는 하락을 예고합니다. 주식에서 속일 수 없는 것은 거래량입니다. 대부분 팔 사람이 없어서 거래량이 적은 것입니다. 거래량이 적은 종목들은 자산주이거나 재무구조가 안정적이라 보면 됩니다. 거래량이 적은 종목을 6개월 정도는 매집할 수 있어야 가치투자자라 할 수 있

습니다. 거래량이 적은 종목은 사업의 긍정적 변화가 있으면 크게 갑니다.

거래량은 매수세의 힘을 의미한다

거래량은 매수세의 힘을 의미한다고 했는데 개인투자자가 주종이 되는 매수세인지, 세력이 주종이 되는 매수세인지가 키포인트입니다. 세력이 주가 되는 거래량은 바닥권에서 짧은 거래량 증가비율과 함께 짧고 강하게 상승하는 특성이 있습니다. 반면 거래량 증가 비율과 시간이 길면 이를 인지하는 개인투자자가 대거 몰리는 여건이 만들어지기 때문에 주가는 추가 상승하지 못하고 하락 전환합니다. 따라서 강한 주식은 거래량 증가 기간이 짧으며 강하게 상승해 어느 선을 넘어서면 거래량을 줄이면서 다시 강하게 상승하는 공통점이 있게 됩니다.

① 주가는 바닥권이며 거래량은 횡보 : 매도세와 매수세의 공백 기간으로 당분간 매력이 없는 주식입니다. 거래량이 증가할 시점까지는 관망해야 합니다.

② 주가는 바닥권이며 거래량은 감소 : 매수세가 부재한 상황으로 주가가 떨어지지 않는다면 조만간 거래량 바닥이 탄생하며 주가가

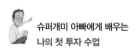

상승 전환할 가능성이 있습니다. 하지만 바닥권에서 주가가 다시 떨어지면서 거래량이 감소하면 세력의 인위적인 주가 누르기일 가능성도 있습니다. 하지만 일반적으로 이전 주식 보유자의 실망 매물입니다. 인위적인 누르기든지 실망 매물이든지 추가 하락 가능성이 높기 때문에 섣불리 손을 대서는 안 됩니다.

③ 주가는 바닥권이며 거래량은 증가 : 거래량이 최저점을 기록한 후 평균거래량의 3배 이상 거래량이 증가할 때의 경우인데 자취를 감추었던 매수세의 등장을 의미합니다. 일반적으로 강한 세력이라면 거래량 바닥 시점에서 거래량 증가 후 큰 거래량 없이 주가를 끌어올립니다. 하지만 약한 세력이라면 주가가 상승 반전하면서 곧 매물화되고 거래량이 평균거래량에 비해 폭증합니다.

④ 주가는 바닥권에서 급락하며 거래량은 증가 : 더 이상 떨어질 것 같지 않던 바닥권에서 급락하며 거래량이 증가하는 경우입니다. 기업의 특별한 악재가 없는 한 세력의 의도일 수도 있지만 어쨌든 일시적인 수급충격으로 나타나는 현상이며 세력은 오히려 저점에서 받아먹게 됩니다. 이후 거래량을 줄이며 상승 반등을 시도할 가능성이 높습니다.

○● 일반적으로 거래량은 주가와 가장 큰 상관관계를 갖는다. 양봉 거래량, 즉 빨간봉이 터지면 주가는 긍정적 신호를 보여주고, 음봉 대량 거래는 하락을 예고한다. 주식에서 속일 수 없는 것은 거래량이다.

[Q & A] 묻고 답해 보세요!

Q 어느 회사의 주식을 사람들이 많이 사고 파는 이유는 무엇일까? 그 반대로 거래가 별로 없는 이유는 무엇일까?

Q 주가 바닥권에서 거래량이 갑자기 늘어나면 주식가격도 올라갈까? 그때 나도 주식을 사야 할까?

Q 주가가 바닥권에서 거래량이 증가한 후, 이후 주가가 어떻게 바뀌는지 차트를 보며 확인해볼까?

53 상승장과 하락장에서
각기 어떤 전략을 취할 수 있을까요?

주식시장이 전반적으로 상승하면 팔아야 하나요? 그 반대로 하락한다면 사야 하나요? 다른 주식은 다 오르는데 내 주식만 제자리걸음이거나 내리면 어떻게 해야 하나요?

・ ・ ・

시장이 추락하기 이전에 당신의 포트폴리오가 괜찮았다면 당초 이들 주식을 매수했을 때의 믿음을 견지하라.

존 템플턴

상승장에서는 과감한 배팅, 하락장에서는 교체매매

삶처럼 주식에도 굴곡이 있습니다. 꼭지와 바닥을 잡는 것은 불가능합니다. 거시지표를 보고 약간의 현금 비중 조절이면 충분합니다. 20% 정도는 현금으로 가지고 있어야 리스크관리에 용이합니다. 하락장은 외국인이 이끌고, 상승장의 끝은 개인들이 이끕니다. 모든 위기는 길어야 2년 이내 종식됩니다. 어떤 투자자든 하락장에서 생존하는 것이 중요합니다. 과한 레버리지는 시체가 되는 지름길이지요. 상승장의 초입에선 집중투자를, 상승장 진입 후엔 종목의 숫자를 늘려나갑니다. 그리고 다시 하락장엔 종목의 교체매매를 통해 믿을 수 있는 몇 종목으로 다시 집중투자를 해야 합니다.

주식시장에도 트렌드가 존재합니다. 트렌드를 읽고 흐름 위에 올라탈 수 있는 유연한 사고를 지녀야 합니다. 보유 주식이 떨어질 때 불안하다면 투자방법이 잘못된 것입니다. 수익은 믿음의 차이에서 옵니다. 맹목적 추종이 아니라 기업에 대한 공부와 끊임없는 노력으로 자신의 종목에 대한 믿음을 쌓아가야 합니다. 고수는 겁이 많고 하수는 겁이 없습니다. 모르기 때문에 겁이 없는 겁니다. 맹목적 투자는 잠시 달콤한 수익을 맛볼 수 있어도 진정으로 인생을 변화시킬 수 없습니다.

주식투자를 하면서 숙명적으로 겪어야 할 것이 하락장입니다. 버티면 결국 다 회복됩니다. 저도 집중 투입한 종목은 단 한 종목도 쉽게 올라 수익을 거둔 적이 없었던 것 같습니다. 성장주에 투자하는 것은 고통이 따를 수밖에 없고 기다림의 연속이며 반토막은 심심치 않게 일어납니다. 이런 경험이 없는 개인투자자는 처음 겪는 하락장이 무척이나 괴롭고 힘듭니다. 그러나 하락장은 이성적으로 대처해야 합니다. 정신차리고 종목을 점검하고 과감히 슬림화해야 합니다. 자를 종목은 빠르게 자르고 편입할 종목은 시기를 늦추며 천천히 분할 매

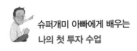

수로 담아가야 합니다.

이런 장에서 리스크 관리 없이 최악의 상황을 가정하지 않고 무리하게 레버리지를 유지하면 투자금을 다 잃고 다시는 시장에 복귀하지 못할 수도 있습니다. 가장 중요한 것은 살아남는 것입니다. 그래야 다음도 있고 기회도 있습니다. 큰 손실을 입고 시장에서 퇴출되는 투자자의 특징은 마지막까지 무리하게 배팅한다는 점입니다. 아무리 죽을 것 같던 시간도 결국 다 지나고 다시 웃을 날이 옵니다. 하락장을 견디는 것은 주식투자자의 숙명입니다.

조정장을 즐겨라

조정장은 수시로 오기 때문에 힘들어 하지 말고 즐기길 바랍니다. 조정장은 오르던 주식시장이 어느 정도 하락하면서 조정을 받는 기간입니다. 강한 상승 파동 후나 지속적인 상승세 후에 지지선을 유지하고 하락을 하면서 쉬어가는 구간입니다. 조정장이 형성되는 이유는 주가 상승에 따른 단기 차익 매물이 나오기 때문입니다.

조정장이 왔을 때는 잠시 쉬면서 관망해야 합니다. 매매는 즐기면서 해야 하는 것이니까요. 재미있게 해야지, 주식에만 매몰되어 있으면 아무것도 못합니다. 매매를 매일 해야 한다는 강박도 내려놓아야 합니다. 주식시장에 임할 때는 일정 현금 비중을 가져가야 합니다. 고점에서 매도해서 현금 비중을 가져가면 굉장한 기쁨을 느낄 수 있습니다. 왜냐하면 싼 종목을 기다릴 수 있는 기다림이 중요하고 현금이 만들어진 다음에 어떤 종목을 담아갈지 찾는 과정이 재미있기 때문입니다. 담았던 종목이 다시 올라 수익 실현하고 예측이 맞았을 때의 짜릿함이 주식시장에 임하는 자세입니다. 급등주만 노리면서 불안해하면 오래 살아남을 수 없습니다. 언제나 비중 조절해가며 아무리 좋은 종목도 평생 붙들고만 있을 게 아니라 어느 정도 비중을 조절해가며 매도도 할 줄 알아야 합니다.

상승장에서는 종목의 숫자를 늘리고, 하락장에서는 종목의 숫자를 줄이세요. 상승장에서 종목 숫자를 늘린다는 것은 리스크 헷지를 위해서입니다. 종목 숫자를 늘려 안정성을 가져가는 방법입니다. 하락장에서는 다시 종목을 스몰화하여 집중 투자하는 전략을 취합니다. 그러려면 평소 종목에 대한 공부가 되어 있어야 합니다. 하락장이 오면 그 시기가 지나가기를 가만히 기다리고 있는 것이 아니라 주도주로 갈아타는 종목 전환과 비중 조절의 기회로 삼아야 합니다. 또 좋은 종목을 저가에 매수할 수 있는 절호의 기회가 되기도 합니다.

포지션이 하방으로 크게 내려가는 경우는 많아야 1년에 한두 번 정도밖에 없습니다. 그러니 너무 겁을 내지 마세요. 시장은 계속 자신의 자리를 찾아 돌아갑니다. 다만 시장이 하방으로 내려갈 때 저점을 확인할 수 없기 때문에 섣부른 매수에 들어가기보다는 계획적인 분할

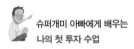

매수로 천천히 접근해야 합니다.

하락장이 오면 누구나 힘들고 멘탈 관리가 어렵습니다. 그럴 때일수록 넋 놓고 있을 게 아니라 더 부지런히 보유 종목을 체크하고, 어떤 종목이 회복이 빠를지 예상해서 포트폴리오를 조정하는 지혜를 발휘해야 합니다. 그리고 조정이 오기 전에 항상 미리 준비하고 행동하는 투자자가 되는 것이 가장 이상적입니다. 리스크 관리는 투자자에게 필수입니다.

상승장에 대처하는 자세

일반적으로 상승장은 조정이 짧으며, 장중 조정을 거치면서 지속적으로 반등합니다. 대부분의 상승장은 경기호조에서 오는 실적장세와 시중의 풍부한 자금으로 유동성이 부풀어져 나타나는 유동성장세가 있습니다. 두 상승장세는 절대 혼자 오지 않습니다. 실적장세가 먼저 오며 나중에는 시장의 풍부한 유동성으로 올라가는 보기 드문 주식 상승이 있게 됩니다. 코로나19 이후 가파른 반등장을 거치며 실적장세가 나왔습니다. 삼성을 중심으로 오르는 실적장세입니다. [삼성전자]의 시가총액 비중이 커지면서 주가지수 상승을 홀로 견인하는 모습이며 삼성과 연관된 종목들이 서로 다투며 급등을 했습니다.

이 장세가 끝나면 순환매 장세*가 옵니다. 섹터가 돌아가면서 오르는 것입니다. 차화정(자동차, 화학, 정유)이 움직이고 은행·증권 그리고 제약바이오가 돌아가면서 순환 상승합니다. 이런 시기에 흐름을 타면 엄청난 수익을 거둘 수 있지만 그 흐름에 올라타는 것은 신의 영역이라 판단합니다. 이런 장세에서 수익을 보려면 오를 종목들을 가득 담아두고 잦은 매매를 하지 않아야 합니다. 특히 고점을 먼저 인식하여 매도를 해버리면 그때부터는 소외될 수 있으며 다시 그 종목을 담을 기회를 놓칩니다.

그리고 마지막에는 유동성장세**가 옵니다. 현재 우리가 놓인 장세입니다. 초반에는 펀드환매를 통해 개인들이 빠져나가면서 유동성장세라 보이지 않지만 유동성장세의 끝물에는 불나방들까지 증시에 참여합니다. 시골 할머니까지 펀드에 가입하는 순간 그 상승은 마무리 국면이라 봐야 합니다.

- **순환매 장세** 대표 종목이 바뀌어가며 지수가 계속 올라가는 장세. 상승이 기대되는 주식시장에서 투자자들이 이미 가격이 올랐다고 판단하는 종목 대신 더 오를 가능성이 남은 종목을 찾아 매수하는 '순환매'를 하면서 나타난다.

  – 출처 : 네이버 지식백과

- **유동성 장세** 기업 실적과 상관없이 주식을 사려는 수요, 즉 큰돈이 몰려들어 주가가 오르는 장세이다. 통화 확대와 금리하락에 의해 주식시장에 자금이 몰려 들면서 발생한다. 유동성 장세가 오면 주가는 단기간에 큰 폭으로 상승한다. 투자자들이 주식을 확보하려는 경향이 있어 유통량이 풍부한 주식과 가격이 비교적 싼 주식 등에 매수주문이 몰린다.

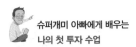

최근 트렌드는 직접투자입니다. 정보량이 많기 때문입니다. 유동성 장세의 마무리에는 실적장세의 종목들은 상승이 제한되며 소위 잡주들의 묻지마 상한가가 나옵니다. IMF 이후 유동성장세의 마무리에는 하루에도 수백 종목이 묻지마 상한가를 며칠씩 연속적으로 치면서 엉뚱하게 포장된, 확인도 되지 않는 성장주들이 수백만 원까지 오르는 경우도 있었습니다. 지금은 사라진 [골드뱅크], [새롬기술], [로커스], [핸디소프트](상장폐지 후 재상장) 등 수없이 많은 종목들이 가치보다 수천 배씩 오르면서 개미들의 무덤이 되어버렸습니다. 가격이 싼 구간에서 개미들이 사서 수백 배 오른 후에 팔았다면 개미들의 천국이 되었겠지만, 아쉽게도 개미들은 이미 너무 오른 상태에서 매수를 하기 때문에 수백, 수천 배 오른 종목이 개미들의 무덤이 되버리는 것입니다. 이후 주가는 끝없이 추락하니까요.

지금 우리가 해야 할 일은 미래성장가치주들을 가득 보유하고 쉽사리 매수/매도를 반복하지 않는 것입니다. 그리고 그 결실로 경제적 자유를 얻고 시장을 유유히 떠나는 것입니다. 분명히 말하지만 지금 한국 증시는 유동성 장세라 할 수 있습니다. 인생에서 경제적 자유를 얻을 수 있는 몇 안 되는 기회일 수도 있습니다. 지금 전 세계적으로 일으킨 양적완화는 엄청난 버블을 일으키고 있습니다. 그리고 그것은 몇 년 후에 재앙으로 다가올 것입니다. 이번 상승에 배부르게 모으고 그 후에는 자산 포트폴리오를 제대로 짜야 합니다. 이 기회에 여러분은 과연 어떤 준비를 하고 있는지 진심으로 궁금합니다.

하락장을 견디는 법

주식투자를 하면서 많은 위기를 거쳐 왔습니다. 집중투자일수록 손쉽게 수익의 결실을 거둔 적이 거의 없었습니다. 주가가 부진할 때마다 좌절하고 힘들었으나 모든 역경을 이겨내 경제적 자유를 얻게 된 것입니다. 제 인생에 터닝포인트를 안겨준 몇 개 종목을 예로 들어보겠습니다. 저에게 집중투자란 종목당 30억 이상을 투자한다는 것을 뜻합니다.

[컴투스]

처음 매수했던 시기는 가격이 10,000원대 초반이었는데 집중 투입하여 15,000원대까지 매집하지만 컴투스의 실적 악화와 게임빌과의 경쟁으로 7,000원 초반까지 하락합니다. 이때가 가장 힘든 시기였으며 버티기 힘들어 많은 투자자들이 떠났습니다. 그럼에도 성장주였던 컴투스가 모바일게임의 삼성전자가 될 것이라 예상하고 지속 보유를 외칩니다. 3년 후 컴투스는 10,000원의 19배까지 상승합니다. 이렇게 성장주는 부침이 심합니다. 등락이 심하기에 보유하는 과정에 굉장한 고통이 따릅니다. 물론 이 수익을 모두 챙길 수는 없습니다. 그러나 보유하고 있었다면 적어도 5~10배는 이익을 실현할 수 있는 기회가 누구에게나 옵니다.

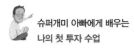

슈퍼개미 아빠에게 배우는
나의 첫 투자 수업

[그림 37] 컴투스 주봉 차트

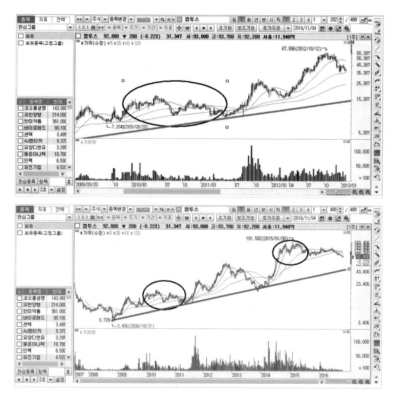

[경인양행]

지금도 그렇고 과거도 그랬지만 경인양행은 특히 전자재료에 대한 기대감이 높았습니다. 제가 매집한 후 경인양행은 스미모토의 보유 물량이 나오면서 급락했으며 시장 하락과 맞물려 반토막 납니다. 저는 그때 물량을 줄이기보다는 오히려 더 늘려나가면서 7,000원대 후반과 8,000원대에서 전량 수익을 실현했습니다. 이 기간도 엄청나게 길

[그림 38] 경인양행 주봉 차트

었습니다. 다른 투자자라면 팔고 나가도 몇 번은 팔고 나갔을 시기에 저는 거의 3년을 버텼습니다. 이런 믿음을 주는 것은 종목에 대한 확신 때문입니다. 앞으로도 전자재료는 계속 발전할 것이며 그에 따라 경인양행도 앞으로 더 크게 갈 종목이라 생각합니다.

[일신바이오]

300원대부터 600원대까지 매집했던 애증의 종목입니다. 거의 1년간 매집했으며 지분공시를 여러 번 하면서 지분을 늘려가자 저의 추종자들이 매수하여 1,700원까지 오르지만 저는 지분공시를 한 터라 팔 수 없었습니다. 다시 500원 밑으로 떨어지면서 수없이 긴 시간을 기다렸습니다. 그리고 전고점 이상에서 일부 처분하고 남은 물량으로 큰 수

[그림 39] 일신바이오 주봉 차트

익을 얻게 됩니다. 4년간 저에게 양도차익과세를 물게 해주었던 종목입니다. 첫 매수 시점에서 16배, 평균단가의 10배 이상 올랐으나 누구도 보유하지 못하고 있습니다. 물론 저 자신도 포함입니다.

이렇게 성장주에 투자하는 것은 고통이 따를 수밖에 없고 기다림의 연속이며 반토막은 심심치 않게 일어납니다. 이런 투자 경험이 없는 개미투자자들은 종목 하락이나 전체 하락장이 무척이나 괴롭고 힘들 것입니다. 그러나 기다리고 버티면 큰 수익을 가져올 수 있다는 것을 믿어야 합니다. 무엇보다 종목을 잘 골라야 한다는 것을 잊지 마세요. 투자에서 가장 중요한 부분입니다.

　하락장에서는 마음을 잘 다스려야 합니다. 계좌잔고를 보면 멘탈이 나갈 수밖에 없습니다. 그러니 금액보다는 내가 보유하고 있는 종목의 주식 수로 기억하는 것이 좋습니다. 또한 앞으로 나올 기업 관련 스케줄을 체크하고 포트폴리오를 슬림화시키는 종목 교체 시기로 운영해야 합니다. 단기/중기/장기 비중도 재조정하고 다시 조절하는 시간을 가지며 하락장이 끝나고 반등장이 오기를 기다립니다.

"하락장에서 당신이 불안한 이유는 쓰레기 같은 회사에 공부도 안하고 당신이 평생 모은 돈을 몰빵했기 때문이다."

－피터 린치

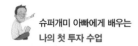

피터 린치의 교훈을 기억하면서 패닉에 빠지지 마세요. 경제위기가 고조에 달했을 때 투자자들이 저지르는 최악의 행동은 패닉에 빠지는 것입니다. 어쩌면 남들은 다 팔기 시작했는데 당신은 아직 팔지 않고 있을지도 모릅니다. 그럴 때 본능적으로 손가락을 눌러 최대한 빨리 팔려 할 것입니다. 그러한 행동이야 말로 패닉에 빠진 사람의 전형적 반사행동입니다. 하지만 시장의 패닉에 절대 즉각 행동하지 마세요. 팔아야 할 시점은 시장이 추락하기 이전이지 추락한 다음이 아닙니다. 오히려 숨을 한번 깊이 쉬고 조용히 자신의 포트폴리오를 분석해 보세요.

만약 지금 이들 주식을 보유하고 있지 않다면 시장이 바닥까지 추락한 다음에는 이들 주식을 다시 사겠습니까?

기회는 당신이 하기에 달려 있습니다.

아빠의 포인트 레슨

○● 성장주에 투자하는 것은 고통이 따를 수밖에 없고 기다림의 연속이
다. 반토막도 각오해야 하고, 몇 년 동안 인내해야 할 수도 있다. 하지
만 믿음을 버리지 않는다면 그 결실은 놀라운 크기로 보답한다.

[Q & A] 묻고 답해 보세요!

Q 너에게는 투자할 수 있는 많은 시간이 기다리고 있지? 흔들리지 않고 네
가 선택한 종목을 믿고 들고 갈 수 있겠니?

Q 주식투자로 돈을 벌면 그 돈으로 무엇을 하고 싶니? 구체적인 계획이 있
으면 들려줘.

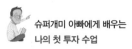

54 | 'Slow Thinking'하되 철저히 기록하라

 시장은 매일 변하고, 주가 역시 하루에도 몇 번씩 변하는데 그에 맞춰 생각이나 판단도 빨리빨리 바꾸어야 하나요?

● ○ ●

험한 언덕을 오르기 위해서는 처음에는 천천히 걷는 것이 필요하다.
셰익스피어

투자 공부를 할 때도, 실전에 뛰어들어 주식투자를 할 때도 투자자는 자신만의 색깔을 가져야 합니다. 그런데 많은 사람들이 그렇지 못합니다. 투자의 틀이나 방법론이 정해져 있다고 생각하고 거기에 자신을 맞추려 합니다. 그러나 투자에서 정해진 원칙이나 답은 없습니다. 따라서 여러분들이 '방법이 바르지 않은가?'에 대해 너무 고민할 필요는 없습니다. 자신의 색깔을 가지고 투자에 접목하면 됩니다.

누가 우리의 투자를 판단하는 것은 아닙니다. 스스로 투자 과정에 최선을 다했고 자신만의 원칙을 지켰다면 누구라도 감히 평가할 수 있는 영역이 아니라는 말입니다. 자신의 원칙을 가지고 자기가 하고 있는 것을 믿고 노력해서 성과를 낼 수 있다면 성공적인 투자입니다.

퇴근 후, 주말에도 쉬지 않고 시간을 내 짬짬이 공부해서 자기 것을 만들어내는 노력은 배신하지 않습니다. 공부를 하다보면 많은 기업을 보게 되고 그만큼 기업에 대해 많은 것을 느끼게 됩니다. 그중 하나는 그동안 수박겉핥기 식으로 기업을 봤구나, 하는 깨달음일 것입니다. 기본적으로 가깝게는 '내년 시장'에서부터 시작해 '미래에 엄청난 발전을 이룰' 기술들, 섹터들을 장기적 관점으로 깊게 공부해 나가야 합니다.

현 시장에서 기업의 기술적 이슈들부터 빠르게 파악하고 놓치는 부분 없이 두루 살펴가며 관찰해 나가야 합니다. 미래 이슈를 선점하기 위해서는 남들보다 빠르게 봐야 합니다. 저는 투자를 할 때 어떤 기술이 시장에 이슈로 떠오르기 수년 전부터 관심을 가지고 공부합니다. 관련 기술들을 공부해 나가며 해당 기업의 주가 흐름도 관찰해 나가지만 제 마음에 다가올 때까지 투자에 임하지 않습니다.

미래 이슈를 선점한다는 것은, 그 이슈가 처음 나왔을 때부터 선점하라는 것은 아닙니다. 매출로 드러날 때까지는 오랜 시간이 소요되기 때문에 면밀하게 관찰해 나가면서 어느 정도 숙성되어 내년 정도면 관련 기술로 실제 수익이 날 수 있겠다는 판단이 설 때가 적정한 선점 타이밍입니다.

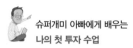

저는 항상 너무 빠르게 보는 경향이 있어 속도를 조정해 다소 천천히 접근합니다. 이슈가 되는 기술들을 파악해 적정한 타이밍이 올 때까지 참았다가 집중적으로 봅니다. 그러다보니 사실 놓치는 종목들이 나오기도 합니다. 깊게 공부하는 분야도 많고 관찰하는 관련 기업도 많다보니 장기적 관점에서 관찰해 나가도 투자 시점을 다 챙기지 못하기도 합니다. 그래서 놓치는 기업이 나올 때마다 아직도 공부가 부족하다고 느낍니다.

예를 들어 2020년 가장 아깝게 놓친 종목 중 하나가 [에이스토리]입니다. 9월 초 주가는 8,000원 대였는데 연말쯤 3만 원을 돌파했습니다. 제가 스스로에게 화가 났던 것은 기업에 관해 공부를 다 해놓고, 주담과도 2번씩 통화를 했음에도 곧 들어가야지 하다가 깜빡 놓쳤다는 사실입니다. 저도 사람이다 보니 이렇게 깜빡 놓치게 됩니다. 따라서 선점하기 위해서는 관심 이슈는 계속 상기시키고 관심 기업은 지속적으로 관찰하며 기록해 놓아야 합니다. 항상 놓치지 않으려 적어놓고, 공부하고, 다시 공부하는 습관이 주식투자에서 가장 중요한 과정입니다.

Slow Thinking하라

2020년 코로나19가 지구촌을 강타했을 때는 만날 사람도 없었기 때문에 옷도 항상 똑같은 것만 입고 지냈습니다. 가끔은 멋진 옷을 입고 싶기도 하지만 딱히 만날 사람도 없어 후드티에 트레이닝 바지만 입고 지냈습니다. 우리 삶이 다 그렇죠.

좋아하는 일에 집중하다 보면 어느새 손발톱이 1cm나 길어 있기도 합니다. 저만 그런가요? 다들 그런 경험 있으시죠? 한 가지 일에 집중하면 속옷을 며칠 못 갈아입을 때도 있고, 시간이 어떻게 가는 줄도 모르다 다른 면들에 소홀해지기도 합니다. 그러나 한편으로는 인생을 살아가면서 집중할 수 있는 일이 있다는 것 자체가 참으로 기쁜 일입니다.

투자자라면 투자 공부를 하면서, 기업의 주가흐름과 기업이 가진 기술 및 시장경쟁력을 공부하면서 어떻게 공부해야 더 유리하고 효율적인지에 대해 고민하게 됩니다. 모든 투자나 공부에는 시간이 필요합니다. 투자자는 짧은 시간 내에 많은 것을 얻으려 조급해 하지만 절대 하루아침에 되지 않습니다. 자기 지식이 쌓였을 때만 가능해지는 것이기 때문입니다. 누가 대신 해줄 수도 없습니다. 그러니 일단 조급하지 않았으면 좋겠습니다. 그래도 충분히 부자될 수 있습니다.

제가 전하고 싶은 조언 중의 하나는 'Slow Thinking'입니다. 말 그대로 천천히 생각하고 그 과정들을 끊임없이 머릿속에 쌓아 기억해 놓는 것입니다. 이것만큼 투자에서 중요한 것도 없습니다. 우리가 여러 지식들을 쌓아나감에 있어 다양한 산업과 섹터들을 공부하면서 모르는 단어들을 학습하고 미래 기술들과 전망이 좋아질 산업들을 체크

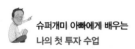

하는 것이 투자입니다. 또한 수혜를 받을 업종이나 기업이 어디인지 찾아내는 것이 투자자가 스스로 공부해 나가야 하는 과정입니다. 그 과정에서 Slow Thinking을 해야 합니다.

우리는 학창시절 때부터 과정은 무시한 채 오로지 답만 맞추면 된다는 생각에 젖어 있었습니다. 그러다보니 사회에 나와서도, 인생 전체에 걸쳐 과정은 다소 무시하고 결과만 중요시 여기며 살아가고 있습니다. 그러나 그런 자세는 투자에서만큼은 통하지 않습니다. 투자는 과정을 무시한 채 답을 얻을 수 없습니다. 결과를 바꾸고 싶다면 지금까지 해오던 습관과 태도를 버리고 새롭게 시작해야 합니다.

답을 훔쳐보는 것처럼 기업 현황도 모른 채 외부 정보로 대충 찍어서 투자한다면 좋은 결과가 나오지도 않을 뿐더러 자기 것이 될 수 없기 때문에 항상 제자리만 맴돌게 됩니다. 기업들을 체크해서 포트폴리오에 편입시켜 갈 때 그 종목을 선택하고 편입하는 타이밍 등의 과정들이 하나하나 자신의 실력이 되고 그만큼 좋은 결과물도 생기는 것입니다. 따라서 종목이나 기업을 찾아가는 과정들을 굉장히 중시해야 됩니다.

그러기 위해 필요한 것이 바로 Slow Thinking입니다. 2차 대전 후에 헝가리에서 유명한 천재들이 많이 나왔다고 합니다. 그들 중 여러 사람이 노벨상을 받았습니다. 지금까지 11명 중에 10명이 2차 대전 이후에 받았습니다. 그 과정에는 헝가리의 교육이 큰 역할을 했습니다. 헝가리의 교육은 답을 내는 것이 아니라 답을 풀어가는 과정을 중요시했고 누가 가장 창의적인가를 중점으로 평가했습니다. 창의성으로 등수를 매겼고 그러한 교육의 결과로 천재들이 많이 나왔다고 합니다.

저도 가끔 그런 질문을 받습니다. '원래부터 타고난 천재인가요?' '주식을 처음부터 잘했나요?' 등의 질문입니다. 절대 아닙니다. 저도 평범한 초보 투자자였고 끊임없는 노력을 통해 후천적으로 투자를 잘하게 된 케이스입니다. 저는 서두르지 않고 투자 종목을 제대로 찾아가는 과정, 좋은 기업을 찾아가는 과정을 굉장히 중요시합니다.

하루도 쉬지 않고 공부해야 자신감이 붙는다

저는 기업이나 기술, 산업과 관련해 파생되는 새로운 단어들이 나왔을 때, 또는 어떤 이슈가 나왔을 때 그것을 파악하고 이해해 시장과 시대의 흐름을 찾아가는 과정에 굉장히 집요하고 디테일합니다. 남들보다 더 깊게 보려 하고, 남들이 못 보는 것을 더 보려고 하는 노력들이 이제는 습관적으로 몸에 체득되어 있습니다. 이렇게 체화되기까지 저도 꽤 시간이 걸렸습니다. 누구도 하루아침에 되지 않습니다. 슈퍼개미들도 똑같습니다.

또 공부를 깊이 하면서 내가 본 것이 정말 맞는지 최종적으로 찾아가는 과정들이 재밌었기 때문에 즐겁게 집중할 수 있었습니다. 예전

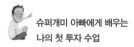

에 제 블로그에도 글을 썼었는데요, 퍼즐을 맞춰가는 과정, 어떤 수수께끼를 풀어가는 느낌으로 주식투자 공부를 하고 있습니다. 그리고 저는 미스터리 소설을 굉장히 좋아합니다. 미스터리·추리 소설을 읽으면서 단서도 찾아보고 결론이 어떻게 나올지 예상하면서 풀어가는 과정들도 투자에 도움이 됩니다. 실제로 저는 거의 미스터리 소설밖에 읽지 않습니다. 그런 독서습관을 통해 어떤 사물이나 현상에 대한 실마리를 해결해가는 과정들을 배웠고 실제 투자에도 굉장히 도움이 되었습니다.

또한 디테일하게 들어가서 남들보다 많은 시간을 투자해 남들이 보지 않는 것을 보려고 하는 노력에 의해 지금의 제가 만들어지고 성과가 가능해졌습니다. 투자 지식이 하나하나 쌓여 어느 수준에 올라서면 새롭게 공부하는 시간이 줄어들게 됩니다. 그 시간이 줄어드는 과정을 겪을 때 비로소 실력이 늘어납니다. 그래야만 진정한 수익이 쌓이게 되고, 그 쌓인 수익으로 다시 한번 새로운 종목들을 찾아냅니다. 그런 순환이 계속되면서 자신만의 투자 원칙과 실력이 늘어나는 것입니다.

투자를 시작하고 몇 개월 만에 실력이 일취월장하면 얼마나 좋겠습니까! 그러나 실력은 천천히 늘어납니다. 처음에는 커닝을 할 수도 있습니다. 전혀 감이 안 오니까요. 다만 커닝을 했다면 반드시 자신의 것으로 만들려는 노력을 해야 합니다. 왜 그러한 결과가 나왔는지 스스로 깊이 들어가 확인해야 하고 여러 케이스를 찾아 복습도 해야 합니다.

저도 처음 시작할 때 어찌 여러분과 똑같이 시작하지 않았겠습니까? 아는 지식도 많이 없었고 밸류에이션조차 알려주는 사람도 없어 스스로 고민하며 공부하고 시행착오를 겪으면서 답을 풀어보려 노력했습니다. 남들과 조금 다른 점이 있었다면 초보일 때부터 궁금증을 안고 깊게 보려 했었던 점입니다. 하나의 실마리를 풀기 위해 끊임없이 노력했고 그것에 대한 답을 내기 전까지는 거의 잠도 자지 않고 공부했었습니다. 관련된 기업들을 하루에 수십 개, 수백 개씩 보면서 답을 풀려 했고, 그렇게 조금씩 풀어가면서 집중 투자로 이어졌고, 수익이 눈 깜짝할 사이에 불어나 7년 만에 100억 대 자산을 이루었습니다.

여러분도 충분히 하실 수 있습니다. 주식은 복리로 가기 때문에 정확히만 투자한다면 자산을 빠르게 불려나갈 수 있습니다. 그러니 초보인 지금은 최선을 다해서 노력해야 합니다. 일상생활에 치여 피곤하고 일에 지치고 세상에 지쳐 있지만 그럴수록 힘을 내 정진하는 것만이 투자에서 가장 중요한 성과를 얻을 수 있고 자유를 얻을 수 있는 길입니다.

세상은 빠르게 변화되어 가고 있습니다. 2020년에 미국에서 자율주행 택배 서비스가 사전 승인되었다는 뉴스가 나왔습니다. 2023~24년 정도는 되어야 자율주행 시대가 열릴 것이라 생각했었는데 모두의 예상보다 2년이나 빨라졌습니다. 이렇게 빨리 상용화 되리라고는 전문가들도 예상하지 못했습니다.

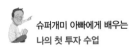

자율주행 기술에는 0단계에서 5단계까지 총 6단계 레벨이 있습니다.

레벨	기능	내용
레벨 0	수동 운전	자율주행 기능이 없는 일반 차량
레벨 1	운전자 지원	차선 이탈 경보, 자동 브레이크, 자동 속도조절 등 운전 보조기능
레벨 2	부분 자율주행	핸들 조작, 가/감속 가능 등 통합적 능동제어 단계. 운전자의 상시 감독 필요
레벨 3	조건부 자율주행	교통신호와 도로 흐름을 인식하는 단계로 대부분의 자율주행 가능. 돌발 상황 시 수동 전환
레벨 4	고도 자율주행	주변 환경 관계없이 운전자 제어 불필요. 필요 시 수동 전환
레벨 5	완전 자율주행	사람이 타지 않고도 움직이는 무인 주행차

현재까지는 레벨 2~3단계에 이르렀습니다. 진정한 자율주행인 레벨 5가 구현되는 것은 먼 미래의 이야기로 여겨졌는데요. 만약 레벨 5가 이루어진다면 차는 단순한 이동수단을 넘어 새로운 공간으로 재정의 됩니다. 그런데 먼 미래의 이야기인 줄로만 알았던 레벨 5가 벌써 와 버렸다는 소식입니다. 조만간 레벨 3~4까지는 올 줄 알았는데 레벨 5 라니!

참으로 세상은 우리가 기대하는 것보다, 원하는 것보다 훨씬 더 빠르게 움직입니다. 자율주행뿐만 아니라 우리가 기대해 왔던 많은 기술들이 눈앞에 성큼 다가오고 있습니다. 현명한 투자자라면 더 부지런해질 수밖에 없습니다. 새롭게 공부해야 할 용어들, 기술들이 너무 많습니다. 그런데 이제는 투자자들도 똑똑해져서 공부하려는 자세를 가지고 있다는 것이 긍정적입니다. 그만큼 저는 우리의 투자 문화가, 여러분들의 미래가 참 밝다는 생각을 합니다. 기업이든 투자자든 안주할 수 없는 세상이 되었습니다. 항상 시장에 예민해야 하고 한발 앞서 미래를 준비해 나가야 합니다.

하루도 쉬지 않고 공부해 나가면 점점 자신감이 붙습니다. '내가 성장하고 있구나'라는 느낌이 원동력이 되어줍니다. 동시에 아직도 모르는 것이 많다는 겸손함을 지녀야 합니다. 제가 지금도 쉬지 않고 노력하는 이유 또한 겸손하기 위해서입니다. 여러분도 자만하지 않고, 자신감으로 열심히 한다면 어떤 투자자들보다 뛰어날 수 있습니다. 마인드컨트롤을 통해 조급해하지 않고 투자 성과를 얻어 나간다는 것은 훌륭한 투자자로 가고 있다는 방증입니다. 그렇게 나아가면 어느 순간 큰 성과를 얻는 꿈같은 날이 반드시 찾아옵니다.

자신이 하고 있는 것을 믿으세요! 그리고 그 과정들을 철저히 기록하세요. 머릿속으로 기억하는 것에 그치지 말고 노트에 꼼꼼히 적으세요. 초심, 열심히 하는 마음을 잃지 않는다면 투자 수익은 자동으로 따라옵니다. 스스로의 능력을 믿으면 됩니다! 아직도 기회는 무궁무진합니다.

∘● 'Slow Thinking'하되 그 과정들을 끊임없이 머릿속에 쌓아두고 기록하라. 미래 이슈를 스스로 발굴하는 노력을 기울여라. 공부를 통한 자신감을 가져라. 자신이 하고 있는 것을 믿어라.

[Q & A] 묻고 답해 보세요!

Ⓠ 자동차의 자율주행 기술에 대해 어떻게 생각하니? 만약 자율주행 기술이 계속 발전한다면 어떤 산업이 각광을 받을까? 그리고 세상은 어떻게 바뀔까?

Ⓠ 노벨상 수상자가 많이 나온 나라와 그렇지 못한 나라의 차이점은 무엇일까?

Ⓠ 주식공부와 학교공부의 공통점은 뭐라고 생각하니?

아빠와
딸 이안이의
주식 공부

752억이 가능할까

🧑 오늘의 주제는 뭘까?

👧 복리의 힘! 이 책에는 여러 가지 펀드가 소개되어 있어.

🧑 이안이와 아빠는 직접투자를 하잖아. 그런데 펀드를 비롯한 간접투자 방법도 있지. 투자에 대한 스스로의 준비가 되지 않았다면 펀드도 하나의 방법이 될 수 있지. 단 꼼꼼히 살펴보고 투자해야 돼.

👧 응. 그런데 이런 서비스는 자기가 돈을 벌든 잃든 2~3%의 수수료를 내야 한대. 손실이 나도 수수료를 내야 된다고.

🧑 맞아. 수수료를 내는 것은 당연하지. 펀드 운용자도 돈을 벌어야 하니까. 그렇다면 매년 돈이 불어날 때마다 2%씩 낸다고 생각해봐.

👧 와~

🧑 엄청난 돈이지. 물론 공부를 안 한 사람이나 투자 지식이 없는 사람은 이런 곳에 맡겨서 투자를 해야겠지. 그리고 돈이 많은 사람들 중에도 안전을 중시해서 맡기는 사람도 있어.

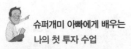

여하튼 각자의 처지에 따라 다르겠네. 이 책에서 아빠가 딸에게 물어. "너는 원할 때 은퇴를 하려면 얼마의 자금이 필요하냐?"고.

중요한 질문이지. 사람은 은퇴 후를 미리 생각해야 해. 우리나라의 경우를 따져보면, 이안이가 가고 싶은 강남에서 살려면 얼마가 필요할까?

많이?

당연히 많이 필요하지. 하지만 구체적인 숫자로 나타내야 해. 이안이는 지금 우리나라 돈의 개념은 이해하고 있니? 그저 많다는 것만 알지. 얼마가 있어야 강남 아파트를 살 수 있을까? 대략 이야기 해봐.

한 10억?

10억으로는 우리가 사는 이곳 송도의 아파트도 못 살 것 같은데?

그럼 30억?

그렇지. 30억은 있어야 강남 아파트 하나를 살 수 있겠지. 큰 아파트는 100평이 넘는 곳도 있어. 여하튼 강남에 30억짜리 집이 하나 있고, 한 달 생활비도 있어야 하잖아. 최소 300만 원은 넘어야겠지. 은퇴하고 30년은 더 살아야 하는데…. 연금이 나오기는 해도, 강남에서 편하게 살려면 현금으로 10억은 넘게 가져야 하지.

참, 쉽지 않겠다.

하지만 꼭 강남에 살 필요는 없어. 강북에 살 수도 있고 지방에 내려가서 살 수도 있어. 그건 사람마다 다르지. 만약 지방 소도시에서 산다면 집을 포함해 5억도 필요하지 않아. 그래서 사람마다 은퇴를 위한 목표 금액이 다 달라. 그럼에도 젊었을 때 미리 준비를 하지 않으면 안 돼. 안타깝게도 대부분의 사람들이 그 준비를 못하고 있어.

지금부터라도 시작하면 좋겠네.

그 방법을 아빠가 유튜브에서 들려주고 있기는 한데, 실천하느냐 하지 않느냐는 각자의 마인드에 달려 있지. 그 중 하나가 복리야.

아, 이 책에서도 복리의 힘에 대해 이야기하고 있어!

복리는 아빠가 옛날부터 해온 이야기인데, 지금도 강의에서 매번 그 이야기를 하지. 예컨대 1,000만 원을 가지고 매년 25%씩 40년을 굴리면 얼마가 된다고?

752억.

이안이는 그게 얼마나 큰돈인지 모르지? 엄청난 돈이야.

음. 그렇겠지.

1,000만 원을 가지고 25%씩 40년이면 752억이야. 하지만 여기에 중요한 게 있지. 무얼까?

음…

단 한 번도 실패해서는 안 된다는 거야. 그래서 투자할 기업을 선택할 때 신중해야 하는 거야. 실패하면 안 되기 때문에.

그렇기는 해도 실패하지 않을 수 있나? 40년이나?

아빠가 강의에서 매일 강조하는 게 있어. 40년을 40종목으로 바꾸라는 거야. 그럼 1,000만 원을 가지고 40개 기업이 25%의 수익을 내면 752억이 된다는 거야. 이안이도 벌써 4~5개 종목을 성공했지? 그렇게 40번을 하면 돼. 그런데 만약 시작이 1억이라면 7,520억이 되는 거야!

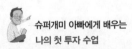

헉!

40개만 하면 돼. 아빠는 지금 20개가 넘었지. 이안이는 천천히 가도 충분해. 40년 후면 50대잖아. 우와~ 50대 초반에 재벌 되겠다! 반드시 잊지 말아야 할 것은?

돈은 잃지 않는 것!

돈을 잃지 않기 위해서는?

선택!

그렇지. 기업을 잘 선택하는 것. 그것보다 투자에서 더 중요한 것은 없어. 계속 성장하고 있으며, 돈을 잃지 않는 안전마진이 있는 기업을 찾아야 해. 그래서 아빠가 바쁜 거야. 그런 기업을 찾느라 열심히 공부하고 있지. 아빠가 산업을 공부하고 기업을 찾아가고 주식담당자와 전화를 하는 것은 다 그런 이유야. 그런데 많은 사람들이 '저는 돈이 없어요'라고 말하지. 처음부터 큰돈으로 투자하는 사람이 어디 있어? 다 적은 돈으로 시작해서 불려가는 거지. 마인드만 있으면 돼. 100만 원으로도 주식투자는 가능하고, 그 돈으로 큰돈을 벌 수 있어.

그러려면 공부를 열심히 해야겠네.

당연하지. 주식투자뿐 아니라 어느 분야에서든 열심히 공부해야 해. 그리고 '나는 성공할 수 있다'는 것을 믿어야 해. 그 믿음이 성공의 디딤돌이야.

아빠와 딸의 대화영상 보러가기 ▶

[Q & A] 묻고 답해 보세요!

Q 주식투자 자금을 어떻게 마련할 계획이니? 계획을 짜볼까?

Q 25%씩 40번. 대략 40년인데 할 수 있겠니?

Q 네가 원하는 목표 시점을 앞당기려면 투자도 해야겠지만, 투자금도 계속
마련해야겠네? 향후 계획도 들려줄래?

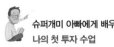

주식은 행복입니다

어떠셨습니까? 많이 어려우셨나요? 아니면 가슴이 뛰셨나요?

지금까지 저와 우리 이안이가 공부한 수업을 바탕으로 주식투자를 시작함에 있어 가장 중요한 마인드와 자세, 그리고 아주 기초적인 기본기를 들려드렸습니다. 누군가에게는 너무 쉬울지 몰라도 투자 인생에서 두고두고 알아야 할 중요한 기본기를 다뤘습니다. 잘 따라오셨습니다. 경험이 적거나 아예 없는 분이라면 이해되지 않는 부분도 많을 것입니다. 이번에 다 이해하지 못했으면 다시 읽으면 됩니다. 한 번 읽고 마는 책으로 여기지 마시고, 머리맡에 두고 이해될 때까지 정독을 반복하면 어떨까 합니다.

세상을 사는 방법은 여러 가지입니다. 즐겁게 살 수도 있고, 고통속에 살 수도 있고, 어울려 살 수도 있고, 고독하게 살 수도 있고, 남에게 피해를 주면서 살 수도 있고, 사회를 발전시키면서 살 수도 있습니다. 선택은 각자의 몫입니다. 그러나 분명한 것은, 후회와 불행 속에서 사는 것보다 보람과 행복 속에서 사는 것이 훨씬 더 좋다는 사실입니다. 그리고 이는 돈, 권력, 명예를 떠나 모든 사람에게 공통되는 진리입니다.

바로 그 길이 주식 투자에 있습니다. 주식은 여러분을 세 가지 자유로 이끌어줍니다. 경제의 자유, 시간의 자유, 관계의 자유를 안겨줍니다. 즉 한 번뿐인 인생을 행복하게 만들어줍니다. 그 행복은 자신은 물론 가족과 이웃들에게도 뜻깊은 선물이 됩니다. 여러분 모두 세 가지 자유를 누리면서 사람들에게 좋은 선물을 안겨주기 바랍니다.

저는 이 책을 덮을 때쯤 여러분들의 가슴이 막 뛰었으면 좋겠습니다. 삶에 대한 뜨거운 열정과 투자에 대한 열망으로 눈이 반짝반짝 빛났으면 좋겠습니다. 이 책을 읽는 여러분과 자녀, 나아가 가정 전체에 새로운 활기와 희망, 그리고 변화가 찾아오길 기대합니다. 1년 뒤, 5년 뒤, 10년 뒤…. 갈수록 모든 것이 더욱 풍족해지기를 바라며, 원하는 것을 마음껏 하고 사회에도 환원할 수 있는 진정한 부자가 되세요.

이제 첫걸음을 뗐습니다. 앞으로 가야 할 길이 멉니다. 제가 힘이

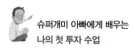

되어드릴 테니 함께 열심히 달려나가 봅시다. 첫 단추가 중요합니다. 기본기를 잘 닦으세요. 습관을 잘 들이세요. 충분히 반복해서 읽고 치열하게 공부하세요.

이 책을 통해 기초가 끝나면 그때부터가 본격적인 수업에 들어갈 차례입니다. 이제 시작입니다! 다음 책이 나올 때까지 열심히 복습해서 자기 것으로 만드세요.

모든 개미투자자들을 응원하는
슈퍼개미 김정환

주식투자를 바라보는 시각부터 변화시켜야 한다.

주식은 건전한 재테크의 한 수단이자 미래대비를 위한 중요한 지원책이다.

나는 안다. 누군가는 이 책으로 인해 인생의 전환이 시작될 거라는 것을.

훗날 경제적 자유를 달성할 그 눈부신 이의 행복한 미소를 그리며 기쁘게 이 책을 썼다.

Ride the tide!

슈퍼개미 김정환에게 배우는
나의 첫 투자 수업
2_투자편

1판 1쇄 발행 2021년 03월 25일
1판 11쇄 발행 2023년 01월 15일

지은이 김정환 · 김이안
펴낸이 박현
펴낸곳 트러스트북스

기획총괄 오서현
홍보마케팅 권순민, 오현성, 김솔
디자인 정현옥, 박수인, 한소리
책임편집 최혜영
교정교열 김호경
편집지원 김재홍, 박선율, 이지우
캐리커쳐 이우건
출판지원 윤장래, 신정순, 김홍화

등록번호 제2014 - 000225호
등록일자 2013년 12월 3일
주소 서울시 마포구 성미산로1길 5 백옥빌딩 202호
전화 (02) 322 - 3409
팩스 (02) 6933 - 6505
이메일 trustbooks@naver.com

ⓒ 2021 김정환, 김이안

값 17,000원
ISBN 979-11-87993-80-3 03320

믿고 보는 책, 트러스트북스는 독자 여러분의 의견을 소중히 여기며,
출판에 뜻이 있는 분들의 원고를 기다리고 있습니다.